"十二五"普通高等教育车辆工程专业规划教材

大客车车身制造工艺

DAKECHE CHESHEN ZHIZAO GONGYI

张德鹏 蔡红民 主编

人民交通出版社
China Communications Press

内 容 提 要

大客车因其品种多、批量小、车身尺寸大、装配工作量大等特点，形成了特点显著的工艺形式和方法。本书较全面地介绍了大客车车身制造工艺，主要内容包括客车车身制造主要工艺、工艺流程、CO_2 气体保护焊工艺和点焊工艺、冲压成形基本工艺、车身零件冲压工艺、车身骨架和车身外蒙皮制造工艺、涂装前金属表面处理和车身涂装工艺。

本书可作为高等院校车辆工程专业的教材，也可作为相关专业的培训教材和客车行业工程技术人员的技术参考资料。

图书在版编目(CIP)数据

大客车车身制造工艺／张德鹏，蔡红民主编．—北京：人民交通出版社，2013.10

"十二五"普通高等教育车辆工程专业规划教材

ISBN 978-7-114-10944-7

Ⅰ．①大… Ⅱ．①张… ②蔡… Ⅲ．①公共汽车-车体-车辆制造-工艺学-高等学校-教材 Ⅳ．①U469.130.5

中国版本图书馆 CIP 数据核字(2013)第 244781 号

"十二五"普通高等教育车辆工程专业规划教材

书　　名：	大客车车身制造工艺
著 作 者：	张德鹏　蔡红民
责任编辑：	夏　犨
出版发行：	人民交通出版社
地　　址：	(100011)北京市朝阳区安定门外外馆斜街 3 号
网　　址：	http://www.ccpress.com.cn
销售电话：	(010)59757973
总 经 销：	人民交通出版社发行部
经　　销：	各地新华书店
印　　刷：	北京市密东印刷有限公司
开　　本：	787×1092　1/16
印　　张：	10.5
字　　数：	260 千
版　　次：	2014 年 3 月　第 1 版
印　　次：	2014 年 3 月　第 1 次印刷
书　　号：	ISBN 978-7-114-10944-7
定　　价：	25.00 元

(有印刷、装订质量问题的图书由本社负责调换)

"十二五"普通高等教育车辆工程专业规划教材

编委会名单

编委会主任

龚金科(湖南大学)

编委会副主任(按姓名拼音顺序)

陈　南(东南大学)	方锡邦(合肥工业大学)	过学迅(武汉理工大学)
刘晶郁(长安大学)	吴光强(同济大学)	于多年(吉林大学)

编委会委员(按姓名拼音顺序)

蔡红民(长安大学)	陈全世(清华大学)	陈　鑫(吉林大学)
杜爱民(同济大学)	冯崇毅(东南大学)	冯晋祥(山东交通学院)
郭应时(长安大学)	韩英淳(吉林大学)	何耀华(武汉理工大学)
胡　骅(武汉理工大学)	胡兴军(吉林大学)	黄韶炯(中国农业大学)
兰　巍(吉林大学)	宋　慧(武汉科技大学)	谭继锦(合肥工业大学)
王增才(山东大学)	阎　岩(青岛理工大学)	张德鹏(长安大学)
张志沛(长沙理工大学)	钟诗清(武汉理工大学)	周淑渊(泛亚汽车技术中心)

前 言

2002年以来，我国客车制造业进入快速发展时期，逐步成为世界客车市场上的主要力量，2011年大中型客车产量已超过16万辆，连续多年大中型客车出口超过1万辆。客车产品不仅能够满足国内客户的需求，而且还远销非洲、南美、南亚、西亚、中东、欧美等市场，客车企业和品牌已经在国际市场上产生了广泛的影响。我国主要大客车制造企业的工艺技术水平已经达到国际水平，车身整体磷化处理、阴极电泳底漆等工艺技术为国际先进水平，大客车制造质量得到大幅度提高。

对于客车制造而言，车身制造工艺是客车生产工艺的核心，车身制造是客车制造企业的主要作业。一般小型和部分中型客车的车身壳体主要是由车身覆盖件和构件等冲压件构成，其制造工艺与乘用车相近。大客车车身结构是有车身骨架的，其车身制造工艺与乘用车有着很大的差异，采用典型的混合流水线生产方式。

与乘用车制造工艺相比，大客车因其品种多、批量小、车身尺寸大、装配工作量大等特点，形成了特点显著的车身骨架组焊、车身蒙皮张拉与滚压加工、前后围蒙皮组焊、车身涂装和装配工艺形式和方法。大客车采用典型的混合流水线生产方式，为了与此生产方式相适应，从工艺布置、工位设置、作业安排到设备选购、生产管理，也与乘用车制造存在着明显的差异。

本书较全面地介绍了大客车车身典型的制造工艺形式和方法，主要内容包括客车车身制造主要工艺和工艺流程、车身焊接和冲压成形基本工艺、车身零件冲压工艺、车身骨架和车身外蒙皮制造工艺、涂装前金属表面处理和车身涂装工艺。

全书共分八章，第一章、第二章、第三章、第五章、第六章和第七章由张德鹏编写，第四章、第八章由蔡红民编写。在编写内容的安排上，力求简明扼要，兼顾工艺原理和实用工艺技术的介绍，反映大客车车身制造工艺技术的最新发展动态，使内容既包括制造工艺基本理论又体现实用价值。

在本书的编写过程中，得到长安大学领导及许多同仁的指导和关注，并参考了国内外大量文献资料，引用了相应的图表和数据，谨此深表谢意。

由于编者水平有限和大客车制造企业选择的工艺方法、工装设备呈现多样性，以及客车制造工艺技术的不断发展，书中难免会有错误，敬请批评指正。

编 者

2013年9月

目 录

第一章 大客车车身制造工艺概论 1
- 第一节 车身制造主要工艺 2
- 第二节 车身制造主要工艺流程 5
- 第三节 我国大客车制造工艺技术的发展 7

第二章 车身焊接基本工艺 12
- 第一节 CO_2 气体保护焊特点 12
- 第二节 细丝 CO_2 气体保护焊工艺 16
- 第三节 焊缝成形 24
- 第四节 点焊工艺 26
- 第五节 低碳钢与镀锌钢板的点焊工艺 31

第三章 冲压成形工艺 35
- 第一节 毛坯的基本变形与变形控制 35
- 第二节 冲压成形方法 38
- 第三节 单角弯曲和双角弯曲 45

第四章 大客车车身零件冲压工艺 48
- 第一节 车身覆盖件冲压工艺 48
- 第二节 中厚板件冲压工艺 55
- 第三节 车身零件冲压模具 65

第五章 大客车车身骨架制造工艺 76
- 第一节 矩形管下料设备 76
- 第二节 矩形管的弯曲成形 78
- 第三节 车身骨架的组焊 83
- 第四节 车身骨架组焊胎具 86

第六章 大客车车身外蒙皮制造工艺 92
- 第一节 侧围蒙皮张拉工艺 92
- 第二节 侧围蒙皮粘接工艺 95
- 第三节 顶盖蒙皮制造工艺 98
- 第四节 蒙皮张拉弯曲成形工艺 101
- 第五节 前后围蒙皮制造工艺 103

第七章 涂装前金属表面处理 106
- 第一节 碱液脱脂法 106
- 第二节 酸洗法除锈 108

第三节　金属表面的磷化处理…………………………………………… 109
第八章　大客车车身涂装工艺………………………………………………… 112
　第一节　车身涂装概述…………………………………………………… 112
　第二节　车身涂料的选择………………………………………………… 115
　第三节　车身涂装工艺流程……………………………………………… 123
　第四节　车身涂料涂装方法与设备……………………………………… 135
参考文献………………………………………………………………………… 158

第一章　大客车车身制造工艺概论

客车与城市地铁、城际轨道交通是现代社会运送中、短途(一般在400km以下)旅客的主要交通工具,安全、舒适、环保、快捷的城市和公路客运是现代交通运输体系中不可或缺的要素。在我国,客车是指在设计和技术特性上主要用于载运乘客及其随身行李的商用车辆,包括驾驶员座位在内其座位数超过9座,有单层和双层客车两种。客车按车长分为小型、中型、大型和特大型客车,如表1-1所示。大客车通常是指中型及中型以上的客车。

客车按车长分类　　　　　　　　　　　　　　　　　表1-1

类　型		特大型	大　型	中　型	小　型
车长 L(m)	营运客车	13.7≥L>12	12≥L>9	9≥L>6	6≥L>3.5
	城市客车	10<L≤12 双层客车 L>13 铰接客车	10<L≤12	7<L≤10	3.5<L≤7

车身是客车结构中与发动机、底盘、电气设备及仪表并列的四大组成部分之一。在客车结构中,车身既是承载单元,又是功能单元。作为客车结构中的承载单元,由车身骨架与底架或车架(小型客车车身壳体与车架)组成的车身结构,在客车行驶时要承受多种载荷的作用。作为功能单元,车身可以为驾驶员提供便利的工作环境,为乘客提供舒适的乘坐环境,免受客车行驶时的振动、噪声、废气的侵袭以及外界恶劣气候的影响。在道路交通事故发生时,安全车身结构有助于减轻或避免对乘员造成伤害。资料表明,大客车车身是客车质量和制造成本的主要组成部分之一,一般占整车的60%~70%,甚至更高。

对于客车制造而言,车身制造工艺是客车生产工艺的核心,车身制造是客车制造企业的主要作业。因此,客车制造工艺主要是指客车车身的制造方法。一般小型和部分中型客车的车身壳体(图1-1)主要是由车身覆盖件和构件等冲压件构成,其制造工艺与乘用车相近。大客车车身结构(图1-2)是有车身骨架的,其车身制造工艺与乘用车差异很大,有着特点显著的工艺形式和方法。

图1-1　客车车身壳体结构

图1-2　客车车身骨架和底架结构

大客车按车身结构形式的不同分为非承载式、半承载式和承载式。非承载式和半承载式客车车身结构属于有车架形式的,而承载式是属于无车架形式的,即采用由薄壁杆件构成的格栅底架。在客车制造过程中,车身结构是车身和底盘零部件装配的基础部件。因此,车身结构的形式对客车的制造工艺过程有着十分重要的影响。

第一节 车身制造主要工艺

大客车制造从原材料和外购件的投入,至整车装配检测完毕,其过程经过多条生产线,采用多级综合工艺,生产方式是流水线生产和批量生产混在一起,而主要生产线的生产方式为流水线生产方式,生产形态是连续性生产。

大客车主要生产线包括磷化处理生产线、车身焊装生产线、车身涂装生产线、总装配生产线(底盘和车身装配)及整车调试检测线。此外,客车制造企业还设有下料、冲压、骨架五大片组焊车间或场地以及其他生产配套设施,为生产线作业作必要的零部件准备。

一、车身制造工艺特点

大客车因其品种多、批量小、车身尺寸大、装配工作量大等特点,其制造工艺与乘用车有着明显的不同。大客车采用典型的混合流水线生产方式,为了与此生产方式相适应,从工艺布置、工位设置、作业安排到设备选购、生产管理,形成了客车制造工艺特点。

(1)由客车主要生产线构成的工艺路线多采用回转式布置。采用回转式布置,工艺路线便捷,工艺传递方便,主要生产线之间产品流动通畅,有利于生产进度控制和现场管理。

(2)客车生产线的工位面积大,工位数少,工位作业量大,作业内容杂,作业时间不均衡。

(3)磷化处理生产线、车身焊装生产线和总装配生产线工位采用串联式布置,整体浸渍磷化和浸漆、电泳底漆生产线工位采用串联式布置,涂装生产线其他工位采用并列式的布置。

(4)为了提高生产能力,对于承载式客车制造,通常采用设置两条并行的车身焊装生产线和两条并行的总装配生产线与一条车身涂装生产线相衔接的方式;对于半承载式客车制造,除设置车身焊装生产线、车身涂装生产线和总装配生产线外,还设置底盘装配生产线。

(5)为了满足作业环境和安全性要求,主要生产线位于不同的厂房内,车身涂装生产线的表面预处理工位集中布置在涂装厂房的一侧。

(6)客车因其车身尺寸大,车身结构与乘用车不同,形成了如车身骨架组焊工艺、侧围蒙皮张拉工艺、顶盖两侧蒙皮辊压成形工艺、前后围蒙皮张拉成形工艺等特点显著的工艺形式。

(7)车身结构件如车身骨架、底架构件,在组焊部件之前进行除油、除锈和磷化处理,并涂防锈底漆。组焊后焊缝处补涂防锈底漆或车身整体进行防锈处理。

(8)客车制造手工作业量大。除客车总装配大量采用人工作业外,车身焊装生产线和涂装生产线也较多地使用手工作业,如焊装生产线的车身零部件装夹、组焊、修正和涂装生产线的表面预处理。

(9)客车制造一般所采用的工装设备具有一定的通用性和低成本特点,如焊接设备采用半自动 CO_2 气体保护焊、适应几种车型生产的车身骨架组焊胎具、低熔点合金模具或中熔点合金模具、通用的气动和电动装配工具等。

(10)由于受到企业生产规模、生产条件和车型种类等多种因素的影响和制约,客车制造企业选择的工艺方法和工装设备呈现多样性,如喷涂工艺中手工喷涂方式、自动喷涂方式均被采用,侧围蒙皮既可采用电加热张拉工艺,也可采用机械张拉工艺等。

二、车身制造主要工艺

冲压、焊接、喷涂和装配工艺是客车车身制造的四种基本工艺。这四种基本工艺在车身制造中的具体应用,形成了车身骨架制造、车身蒙皮制造、车身构件冲压成形、车身焊装、磷化和车身喷涂、底盘和车身装配工艺及整车性能调试检测等客车制造具体工艺。工艺设备和工艺装备是实现这些工艺的基本条件,如制造车身骨架需要焊接设备和组焊胎具等。在车身生产中所使用的设备有下料设备、冲压设备、焊接设备、组焊设备、磷化设备、喷涂设备以及转运设备等;工艺装备主要有冲压模具、骨架组焊胎具、前后风窗框组焊胎具、各种工作台以及检验样板等。

车身骨架是采用 CO_2 气体保护焊,在焊接胎具上组焊而成的。其制造过程包括矩形管下料、矩形管弯曲成形、车身骨架五大片(前围、后围、左侧围、右侧围和顶盖骨架)的组焊和车身骨架合装组焊。矩形管下料采用砂轮锯片切割机和合金锯片切割机。矩形管弯曲件采用弯管机弯曲成形和弯曲模压制成形。车身骨架五大片分别在各大片焊接胎具上进行组焊。骨架的五大片与车身底架或车架在合装组焊胎具上完成整车车身骨架的组焊。

车身蒙皮制造工艺包括侧围蒙皮张拉工艺、顶盖外侧蒙皮的滚压成形工艺、薄板张拉弯曲成形工艺、车身蒙皮冲压工艺、顶盖蒙皮低工位作业组焊工艺和前后围蒙皮组焊工艺等。侧围蒙皮张拉工艺是采用拉伸形式或电加热形式,使侧围蒙皮产生一定的相对伸长量。顶盖外侧蒙皮的滚压成形是将金属材料经过数组成形辊轮滚压形成所需断面形状的加工方法。薄板张拉弯曲成形工艺可用于加工车身前后围外蒙皮。

车身焊装工艺是在车身焊装线上进行的多种作业方法的总括。对于大客车,在车身焊装线上的各工位依次完成车身骨架合装组焊、侧围蒙皮张拉、前后围蒙皮组焊、各种门体以及前后保险杠的安装等作业。在车身焊装过程中,合装组焊胎具、蒙皮张拉装备、检验样板、焊接设备和传输设备是主要工装设备。

大客车车身的板弯件、部分车身外蒙皮、驾驶员门体、乘客门体、舱门门体、保险杠等金属板材零部件采用冲压成形,因此,冲压工艺是车身金属板材零部件的主要生产工艺之一。车身冲压零件的尺寸精度和表面质量是保证车身质量的基础,板材、模具和冲压设备是冲压生产的三大要素。

磷化处理工艺能有效地提高车身金属构件的耐腐蚀能力和使用寿命。大客车车身采用的磷化处理方法有金属构件的浸渍法磷化、车身总成(白皮车身)整体浸渍法磷化和车身总成喷射法磷化三种。磷化处理工艺包括金属表面在涂装前的除油、除锈和磷化处理,也称为涂装前金属表面处理。

涂装工艺是指对客车车身及其零部件表面进行的防锈处理工艺。涂料、涂装工艺(包括涂装设备)、涂装管理是涂装工艺的三大要素。车身涂装工艺一般由涂装前表面处理、涂布涂料和干燥三个基本工序组成。车身表面预处理工位集中布置在涂装厂房的一侧,中涂、面涂的喷漆室与烘干室通常采用贯通式布置。对于不同的客车零部件,如底盘安装部件、车身构件等,根据其材料、安装位置、使用要求等,选择不同的涂料和设备,围绕涂装三个基本工序采用不同的涂装工艺过程。

总装配是根据一定的技术要求,将底盘零部件(或者是以底盘总成的形式)和车身零部件按照整车流程的需要,在总装配生产线进行的装配作业。半承载式客车的底盘装配作业在底盘装配生产线完成,承载式客车的底盘和车身装配作业在总装配生产线完成。大客车总装配是一项相当复杂的工艺,装配件的品种、数量多、装配关系复杂,要求各部门统一协调,形成一个有机的整体才能保证总装配有序的进行。

客车总装配作业完成后,要进行整车检测、调整和修饰,以保证客车质量。大客车整车检验包括一般项目检验、道路行驶检验和检测线检验。按企业制订的客车产品检验规程对客车的装配质量、技术性能和安全性能等方面进行检验。

三、车身制造工艺分析

大客车制造采用流水线生产方式,其产品的工艺性是指在确定的生产条件和规模下,能否最经济、最安全、最稳定地获得质量优良产品的可能性。产品质量是指产品"反映实体满足明确和隐含需要的能力和特性的总和"(ISO 8402—1994)。客车产品的主要质量指标包括产品的性能、可靠性、安全性、环保性和经济性。保证产品质量、降低生产成本、缩短生产周期和安全生产是车身制造工艺分析的主要目的。工艺分析主要包括:

(1)产品方面:包括产品性能、生产效率和产品成本。

(2)工艺方面:包括加工顺序、加工方法、加工基准、尺寸精度、材料及检验方法。

(3)作业性方面:包括设备及产品流程的人员配置、作业方法、作业性、作业量、作业环境、安全性等。

(4)生产方式方面:包括与设备及平面布置有关的装置、材料准备、产品流程、废料处理方法、辅助材料的选择等。

冲压、焊接、喷涂和装配工艺是车身制造的四种基本工艺。车身零部件的工艺性分析是以产品分析为主的多方面工艺性分析,可为"高质量、低成本"的生产提供必要的依据。

1. 冲压工艺性分析

冲压工艺性是指冲压件对冲压工艺的适应性,即冲压件的结构形状、尺寸大小、精度要求及材料等方面是否符合冲压加工的工艺要求。冲压工艺性分析主要包括:

(1)冲压件的成形性分析;

(2)表面质量的分析;

(3)零件分离位置的分析;

(4)冲压成形方向与产品形状的分析;

(5)与轻量化、防腐蚀性、成形性相关的材料分析等。

2. 焊装工艺性分析

车身焊装质量直接影响后续工序的涂装质量和总装质量。车身焊装工艺过程中存在外观质量、密封性、耐锈蚀性等问题。为此,焊装工艺性分析主要包括:

(1)车身焊接装配性分析;

(2)车身密封性分析;

(3)车身防腐蚀性能分析;

(4)焊接装配后精度的分析;

(5)车身外表面的平整度分析;

(6)现有设备与工艺的有效利用分析等。

3. 涂装工艺性分析

车身涂层具有保护功能和装饰功能。涂层保护性能包括耐久、耐候性能,装饰功能包括漆膜的光泽、厚度和鲜映性等。涂层的耐腐蚀性能、外观装饰性能和涂装工艺的环保性、经济性是涂装工艺关注的重点。涂装工艺性分析主要包括:

(1)部件内部结构孔位分析;

(2)车身外表面平整度处理分析;

(3) 不同金属材料与表面前处理液及方式适应性分析;
(4) 车身骨架内腔防腐性能分析;
(5) 焊接部位防腐性能分析;
(6) 密封涂敷部位分析;
(7) 车身底板耐蚀性分析;
(8) 车身底漆、中漆和面漆的适宜搭配分析;
(9) 车身贴膜耐久性分析等。

4. 车身装配工艺性分析

装配的完整性、完好性、可靠性、润滑性、密封性、统一性是对车身装配的一般性技术要求。车身装配工艺性分析主要包括:
(1) 车身部件及选装件装配匹配性分析;
(2) 车身密封性分析;
(3) 螺栓等紧固件作业性分析;
(4) 线束、管路装配性分析;
(5) 车型种类与部件通用化的分析等。

第二节　车身制造主要工艺流程

工艺流程是指从原料投入到成品产出,顺序连续的通过设备进行的加工处理过程。工艺流程也称为加工流程或生产流程。

一、车身制造主要工艺流程

因生产规模、生产条件和生产车型等方面的不同,大客车制造企业所采取的主要工艺流程亦有所不同。按制造工艺主要作业顺序安排,工艺流程大体可归纳为三类,如图1-3所示。

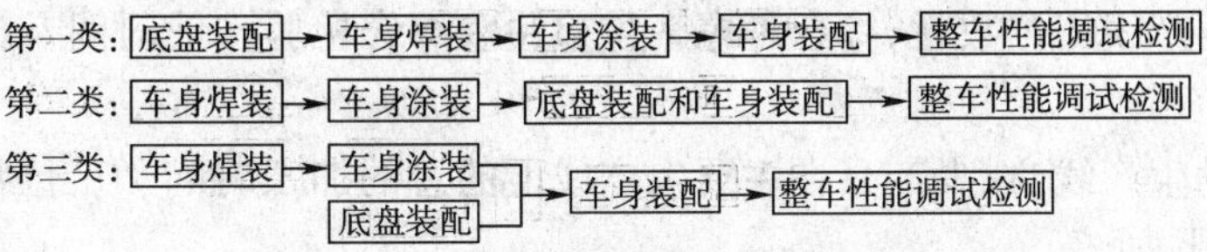

第一类: 底盘装配 → 车身焊装 → 车身涂装 → 车身装配 → 整车性能调试检测
第二类: 车身焊装 → 车身涂装 → 底盘装配和车身装配 → 整车性能调试检测
第三类: 车身焊装 → 车身涂装／底盘装配 → 车身装配 → 整车性能调试检测

图1-3　三类大客车制造工艺流程概要

图1-3所示的第一类工艺流程的显著特点是在底盘总成上进行车身焊装,车身焊装不方便;底盘将随同车身一起进入涂装车间进行车身涂装,涂料不可避免对底盘部件造成"污染";由于塑胶件及橡胶密封件的存在,烘干温度不宜高于90℃;车身金属构件防腐处理不彻底,车身表面涂装质量较差。该工艺流程是规模较小的一些企业生产半承载式客车的一种生产形式。

图1-3所示的第二类和第三类工艺流程是目前大客车制造企业广泛采用的两种工艺流程。第二类工艺流程是涂装完工的车身依次进行底盘总成和车身部件装配,适用于承载式客车制造。第三类工艺流程的显著特点是车身涂装后与底盘进行扣合连接,提高了车身涂装质量,适用于半承载式客车制造。

大客车制造主要生产线采用流水线生产方式,其主要生产线工艺流程如下:
(1) 车身焊装线主要工艺流程。

在选用发动机和底盘基础上焊接车架外撑梁(俗称牛腿)和地板支架或在车身底架总成的基础上→组焊整车骨架→焊装车身左右侧围外蒙皮→组焊车身前、后风窗框和前、后围外蒙皮→车门、行李仓等部件装配。

(2)车身喷涂生产线主要工艺流程。

典型的车身喷涂生产线主要工艺流程为车身表面前处理→烘干→涂装底漆→烘干→涂刮腻子→烘干→湿打磨→烘干→喷涂中间漆→烘干→喷涂车身面漆→烘干→喷涂车身彩条漆→烘干。

(3)车身装配线主要工艺流程。

地板总成装配→安装车身内蒙皮、空调设备、空调管道→内部装饰件、内行李架装配→安装侧窗和风窗玻璃→乘客门、驾驶员门、行李舱门装配→前后保险杠、灯具、刮水器、仪表板、后视镜安装→乘客座椅、驾驶员座椅安装。

(4)车身构件磷化处理线主要工艺流程。

在采用浸渍法磷化时,磷化处理主要工艺流程为:碱液除油→水洗→酸洗除锈→水洗→碱液中和→水洗→磷化处理→冷水洗→热水洗→干燥。车身构件磷化处理后需立即喷涂防锈底漆。

二、车身制造主要生产线的工艺布置

1. 主要生产线工艺布置要求

(1)为了平衡主要生产线的负荷,主要生产线的生产能力应相适应,即主要生产线的生产节拍相匹配。

(2)主要生产线之间产品流动通畅,转运方便,并且设置缓冲工位,使主要生产线平稳运行。

(3)各工位作业时间均衡。对作业量大的瓶颈工位设置必要的辅助工位或采取其他措施,稳定流水线生产。

(4)在确定生产线工位数时,综合考虑工位检验和综合检验作业时间及工位需要,设置必要的检验和修复工位。

(5)建立辅助生产线,减少产品在主要生产线上的总的加工时间和工位数,提高流水线效率和运行的平稳性。

(6)为了满足客车多品种、小批量的生产要求,同时弥补生产线工位数的减少对生产能力的影响,应布置多条生产线并行。

(7)设置后备工位,对于有特殊要求、作业量较大的产品,可移至后备工位进行作业,保证生产线按节拍运行。

(8)主要生产线布置紧凑,采用回转式布置,有利于生产进度控制和现场管理。

(9)主要生产线的布置应保证良好的作业性、安全性,保证制件运输流畅和生产、生活环境。

2. 主要生产线工位数确定、作业编排和生产线编排效率

大客车主要生产线采用混合流水线生产方式。各品种的投入按规定的加工方法和加工顺序,按一定的时间间隔通过流水线的各个工位。

(1)混合流水线工位数的确定。

采用固定节拍投入方式时,混合流水线生产节拍是按计划期间流水线生产能力和该计划

期间全部品种的计划产量确定的。

混合流水线工位数根据作业内容、作业时间和产品总的劳动量而定。但各工位作业时间不得超过生产节拍。

(2) 混合流水线各工位作业编排。

每个产品的作业顺序又可进一步划分为许多细小的作业。最小的作业单位称为单元作业。完成单元作业所需的标准时间称为单元作业时间。

流水线上的单元作业之间存在着先后顺序关系。表示这些单元作业先后顺序关系的图表称为先后顺序图。

在混合流水线上，不同产品的单元作业先后顺序图中，包括相当多的共同单元作业。把不同产品的单元作业先后顺序图绘制在一起，构成了统一先后顺序图。制定了统一先后顺序图，就可按一个产品的先后顺序图，进行混合流水线上的作业编排。

混合流水线的作业编排是在满足单元作业先后关系的基础上，一方面使工位数接近工位数计算值；一方面把单元作业划分到各工位，使各工位作业时间均衡。

(3) 混合流水线编排效率。

各工位作业编排结果与需要的工位数之比，称为流水线编排效率。各工位分配的作业时间与生产节拍之差称为空闲时间，所有工位的作业空闲时间总和称为富余时间。富余时间表示流水线作业的时间损失。

第三节　我国大客车制造工艺技术的发展

一、我国大客车制造工艺技术的发展历程

我国客车工业是伴随着国家汽车工业的发展而逐步发展起来的，经历了创建初期、成长期和快速发展时期。我国城市、公路客运市场和轻、中、重型车辆技术的发展，为客车制造业的发展提供了有利的外部条件。20世纪80年代，客车企业通过技术改造，引进和研制了大客车制造关键设备和技术，明显缩短了我国大客车制造工艺技术与国外先进水平的差距。而90年代末期和2000年以来，国外客车先进制造技术的加快引进，使我国主要客车制造企业的制造工艺技术水平接近了国际先进水平。

20世纪60~70年代是我国客车工业创建的初期。我国大客车制造业的基础是汽车修理业，在客车维护、修理过程中逐步形成了客车车身翻新、制造能力，进而在载货汽车底盘上改装简易客车。在60~70年代，客车生产厂主要采用载货汽车底盘改制客车，如采用第一汽车制造厂生产的解放牌载货汽车三类底盘改制的JT660型长途客车和BK640型城市客车，冲压、焊装、喷涂、总装等生产工艺设备简单，焊接主要采用氧—乙炔焊和手工电弧焊，车身骨架构件采用冲压成形，车身骨架采用简单组焊胎具组焊，客车制造机械化程度和制造工艺水平低，缺乏客车制造关键设备和技术，只能生产低档客车。

20世纪80年代和90年代初期是我国客车工业成长时期，也是我国大客车技术发展的重要时期。在这一时期，我国第一代采用客车专用底盘的JT663半承载式公路客车问世，研制开发了格栅底架客车专用底盘和采用承载式车身结构的JT6120型客车，客车专用底盘品种逐渐增多，客车企业技术改造全面展开，开始引进国外先进客车制造技术（表1-2），大客车生产采用流水线生产方式逐步形成，客车制造工艺技术发生了深刻变革。

20世纪80年代初,客车行业推广全面质量管理,工装设备、工艺文件、生产管理水平得到进一步完善和提高,CO_2气体保护焊工艺、构件磷化工艺得到普遍推广应用。在国家"六五"、"七五"、"八五"期间,大客车重点生产企业通过技术引进和技术改造,积极消化、吸收国外客车生产先进技术,引进和研制了大客车制造关键设备和技术,如引进矩形管下料设备、弯管机、数控线切割机、卷板校平下料机组和全套喷漆系统等,推广应用蒙皮张拉工艺、顶盖蒙皮低工位作业组焊工艺、车身骨架联装组焊工艺、聚氨脂发泡工艺等先进工艺,对原有生产组织、工艺布置、工艺流程、工装设备、质量控制等进行改造和完善,建设新的车身焊装、喷涂、总装生产线和整车检测线,明显缩短了与国外先进水平的差距。如"八五"期间,中通客车耗资5138万元继续进行技术大改造,引进国外先进技术和设备建设国内一流的客车生产线,新建了总装、喷涂、检测、座椅等五条生产线,改造了焊装、预处理等生产线和板链传动总装线,引进了日本具有国际先进水平的门式全自动喷涂设备。客车生产企业的技术改造和技术引进,使我国大客车制造工艺技术水平、生产能力和制造质量得到提高。

部分大中型客车技术引进和合资合作项目　　　　　　　　　　　　　表1-2

年　份	技术引进、合资合作项目
1980年	沈阳飞机制造公司引进日本富士重工中型旅游客车技术
1986年	北方车辆制造厂引进德国G奥维特尔公司尼奥普兰高档大客车技术
1989年	厦门金龙联合汽车工业有限公司生产德国曼底盘高档大客车
1993年	中韩合资桂林大宇客车有限公司成立,引进大宇客车技术生产
1994年	西安飞机公司与沃尔沃合资组建西沃公司,引进沃尔沃客车技术生产
1995年	合肥淝河汽车厂与德国凯斯鲍尔公司合作生产凯斯鲍尔豪华客车,2002年发展到塞特拉S315型
1996年	扬州客车厂与奔驰公司合资成立亚星-奔驰有限公司,引进客车及底盘技术,生产亚星-奔驰客车
1999年	沈飞公司与日野公司合资生产日野大客车及底盘
2000年	上汽与沃尔沃合资成立上海申沃客车有限公司,引进沃尔沃客车技术,生产城市客车与城郊客车
2000年	广汽集团和日本五十铃公司合资生产五十铃GALA系列豪华客车
2000年	中通客车引进荷兰BOVA客车技术
2002年	郑州宇通与德国曼公司合资生产曼客车底盘
2002年	合肥客车厂引进韩国现代大客车技术,生产合肥现代客车
2006年	丹东黄海汽车有限责任公司引进德国MAN的低地板城市客车及BRT(大容量快速公交)技术

20世纪90年代末期和2000年以来,我国客车制造业进入快速发展时期,大中型客车产量由1998年的2万多辆发展到2011年的超过16万辆。在这一时期,客车制造业一方面加快了技术引进和合资合作步伐(表1-2),客车制造工艺技术水平进一步提升;另一方面建成了一些具有国际水平的客车制造生产线,部分制造工艺技术已达到国际先进水平,客车制造质量得到大幅度提高,各种先进的豪华客车相继投放市场。如申沃公司在2000年,引进沃尔沃客车公司的城市公交客车和城郊客车制造技术,生产低地板城市市区客车和城郊客车。我国客车制造业并开始融入国际市场,逐渐发展成为了全球客车制造中心。

二、我国大客车制造工艺技术现状和发展

我国高档大客车制造技术是通过引进国外知名客车制造企业技术的基础上发展起来的。高档大客车制造技术的引进促进了我国客车制造业整体技术水平的发展,新材料、新工艺、新技术在客车上得到广泛应用。通过积极消化、吸收国外先进的制造技术和管理技术,发挥我国客车制造业具有的优势,也使我国在普通和中档客车制造方面的工艺技术水平得到迅速提升。

2006年，丹东黄海公司全面引进了德国MAN公司的BRT客车技术。全套生产线及技术文件均与德国MAN公司同步，18米四门低地板BRT客车DD6187S01是德国MAN公司最新推出的铰接客车产品，采用了欧洲先进的客车设计和制造技术。

合肥客车厂采用韩国现代公司最新生产工艺，从下料到各零部件的生产全面提高精度，主要钣金件、覆盖件全部实行模具化生产，实现了客车车身构件的数控落料及数控成型。车身焊装采用了许多大型应用设备，如车身骨架联装组焊设备、侧围蒙皮液压张拉设备、客车顶盖蒙皮自动点焊设备、顶盖总成自动翻转设备。先进的整车涂装和总装生产线、高水准的客车检测线，保证了客车质量的稳定和提高。

合肥淝河汽车厂与德国凯斯鲍尔公司技术合作，在实现12m S215HD塞特拉豪华客车的批量生产之后，2002年又引进更高层次的S315HD豪华客车，涂装生产线采用德国涂装工艺技术，工艺装备先进齐全。

2007年，厦门金旅公司采用国际先进的整车阴极电泳技术，建成了国内首家大型客车整车车身阴极电泳涂装生产线，将阴极电泳工艺引入到客车行业。该阴极电泳涂装生产线是一条大型客车全浸、步进式、整车（车身＋底架）前处理、阴极电泳底漆生产线，具有年产一万辆以上的大中型客车生产能力，整车漆膜附着力及整车耐腐蚀性能得到很大提高，使客车防腐能力提高到10年以上。电泳涂装技术具有突出的环保优势，其有机溶剂含量极低，可降低材料污染。大型客车采用整车车身阴极电泳涂装技术意味着我国客车行业在大型客车涂装工艺技术方面又有了新的发展。

郑州宇通公司对车身骨架及底盘分别采用了空腔防锈蜡、底盘防锈蜡的高压无气喷涂工艺。喷涂有防锈蜡的工件表面，可使工件与外界之间形成致密匀质的隔离层，从而防止空气及水分对工件的侵蚀，避免部件长期与水汽接触而形成锈蚀，提高产品性能。采用二维数控和三维数控液压弯管机加工管材弯曲件，以保证制件的加工精度。在半成品加工过程中推广了激光切割加工工艺，减少了冲孔、落料等模具的投入量。投入使用数控折弯机能折45°以上任意角度，减少了许多复杂零件的焊接工序，提高了生产效率和半成品的耐用性能，同时减少了成型模具的投入量。

近年来，我国城市建设和公路建设的快速发展，为客车制造业提供了巨大的发展空间。2007年，我国客车产量已占世界产量的1/3，客车产业集中度加大（2007年，前10家企业市场占有率超过70%），集团化趋势加快。在客车的制造规模、制造手段、工艺规划和布置、先进设备的使用和制造管理水平上，主要客车制造企业的制造工艺技术已具有国际水平，部分制造工艺技术达到国际先进水平，可生产多种规格的高品质客车，投放国内外市场。

由于我国客车制造技术是在不断引进国外先进制造技术的基础上发展起来的。技术引进一方面使我国客车制造技术得到快速发展，另一方面也说明与国外知名客车制造企业相比，在高档客车制造技术的研究和改进上还存在着明显差距。在制造全球化、柔性化的发展趋势和环保意识、客车品质不断提高的情况下，面对国外客车制造工艺技术不断发展的现状，进一步改进我国客车的制造技术、发展新的客车制造技术至关重要。

(1) 应用计算机集成制造系统(CIMS)改造传统的客车工业。

为了提高企业的市场竞争能力，必须采用先进的管理方式和科学技术。计算机集成制造系统(CIMS)就是将传统的制造技术与现代信息技术、管理技术、自动化技术等有机结合，借助于计算机系统，对产品经营、生产管理、制造研究开发等企业活动进行有机集成，并优化运行，建立一个提高制造企业对市场竞争具有快速应变能力的综合性自动系统。

建立计算机集成制造系统,必须有计算机(软、硬件)资源的支撑。为了保证 CIMS 的实施和正常运行,还必须进行企业管理的组织机构建设、管理程序的完善和提高企业人员素质的工作。

(2)构建柔性生产体系以降低成本,应对市场需求的变化。

柔性生产系统是指生产可以根据需要灵活调节的系统,以满足市场的需求和用户的不同要求。柔性化生产体系不仅要应对品种的变化,还要应对数量上的变化。对于大客车生产系统,柔性化不仅要求工艺布置、工位设置、工装设备、搬运装置等具有一定的通用性,而且要求生产车型转换时转换时间短。设置后备工位、辅助工位和生产线辅助,适当分组装配,减少生产线上的总装配量,提高生产线对不同产品的适应性。采用数控加工设备、系列通用或子母式骨架组焊胎具等工艺装备,缩短转换时间,发展灵活性和生产率最佳结合的柔性生产系统,以降低成本,应对市场需求的变化。

(3)采用先进(低污染)涂装材料、涂装工艺和涂装设备,控制"三废"造成的污染问题。

21 世纪是环境保护的世纪。随着环保意识和客车品质的不断提高,涌现出越来越多的先进涂装材料、涂装工艺和涂装设备,更为有效地控制客车涂装"三废"造成的污染问题。采用溶剂涂料的水性化、硬质涂料化、提高涂装的附着率等手段,控制挥发性有机化合物(VOC)排放。在涂装工序中,有机溶剂含量最多的面漆溶剂变成了水性溶剂,采用静电旋杯,提高附着率。在工艺改进方面采用简化烘烤工序的湿碰湿工艺,二涂一烘(2C1B)、三涂一烘(3C1B)的工艺方案,省略涂中干燥室。高固体低温固化涂料的应用,解决了能源耗量高的问题。在烘干方面正逐步采用紫外线、高频率烘干等高热效干燥法。喷涂设备普遍应用水旋式喷漆室与烘干室连体和节省空间的喷烘室。喷涂机采用高压无气喷涂机、静电旋杯喷涂机、增压罐喷涂机及各类型的罐式喷枪。

(4)采用系统化供货、模块化生产技术。

系统化供货、模块化生产技术是一种先进的大客车生产组织形式,对客车工业在产品开发、生产方式、供应方式和组织结构等多方面带来了深刻的影响。系统化和模块化技术具体表现为零部件厂独立进行配套零部件的设计、加工,并且与相关零部件集合成模块或模块化系统,而后送往主机厂进行模块化组装。它可降低整车生产的成本,节约原材料,减少组装时间,提高系统的质量。模块化设计的原则是要减少零件的使用数量,同时要满足更高的专业化水平和易于车身制造。客车底盘采用模块化设计时,一般将其分成前悬、前桥、中间段、后桥和后悬五部分,能够使得备件的管理简单化而且修理和维护的时间降至最低,易于满足用户的不同要求。车身的模块化设计是将车身划分为前部模块、前轮处模块、中间模块、中乘客门模块、后轮处模块和后部模块。模块化设计的主要优点是客车的零部件通用化程度高,据相关资料介绍车身的通用率在 80% 以上,底盘的通用率在 60% 以上。客车采用模块化设计和制造,必将使客车制造工艺技术产生新的变革。

(5)进一步提高总装配的技术水平和客车装配质量。

在总装配线附近设置相应的预装工位(pre-assembly station),就是将很多部件在总装配线之外先进行预装配,使之成为整体(如仪表板、乘客门等),作为总装配线上装配操作的准备,操作人员可以在预装工位用机械化或自动化机械进行装配,既可改善工人的劳动条件,又可以提高劳动生产效率,通过在预装过程中的检查,可以消除在总装配线上可能出现的故障隐患;运用计算机技术,对装配生产调度过程和存、取零部件信息进行处理,对众多的材料流进行精确的组织,以保证装配流水线的正常生产,有助于把总装配流水线建成一个能进行多品种生产的柔性系统。

(6) 积极应用新材料,减轻车身质量,减少环境污染。

大客车的轻量化必然带来燃油经济性的提高和 CO_2 排放的降低。采用轻量化的高强度钢板、铝合金、塑料材料取代金属构件是解决轻量化的有效手段。然而,高强度钢板普遍具有加工性和形状冻结性差的特点,因此改善加工技术非常重要。目前,比较流行的高强度钢板加工是既采用过去的冷加工又采用现代热冲压技术。铝材料主要使用点焊、铆接、弧焊和激光焊,铝和铁不同材料焊接的研究将会有新的突破。采用双面镀锌钢板、镀铝钢板来提高车身的耐腐蚀性能,性能更加优良的各种改性非金属材料也得以广泛应用。实现轻量化所要解决的就是如何做到高强度、高品质和低成本,解决此类问题,制造技术的最优化非常重要。

(7) 积极开展基础研究,努力提高客车制造的创新能力。

客车的市场竞争力取决于产品质量、环保和价格。我国中档和普通型大、中型客车在可靠性、乘坐舒适性、安全性和环保性能等方面,与国际水平相比仍有较大差距:首次故障里程、平均故障里程、使用寿命、车内外加速噪声、车身密封性、燃油消耗量及排放指标等明显低于国际水平。解决这些问题,必须加大客车技术和工艺技术的基础性研究工作,采用先进的设计理念,应用先进的技术理论,提高客车制造的创新能力,实现整车及系统的匹配技术优化,提高客车产品的性能。

客车技术的先进性是决定客车产品性能、质量的灵魂。在制造全球化、柔性化的发展趋势和环保意识、客车品质不断提高的情况下,一场以信息技术为特征的新的制造业革命正在迅速展开,未来的制造技术将进一步向智能化、集成化、系统化方向发展。

第二章 车身焊接基本工艺

在大客车车身结构中,车身骨架、底架、车架、地板支架、前后风窗框等大量采用焊接结构,蒙皮覆盖件、金属构件与车身骨架等的连接也大量采用焊接,这使得焊接工艺在客车车身制造中得到广泛地应用。

车身焊接基本工艺包括CO_2气体保护焊工艺和点焊工艺。目前,CO_2电弧焊主要用于焊接低碳钢及低合金钢。CO_2气体保护焊主要用于车身骨架的组焊、车身底架的组焊、地板支架组焊、前后风窗框组焊等焊接结构。点焊主要用于前后围、左右侧围及顶盖车身外蒙皮与车身骨架的焊接和一些冲压件形成合件的组焊。

本章主要介绍细丝CO_2气体保护焊工艺和点焊工艺,此外还介绍焊缝成形。

第一节 CO_2气体保护焊特点

气体保护焊是以电弧作为热源的熔化焊焊接方法。按电极是否熔化,气体保护焊分为熔化极气体保护焊和非熔化极气体保护焊两种。熔化极气体保护焊采用可熔化的焊丝与被焊工件之间的电弧作为热源来熔化焊丝与母材金属。

CO_2气体保护焊是一种熔化极气体保护焊,在焊接过程中,焊丝末端在电弧加热下形成熔滴,与部分熔化的母材金属熔融凝固形成焊缝。从焊枪喷嘴连续喷出的CO_2气体来排除焊接区中的空气,形成局部气体保护层,使电弧、熔化焊丝、熔池及焊接区附近的被焊金属和周围空气隔离,免受空气危害,保证焊接过程的稳定性,并获得质量优良的焊缝。CO_2气体保护焊焊接过程如图2-1所示。

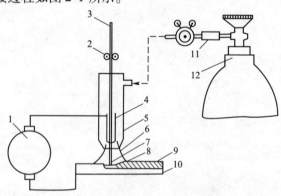

图2-1 CO_2气体保护焊过程示意图
1-焊接电源;2-送丝滚轮;3-焊丝;4-导电嘴;5-喷嘴;6-CO_2气体;7-电弧;8-熔池;9-焊缝;10-焊件;11-预热干燥器;12-CO_2气瓶

CO_2气体保护焊按焊接方式分为半自动焊(焊丝自动输送,焊枪移动由手工操作)和自动焊(焊丝输送和焊枪移动自动进行)。对于不规则的或较短的焊缝,采用半自动焊;对于较大的直焊缝和规则曲线焊缝,则可采用自动焊。按采用的焊丝直径可分为细焊丝CO_2气体保护焊(焊丝直径≤1.6mm)和粗焊丝CO_2气体保护焊(焊丝直径>1.6mm)。

CO_2气体保护焊有两种熔滴过渡(图2-2),一种是短路过渡的短弧焊,另一种是非轴向颗粒状过渡的长弧焊。细焊丝CO_2气体保护焊主要采用短弧焊(小电流、低弧压或称短路过渡焊接)如图2-3D区,焊接薄板材料;也可采用较大电流和略高电弧电压如图2-3A区,焊接4~7mm的中厚板。粗焊丝CO_2气体保护焊采用长弧焊(大电流、高弧压)焊接中厚板和厚板。

在大客车车身制造中,常用的 CO_2 气体保护焊是半自动细焊丝 CO_2 气体保焊,采用图2-3D区焊接规范焊接薄板材料,或采用图2-3A区焊接规范焊接中厚板。

一、CO_2 气体保护焊的工艺特点

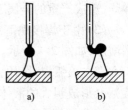

图2-2 熔滴过渡形式
a)轴向过渡;b)非轴向过渡

CO_2 气体保护焊与其他焊接方法相比具有下列工艺特点:

(1)CO_2 气体保护焊是一种明弧焊。焊接过程中,电弧及熔池的加热熔化情况清晰可见,便于发现问题及时调整,焊接过程与焊缝质量容易得到控制。

(2)对薄板材料焊接质量高。由于 CO_2 气体保护焊对焊件加热集中,焊接速度快,并且 CO_2 气体对焊件起一定冷却作用,所以在一定程度上防止了薄板材料的烧穿问题,并且能减小焊件变形。

(3)生产效率高,劳动强度低。采用细丝 CO_2 气体保护焊,焊接电流密度大,电弧热量集中,电弧的穿透力强,熔深大,焊接速度快,焊丝没有焊药或焊剂,便于采用半自动焊和全自动焊,所以生产效率高,劳动强度低。一般 CO_2 气体保护焊比手工电弧焊提高工效 1~4 倍。

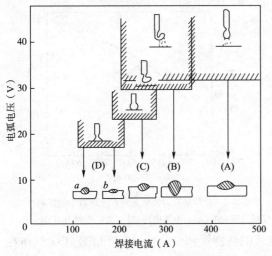

图2-3 气体保护焊时不同规范区的熔滴过渡形式和焊缝形状(焊丝直径:$\phi 1.6mm$)

(4)焊接成本低。由于 CO_2 气体价格便宜,焊前对焊件清理简单,不采用涂药焊条和焊剂,焊后不需要清渣等原因,而具有较低的焊接成本,其成本仅为手工电弧焊和埋焊自动焊的30%~60%。

正是上述优点,在大客车车身制造中 CO_2 气体保护焊成为主要的焊接方法。

但 CO_2 气体保护焊也存在着明显不足,一是焊接金属飞溅较多,特别是当焊接规范参数匹配不当时,飞溅就更加严重;二是不能焊接易氧化的金属材料,并且不适宜在有风的地方施焊;三是焊接过程中弧光较强,尤其是采用大电流焊接时,电弧辐射更强,所以要十分重视劳动保护。

二、CO_2 气体保护焊的金属飞溅

CO_2 气体保护焊在焊接过程中,金属飞溅损失约占焊丝熔化金属的10%左右,严重时可达30%~40%。最佳情况下,飞溅损失可控制在2%~4%范围内。

1. 产生金属飞溅的原因

CO_2 气体保护焊金属飞溅问题之所以突出,它和这种焊接方法的冶金特性及工艺特性有关。

(1)由冶金反应引起的飞溅。主要是由于焊接过程中焊丝末端的熔滴和熔池中熔化金属的碳被 CO_2 气体分解产生的氧原子氧化,生成 CO 气体,随着温度升高,CO 气体膨胀,若从熔滴或熔池中外逸受到阻碍,可能在局部范围内爆破,产生大量的细颗粒飞溅金属。

(2)由于熔滴过渡不正常引起的飞溅。在采用短路过渡焊接时,如果焊接电源动特性选择与调节不当,在液桥形成缩颈后,继续增大短路电流,必然会使缩颈处金属严重过热而产生

爆炸,造成严重的金属飞溅。

(3)由于焊接规范参数选择不当而引起金属飞溅。在焊接过程中,电弧电压升高,金属飞溅增加,如图2-4所示。这是因为随着电弧电压升高,电弧长度增加,易引起焊丝末端熔滴的长大。在长弧焊时(用大电流),熔滴易在焊丝末端产生无规则的晃动;而短弧焊时(用小电流),会形成粗大的液体金属过桥,这些均引起飞溅增加。

2. 减小金属飞溅的措施

(1)选用含碳量低的钢焊丝。选用含碳量低的钢焊丝,能减少焊接过程中生成的CO气体,从而减少冶金反应引起的飞溅。实践证明,当焊丝中含碳量降低到0.04%以下时,可以大大减少金属飞溅。

(2)采用活化处理过的焊丝可以细化金属熔滴减少飞溅,改善焊缝的成形。所谓活化处理就是在焊丝表面涂一层薄的碱土金属或稀土金属的化合物来提高焊丝发射电子的能力,最常用的活化剂是铯(Cs)的盐类如$CsCO_3$,如稍加一些K_2CO_3、Na_2CO_3,则效果更显著。

(3)合理选择焊接规范参数。一般在长弧焊时,随着焊接电流的增大,过渡熔滴尺寸变细,能减少金属飞溅,如图2-5所示。

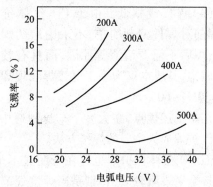
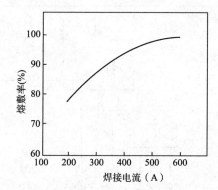

图2-4 CO_2气体保护焊时电弧电压对飞溅量的影响　　图2-5 长弧焊时焊接电流对焊丝熔敷率的影响
　　焊丝直径:φ2mm;直流反极性　　　　　　　　　焊丝直径:φ1.6mm;电弧电压:31~32V;保护气:CO_2+O_2

(4)在CO_2气体中加入少量的Ar气,改善电弧的热特性和氧化性,减少飞溅。CO_2气体在电弧温度区间热导率较高,加上分解吸热,消耗电弧大量热能,从而引起弧柱及电弧斑点强烈收缩。即使增大电流,弧柱和斑点直径也很难扩展,从而容易产生飞溅,这是由CO_2气体本身物理性质决定的。在CO_2气体中加入Ar气后,改变了纯CO_2气体的上述物理性质和化学性质,使弧柱和斑点直径得到扩展,从而降低了飞溅量。

(5)一般应选用直流反极性焊接,即焊丝为正极。选用直流反极性长弧焊时,焊丝是正极,受到电极斑点压力较小,焊丝不易产生粗大的熔滴和顶偏而产生非轴向过渡(图2-2b),从而减少了金属飞溅。若选用正极性,需要采用活化焊丝。

三、CO_2气体保护焊的冶金特性

CO_2气体在电弧高温作用下,分解产生CO和氧原子,并且温度越高,分解越强烈。

$$CO_2 \rightleftharpoons CO + O$$

一般说来在焊接条件下,CO_2高温分解产生的CO不溶于熔化的液态金属中,也不与金属发生作用。但原子态氧活泼性强,易与合金元素产生下列化学反应,成为合金元素氧化的主要形式:

$$Fe + O \rightleftharpoons FeO$$
$$Si + 2O \rightleftharpoons SiO_2$$
$$Mn + O \rightleftharpoons MnO$$
$$C + O \rightleftharpoons CO$$

另外，CO_2 气体直接和金属元素作用也会引起如下一些氧化反应：

$$CO_2 + Fe \rightleftharpoons FeO + CO$$
$$2CO_2 + Si \rightleftharpoons SiO_2 + 2CO$$
$$CO_2 + Mn \rightleftharpoons MnO + CO$$

由于氧化作用而生成的 FeO 能大量熔于熔池金属中，使焊缝金属产生气孔及夹渣等缺陷。其次，锰、硅等合金元素氧化生成 MnO 与 SiO_2，虽然可成为熔渣浮到熔池表面，但却减少了焊缝金属中这些合金元素的含量，使焊缝金属的机械性能降低。碳被氧化生成的 CO 气体会增大金属飞溅，并且可能在焊缝金属中生成气孔。另外，碳的大量烧损也降低焊缝金属的机械性能。因而在 CO_2 气体保护焊时，为了防止大量生成 FeO 和合金元素的烧损，避免焊缝金属产生气孔和降低机械性能，通常要在焊丝中加入足够数量的脱氧元素。焊丝的化学成分如表 2-1 所示。

CO_2 气体保护焊常用的焊丝牌号、化学成分和用途　　表 2-1

焊丝牌号	合金元素含量(%)										用途
	C	Mn	Si	Cr	Ni	Mo	Cu	Ti	S	P	
H10MnSi	≤0.14	0.80~1.10	0.60~0.90	≤0.20	≤0.30	—	≤0.20	—	≤0.035	≤0.035	焊接低碳钢和低合金钢
H08MnSi	≤0.11	1.20~1.50	0.40~0.7	≤0.20	≤0.30	—	≤0.20	—	≤0.035	≤0.035	焊接低碳钢和低合金钢
H08Mn2Si	≤0.11	1.70~2.10	0.65~0.95	≤0.20	≤0.30	—	≤0.20	—	≤0.035	≤0.035	焊接低碳钢和低合金钢
H08Mn2SiA	≤0.11	1.80~2.10	0.65~0.95	≤0.10	≤0.30	—	≤0.20	—	≤0.030	≤0.030	焊接低碳钢、低合金钢和低合金强度钢
H10MnSiMo	≤0.14	0.90~1.20	0.70~1.10	≤0.20	≤0.30	0.15~0.25	≤0.20	—	≤0.035	≤0.035	焊接低合金强度钢
H10MnSiMoTiA	0.08~0.12	1.00~1.30	0.40~0.70	≤0.20	≤0.30	—	≤0.20	0.05~0.15	≤0.025	≤0.030	焊接低合金强度钢

目前焊丝中常用的脱氧元素是 Si 和 Mn 元素。由于 Si 和 Mn 与氧的亲合力比 Fe 强，首先被氧化，从而阻止了 Fe 被大量氧化。硅和锰的氧化物能复合成熔点低、密度小的硅酸盐 $MnOSiO_2$，在熔池中凝聚成大块熔渣而浮出。当焊丝中 Si、Mn 含量较多时，在完成脱氧任务后，其剩余部分留在焊缝金属中，改善了焊缝金属的机械性能。

在焊接过程中，合金元素烧损程度和选用焊接规范参数有很大关系。如电弧电压升高，电弧长度增加，不仅增加了熔滴在焊丝末端的停留时间，并且增长熔滴过渡的路程，这样均增加金属和气体相接触的时间，使合金元素烧损增多；焊接电流增大，会使电弧温度升高，且使熔滴尺寸变细而增大比表面积，这将加剧合金元素的氧化烧损。

但是电流增大,也会引起熔滴的过渡速度加快,缩短熔滴与气体相接触的时间,这样,又有减小合金元素氧化作用。所以增大焊接电流对合金元素烧损的影响,不如增大电弧电压的影响显著。因此,在选择焊接规范时应注意这些问题。

目前,在 CO_2 气体保护焊中应用最广泛的一种焊丝是 H08Mn2SiA 焊丝。H08Mn2SiA 焊丝有较好的工艺性能、机械性能以及抗热裂性能,适宜于焊接低碳钢和屈服强度 $\sigma_s \leqslant 50$ MPa 的低合金钢,以及焊后热处理强度 $\sigma_s < 120$ MPa 的低合金钢。对于强度等级要求高的钢种,应当采用含有 Mo 的 H10MnSiMo 等焊丝。

第二节 细丝 CO_2 气体保护焊工艺

细丝 CO_2 气体保护焊主要采用短弧焊(或称短路过渡焊接)焊接薄板材料。焊接过程的稳定性用短路频率表示。焊接过程的稳定性和焊缝成形质量,决定于焊接规范参数的选定与匹配,其中影响显著的因素是焊接电流、电弧电压和直流回路电感值。在讨论这些因素对焊接过程稳定性影响之前,首先介绍短路过渡的基本概念。

一、短路过渡的基本概念

1. CO_2 气体保护焊电弧的静特性

电弧的静特性是表示在一定的电弧长度下,当电弧稳定燃烧时,电弧电压与电弧电流之间的关系,即 $V_H = f(I_H)$。

CO_2 气体保护焊的电弧静特性如图2-6中D区所示。从图2-6D区可以看出电弧电压、焊接电流和电弧长度三者之间的关系。在保持电弧长度不变的情况下,增大焊接电流,必然要增大电弧电压,否则电弧长度缩短。升高电弧电压,电弧长度增大;而增加焊接电流,电弧长度减小。

这是因为在弧长增加时,如果仍保持电流值不变,就要求带电粒子的迁移速度加快,因此电场强度必须相应增强,这就要求电弧电压升高。如果保持电弧电压值不变,随着电弧长度的增加,电场强度必然降低,带电粒子迁移速度减慢,电流值减小。所以在电弧长度一定的情况下,要使电弧稳定燃烧,电弧电压和焊接电流必需匹配合适。

2. 焊接电源的动特性

焊接电源的动特性是指电源在焊接过程中,短路电流增长速度与焊接电压恢复速度的变化特性。电源动特性的参数有:短路电流增长速度 $\dfrac{dI}{dt}$、短路电流的峰值 I_{max} 和焊接电压恢复速度 $\dfrac{dV}{dt}$。

短路过渡要求短路电流增长速度 $\dfrac{dI}{dt}$ 合适,有足够大的短路电流峰值 I_{max},以及足够高的焊接电压恢复速度 $\dfrac{dV}{dt}$。目前常用的焊接电源对后两点的要求能够满足,因此焊接时调节焊接电源动特性,通常是指调节电流增长速度。

3. 短路过渡过程

短路过渡过程如图2-7所示。一个短路过渡周期包括燃弧、弧隙短路、液桥缩颈脱落和电弧复燃四个阶段。

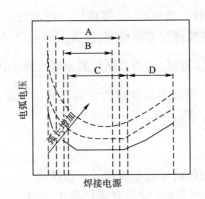
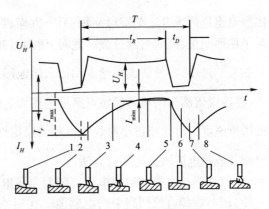

图2-6 常用电弧焊方法的电弧静特性
A区-不溶化极气体保护焊；B区-手工电弧焊；
C区-正常电流埋弧焊；D区-熔化极气体保护焊

图2-7 短路过渡过程的电参数变化波形示意图

在燃弧阶段中电弧呈短弧，这时焊丝末端金属被加热熔化形成熔滴，当熔滴尚未长大时（由于弧隙小），熔滴表面就和熔池相接触，形成液桥。这时电弧瞬间熄灭，电弧电压接近为零，而短路电流迅速增长，形成液桥后，在短路电流产生的很大电磁力和液桥与熔池接触处界面张力等的联合作用下，液桥在焊丝末端逐渐形成缩颈，最后液桥在缩颈处断裂而向熔池中过渡。这时，焊丝末端和熔池表面间又出现了小间隙。如果电弧电压恢复速度足够快，电弧会重新引燃，完成一次短路过渡周期。如果上述过程有规律地重复进行，焊丝末端金属不断向熔池过渡，就构成了稳定短路过渡焊接过程。

4. 短路过渡频率 f_{Dg}

每秒钟的短路次数称为短路频率 f_{Dg}。在焊接过程中，短路频率 f_{Dg} 高达几十次至一百次以上。实践表明，短路频率 f_{Dg} 高一些好。短路频率高，即表示每秒钟过渡的次数多，焊丝末端形成的熔滴尺寸小，金属飞溅少，电弧也较稳定。所以在短路过渡焊接生产中，短路频率 f_{Dg} 可作为评价焊接稳定性的指标。

如图2-7所示，短路过渡周期 T 是由燃弧时间 t_R 和短路时间 t_D 组成。燃弧时间和短路时间短，短路频率 f_{Dg} 高。燃弧时间与电弧电压（或弧长）成正比，与焊接电流成反比，而短路时间与短路电流增长速度成反比。因此，在短过渡焊接时，增大焊接电流和短路电流增长速度，减小电弧电压，能使短路频率升高。

5. 短路电流的增长速度 $\dfrac{dI}{dt}$

如图2-8所示，在短路过渡的情况下，对于一定直径和成分的焊丝，要使焊接过程稳定地进行，应保持短路电流增长速度 $\dfrac{dI}{dt}$ 在一个合适的范围。如果 $\dfrac{dI}{dt}$ 合适，焊丝末端的熔滴与熔池接触时，一方面能使短

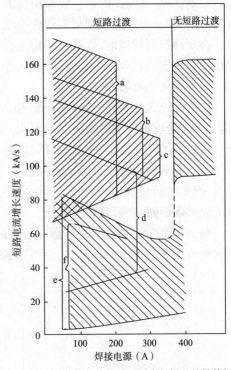

图2-8 CO_2 气体保护焊时不同直径焊丝的最佳短路电流增长速度范围
（采用硅整流电源和H08Mn2焊丝）

a区-焊丝直径0.6～0.8mm；b区-焊丝直径1.0mm；
c区-焊丝直径1.2mm；d区-焊丝直径1.4mm；
e区-焊丝直径1.6mm；f区-焊丝直径2.2mm

路接触点迅速形成合适的接触面积;另一方面将产生较大的电磁力,使液桥迅速形成缩颈,并适时平稳地断裂,完成熔滴过渡。此时,熔滴过渡和电弧过程都很稳定,金属飞溅也少。

如果 $\frac{dI}{dt}$ 过小,容易造成焊丝末端插入熔池形成固体短路,出现大颗粒的金属飞溅。如果 $\frac{dI}{dt}$ 过大,易造成熔滴与熔池的接触点严重过热而爆断,出现许多小颗粒的金属飞溅。因此,短路电流增长速度 $\frac{dI}{dt}$ 过大或过小对焊接过程的稳定性都是不利的。

调节短路电流增长速度的方法:

(1)改变焊接电源的空载电压。随着空载电压的提高,短路电流增长速度增大。

(2)调节焊接直流回路中的电感值。在短路过渡焊接时,焊接直流回路中常有一个可调电感。电感值增大,短路电流增长速度减小。

(3)改变焊接回路中的电阻。增大焊接直流回路中串联的可调电阻器的电阻,短路电流增长速度减小。

二、短路过渡焊接规范参数对焊接过程稳定性的影响

CO_2 气体保护焊的焊接规范参数主要有:焊接电流、电弧电压、焊接速度、焊丝直径、焊丝外伸长度、焊接电源极性、直流回路电感值以及 CO_2 气体流量等。

目前,CO_2 气体保护焊一般采用直流反极性,即焊件接负极,焊丝接正极,这样可使电弧稳定,减少飞溅。焊丝直径则根据焊件厚度、施焊位置以及焊接生产率等要求而定。

在短路过渡焊接时,焊接过程稳定性可用短路频率 f_{Dg} 来表示。一般说来短路频率 f_{Dg} 高,焊接过程稳定。影响短路频率的因素,除了焊接电源特性外,还与采用的焊接规范参数有关。

1. 焊接电流的影响

采用等速送丝方式时,焊接电流和送丝速度成正比关系,调节送丝速度就是调节焊接电流。因此,送丝速度对短路频率的影响,反映了焊接电流对短路频率的影响。

在一定工艺条件下,送丝速度对短路频率的影响如图2-9所示。可见送丝速度在B点左右,f_{Dg} 高,焊接过程稳定,焊缝成形良好,金属飞溅少。当送丝速度小时,焊接电流小,电弧长度大,燃弧时间长,短路频率低。反之,若送丝速度过大时,则弧长缩短,易使焊丝末端插入熔池造成固体短路,使短路频率降低。

对于不同直径的焊丝,最佳短路频率的送丝速度是不相同的,如图2-10所示。随着焊丝直径的减小,焊丝的熔化速度加快,短路周期缩短,最佳短路频率以及相应的送丝速度都要增大。

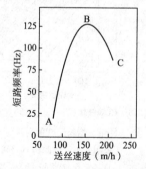

图2-9 送丝速度对短路频率的影响
（焊丝直径 $\phi 0.8mm$）

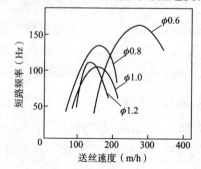

图2-10 不同直径焊丝的送丝速度和短路频率的关系

2. 电弧电压的影响

当采用调压式平特性或缓降特性（即增大焊接电流，空载电压不发生变化或略有减小）焊接电源时，可以用空载电压对短路频率的影响来表示电弧电压对短路频率的影响。

在其他工艺规范参数不变条件下，空载电压对短路频率的影响如图2-11所示。对于每一种直径的焊丝，都有一个最佳空载电压值范围，这时短路频率高，焊接过程稳定。

对于不同直径的焊丝，随着焊丝直径的增大，空载电压与短路频率的关系曲线向右移动。这表明在送丝速度不变的情况下，焊丝直径增大后，弧隙也增大，所以空载电压升高，最佳短路频率值降低了。

对于同一种直径的焊丝，增大送丝速度，空载电压与短路频率的关系曲线也向右移动，如图2-12所示。从图2-12中可见，送丝速度增大后，只有采用较高的空载电压，才能获得满意的短路频率。对于不同的送丝速度，即使获得最佳空载电压的匹配，它们的最佳短路频率值也是不同的。

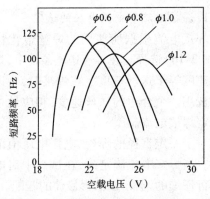 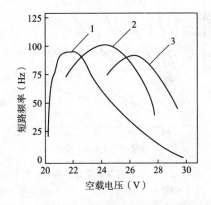

图2-11 焊丝直径不同时，空载电压对短路频率的影响　　图2-12 送丝速度不同时，空载电压对短路频率的影响
　　　　　　（$V_S=100$m/h）　　　　　　　　　　　　　　1-$V_S=110$m/h；2-$V_S=200$m/h；3-$V_S=230$m/h

因此，在短路过渡焊接时，不但要十分重视送丝速度（焊接电流）和空载电压（电弧电压）的匹配关系，而且要注意送丝速度的选定，以便获得较高的短路频率。

3. 直流回路电感值的影响

在固定其他工艺规范条件下，直流回路的电感值对短路频率的影响如图2-13所示。可以看出，电感值也有一个最佳范围。电感值过小，短路电流增大速度过快，焊接过程不稳定，小颗粒飞溅增多。相反，电感值过大，短路电流增长速度太慢，延长了短路时间，可能产生固体短路而引起大段爆断，使焊接过程不稳定，短路频率下降。另外，随着空载电压的升高，获得最佳短路频率的电感值增大，并且最大短路频率值降低。

4. 焊丝外伸长度的影响

试验表明，不论焊丝直径的粗细，增大焊丝外伸长度l（图2-14），短路频率就要降低，如图2-15所示。这是因为焊丝外伸长度增加以后，焊丝的预热程度加强，预热温度升高，焊丝熔化速度加快，增加了电弧长度和燃弧时间，从而引起

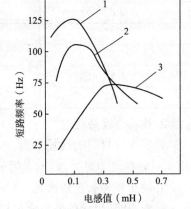

图2-13 直流回路的电感值对短路频率的影响（焊丝直径ϕ0.8mm）
1-空载电压21V；2-空载电压23V；3-空载电压26V

短路频率的下降。

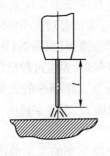

图 2-14 焊丝外伸长度

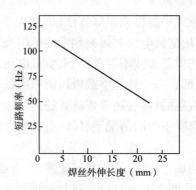

图 2-15 焊丝外伸长度对短路频率的影响（焊丝直径：$\phi0.8mm$）

三、短路过渡焊接规范参数的选定

1. 焊接电流和电弧电压的选定

焊接电流根据所使用的焊丝熔化特性曲线（图 2-16）选择。在等速送丝条件下，焊丝的熔化速度等于送丝速度。在焊接时，可以根据经验选用一个合适的送丝速度，相应地可以大致确定焊接电流。

对于一定直径的焊丝，电弧电压值范围比较窄。当焊接电流确定后，在试焊中对电弧电压进行仔细的调整，以求得最佳的匹配。表2-2是不同直径焊丝的焊接电流和电弧电压的选用范围。

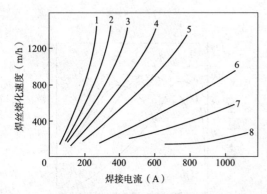

图 2-16 H08Mn2Si 焊丝采用直流反极性焊接时焊丝熔化特性曲线

（焊丝直径：1-$\phi0.8mm$；2-$\phi1.0mm$；3-$\phi1.2mm$；4-$\phi1.4mm$；5-$\phi1.6mm$；6-$\phi2.0mm$；7-$\phi3.0mm$；8-$\phi4.0mm$）

不同直径焊丝的焊接电流和电弧电压选用范围　　表 2-2

焊丝直径（mm）	焊接电流（A）	电弧电压（V）
0.6	30～70	17～19
0.8	50～100	18～21
1.0	70～120	18～22
1.2	90～200	19～23
1.6	140～300	24～28

2. 焊接速度的选定

根据焊件材料的性质与厚度来确定焊接速度。一般在半自动焊时，焊接速度不应超过 30m/h；而在自动焊时，则不应超过 90m/h。如果焊接速度过快，易引起未焊透、咬边等缺陷。

3. 焊丝外伸长度的选定

试验表明，焊丝外伸长度可按下式选定。

$$L_{SH} = (10 \sim 15)d_S$$

式中：L_{SH}——焊丝外伸长度；
　　　d_S——焊丝直径。

一般随着焊接电流的增大,焊丝外伸长度可适当加大。根据生产经验,合适的焊丝伸出长度一般在 5~15mm 范围内。

4. 直流回路电感值的选定

直流回路电感值应根据焊丝直径、焊接电流和电弧电压而定。当焊丝直径为 $\phi 0.6 \sim \phi 1.2$mm 的细焊丝时,一般取电感值为 0.05~0.40mH;当焊丝直径为 $\phi 1.2 \sim \phi 2$mm 的粗焊丝时,一般取电感值为 0.3~0.7mH。表 2-3 中的数字可做参考。但是应当注意,当用不同类型的焊接电源时,选用的电感值可能不一样,故应通过试焊进行确定。

不同直径的焊丝可选用的电感值 表 2-3

焊丝直径(mm)	0.6	0.8	1.0	1.2
电感值(mH)	0.02~0.23	0.04~0.30	0.08~0.40	0.08~0.50

5. CO_2 气体流量的选定

通常可选用 5~15L/min。当焊接电流增大、焊接速度加快及焊丝外伸长度增加时,应适当加大保护气流量。CO_2 气体保护焊所采用的 CO_2 气体均应满足焊接对气体纯度的要求,其标准是 $CO_2 > 99\%$,$O_2 < 0.1\%$,$H_2O < 1 \sim 2g/m^3$。对焊缝质量要求越高,对 CO_2 气体纯度的要求越高,获得的焊接金属塑性越好。

短路过渡焊接时,主要规范参数一般先根据工件厚度、坡口形式、焊接位置等选好焊丝直径,然后确定焊接电流。通过试焊确定焊接电流及电弧电压后,再调节直流回路电感值,使飞溅降低到最小。而焊丝的伸出长度、气体流量等可参考经验数据确定。通常,CO_2 气体半自动焊的焊接规范如表 2-4 所示。

CO_2 气体保护焊的焊接规范 表 2-4

接头形式	板厚(mm)	焊丝直径(mm)	电流(A)	电压(V)	焊速(m/min)	CO_2流量(L/min)	焊脚(mm)
	0.6~1.0	0.5~0.8	50~60	18	0.42~0.58	6~7	
	1.2	0.8	70	18	0.45	10~15	
	1.6	0.8~1.0	100	19	0.50	10~15	
	2.3	0.8~1.2	120	20	0.55	10~15	
	3.2	1.0~1.2	140	20	0.50	10~15	
	4.5	1.2	220	23	0.50	10~15	
	1.2	0.8~1.2	90	19	0.50	10~15	
	1.6	1.0~1.2	120	19	0.50	10~15	
	2.3	1.0~1.2	130	20	0.50	10~15	
	3.2	1.0~1.2	160	21	0.50	10~15	
	4.5	1.2	210	22	0.50	10~15	
	1.6	0.8~1.0	90	19	0.50	10~15	3.0
	2.3	1.0~1.2	120	20	0.50	10~15	3.0
	3.2	1.0~1.2	140	20.5	0.50	10~15	3.5
	4.5	1.0~1.2	160	21	0.45	10~15	4.0

四、CO_2 气体保护焊设备

CO_2 气体保护焊自动焊机是由焊接电源、送丝机构、行走机构、焊炬、气路系统和控制系统等部分组成。气路系统包括减压阀、预热器、干燥器和流量计等。CO_2 气体保护焊半自动焊机中没有行走机构,其余部分与自动焊机相同。

1. CO_2 气体保护焊用的电源

国内使用的 CO_2 焊电源有如下几种:抽头式硅整流电源、高漏抗式硅整流电源、自调电感式硅整流电源、自饱和电抗器式硅整流电源、可控硅整流电源和晶体管式整流电源等。抽头式和高漏抗式硅整流电源是一种价廉的普及型焊机。尽管性能不够完善,可是对于细丝短路过渡焊接仍然可以得到较好的效果。但为了获得较高的焊接质量,就需要性能更完善的焊机。现在大都采用可控硅整流电源。

目前在 CO_2 电弧焊接中,平外特性电源应用最为广泛。这是因为等速送丝机构配用平外特性电源有以下一些优点:

(1)弧长变化时引起电流变化大,因而电弧自调节作用强。平外特性电源,由于短路电流较大,引弧比较容易。

(2)规范调节比较方便。可以对电弧电压和焊接电流单独进行调节。通过改变送丝速度来调节电流,改变电源外特性来调节电弧电压,两者之间相互影响不大。

(3)焊丝伸出长度变化时,电弧电压基本上不受影响。

(4)平外特性电源对防止焊丝回烧和粘丝有利。因为在电弧回烧时,随着电弧的拉长,电弧电流很快减小,使得电弧在未回烧到喷嘴前已熄灭。如果焊丝粘在焊件上时,平外特性电源有较大的短路电流足够使粘处爆开,从而可避免粘丝。

目前,国产的整流式平外特性焊接电源实际上其外特性都是下倾的,下降率一般不大于 5V/100A。

2. 送丝机构

送丝机构的作用是将焊丝按要求的速度送至焊接电弧区,以保证焊接的正常进行。所以要求送丝机构能保证均匀、平稳地送丝,不受或少受外界因素变化的影响;送丝速度能在一定范围内保持均匀、无级调节,以满足不同直径焊丝及焊接规范的要求;通过送丝辊轮的焊丝不易变形,并能保持挺直状态,以减小送丝阻力;送丝机构的结构要尽可能简单、轻便、动作灵活,便于使用和维修。

一般都采用等速送丝方式,CO_2 气体保护焊半自动送丝机构根据其送丝方式的不同,有推丝式、拉丝式和推拉丝式三种送丝机构,如图 2-17 所示。

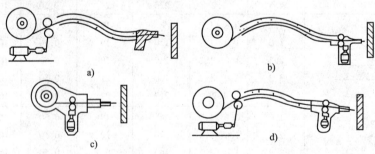

图 2-17 送丝方式示意图
a)推丝式;b)、c)拉丝式;d)推拉丝式

推丝式送丝机构用于直径较粗的焊丝。拉丝式送丝机构由于不存在送丝软管的阻力,因此可显著地降低送丝电机的功率,送丝稳定可靠,焊工的操作范围也不受限制。但焊枪显得笨重、体积大,焊丝盘容纳焊丝少,只适用于直径小于 1.2mm 的焊丝。推拉丝式送丝机构实质上是上述两种形式的组合,结构复杂,制作技术要求高,国内很少应用。

3. 焊枪(焊炬)

焊枪是直接施焊的工具,起到导电、导丝、导气的作用。为了满足使用要求,半自动焊枪必须具备下列性能。

(1)在熔池和电弧周围能形成保护性能良好的CO_2气流。当CO_2气体进入焊枪气室后,其流速因体积膨胀而下降,这时由于各部分气流流动方向和速度不一致而形成紊流。为此在气路中要装设筛流圈或钢丝网,气路应尽可能长些,形状为圆柱体。这样便能获得稳定的层流,并具有足够的挺度,达到良好的保护作用。

(2)导电嘴、导电杆和软管接头的轴线尽可能在同一直线上,以减少摩擦阻力,使焊丝顺畅而准确地送入熔池。

(3)导电杆截面应足够大,枪管应为散热片式,以降低焊枪发热量,增强焊枪散热效果。当使用的焊接电流大于300A时,焊枪就要通水冷却。

(4)手把形状应当适于握持,使用方便。喷嘴形状不应妨碍对熔池的观察。

(5)结构要轻巧。易损件、连接件应易于拆换,与焊枪相连接的电缆和软管等应柔软、轻巧、结实耐用。操作维修方便。

常用的半自动焊枪有拉丝焊枪、推丝式手枪形焊枪和推丝式鹅颈形焊枪(图2-18)。

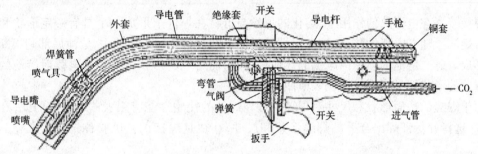

图2-18 推丝式鹅颈形焊枪结构

图2-19为自动焊焊炬的结构,不同之处在于设有较长的圆柱形气路、导电嘴伸出喷嘴外3~5mm和双水内冷结构。这是因为受结构所限和便于观察熔池及焊接电流大的缘故。

4. 气路装置

CO_2供气装置由CO_2气瓶、预热器、高压干燥器、减压阀、低压干燥器和流量计等部件组成。

焊接用的气态CO_2是由钢瓶中的液态CO_2直接挥发而成的。这种挥发过程要吸收大量的热,使气体温度下降到零度以下,这样就容易把瓶阀和减压阀冻坏或堵塞气路,所以减压前须经预热器(图2-20)预热。其功率为(75~100)W左右,采用36V交流电供电。干燥器的作用是进一步吸收CO_2气体中的水分。接在减压阀前面的称为高压干燥器(往往与预热器做成一体),如图2-20;接在减压阀后面的称为低压干燥器。干燥器内装有硅胶或脱水硫酸铜、无水氯化钙等干燥

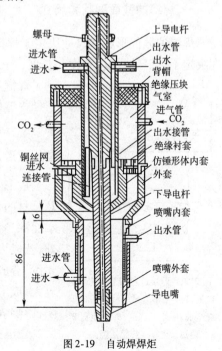

图2-19 自动焊焊炬

剂,其中无水氯化钙的吸水性强,但不能重复使用。硅胶及脱水硫酸铜经加热烘干后可重复使用。

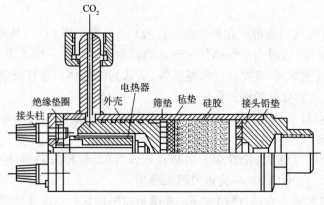

图 2-20 预热器干燥器结构

第三节 焊缝成形

焊接接头在电弧热的作用下,熔化的焊丝与母材在焊件上形成一个具有一定形状和尺寸的液态熔池。随着电弧的移动,熔池前端的焊件不断被熔化进入熔池中,熔池后部则不断冷却结晶形成焊缝。熔池的体积由电弧的热作用决定,而熔池的形状则取决于电弧对熔池的作用力。焊缝的形状即是指焊件熔化区横截面的形状。

由于焊缝的截面形状和尺寸对焊缝质量和焊件的使用性能有很大的影响。因此,在焊接生产中,选择并保证焊出合适的焊缝形状和尺寸,往往是焊接工艺试验首先要考虑和解决的问题。

一、焊缝的截面形状和尺寸

焊缝的截面形状和尺寸决定于焊接时所形成的熔池形状和尺寸。熔池的深度、宽度和长度决定了焊缝的深度、宽度和长度(图 2-21)。控制焊接过程中的熔池形状和尺寸,也就是控制了焊缝成形。

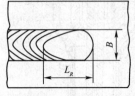

图 2-21 焊接过程中形成的熔池
1-电弧;2-液体金属;3-已凝固的焊缝金属;H-熔池深度;B-熔池宽度;L_R-熔池长度;h_g-焊缝加强高

焊缝的截面形状通常用熔深 H、熔宽 B 和加强高 h_g 表示。合理的焊缝截面形状要求上述三种尺寸之间应有恰当的比例。通常用成形系数 φ_C 来表示熔深和熔宽之间的关系,即 $\varphi_C = \dfrac{B}{H}$。

成形系数值的确定,应考虑到焊件的结构形式、使用条件以及母材的化学成分和厚度等。如果成形系数过小,焊缝截面形状窄而深,容易引起焊缝出现气孔和增大生成热裂纹的倾向。另外,若成形系数过小且加强高较大,则焊缝表面凸起,截面过渡不光滑,造成应力集中,焊缝的疲劳强度降低。但成形系数也不要过大,成形系数过大,焊缝截面形状宽而浅,容易造成未焊透缺陷,影响焊缝的强度,并且对焊缝的输入能量大,焊接变形也将增大。在电弧焊的情况下,最佳的成形系数 φ_C 应在 1.3~2 之间。

二、焊接条件对焊缝成形尺寸的影响

1. 焊接规范参数的影响

焊接参数决定焊缝输入的能量,是影响焊缝成形的主要工艺参数。试验表明,调节焊接规范参数可以调节与控制母材的熔化和焊缝截面形状尺寸。细丝 CO_2 气体保护焊时,焊接电流和电弧电压变化对焊缝成形尺寸的影响如图2-22所示。

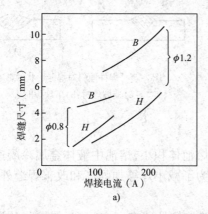
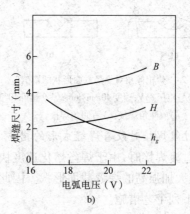

图2-22 细丝 CO_2 气体保护焊的焊接规范对焊缝尺寸的影响(焊丝 H08Mn2Si;直径 ϕ0.8mm;直流反极性)
a)焊接电流的影响;b)电弧电压的影响

可以看出,随着焊接电流的增大,焊缝的熔深和熔宽均增大;而当电弧电压增大时,焊缝的熔宽和熔深略有增大,但焊缝加强高明显减小。

2. 其他焊接工艺因素的影响

在其他焊接工艺因素中,对焊缝截面形状和尺寸影响比较显著的有焊枪倾角和焊接方向。

(1) 焊枪倾角的影响。

在短弧焊时,焊枪倾角对焊缝成形尺寸有明显的影响,如图2-23所示。在采用前倾角(图2-24a)焊接时,随着前倾角的增大,焊缝的熔深和加强高减小,而熔宽增大。

相反地,若采用后倾角(图2-24b)焊接,在开始阶段,随着后倾角的增大,焊缝熔深也增大。当后倾角等于20°~30°时,可获得最大熔深。此后,如果再继续增大后倾角,又会引起焊缝熔深和熔宽减小,而加强高增大,使焊缝变窄并凸起,恶化了焊缝成形。

(2) 在倾斜焊件上焊接方向的影响。

焊接时若焊件放置具有一定的倾斜度,由于熔池中金属受重力的作用,有向下流动的趋势,这时焊接方向不同,对焊缝截面形状尺寸的影响也不一样,如图2-25所示。

采用上坡焊时,熔池内液体金属受到重力和电弧力的作用,会使电弧下方的液体金属层厚度减小,结果使焊缝熔深和加强高增大,得到窄而深的焊缝截面形状。

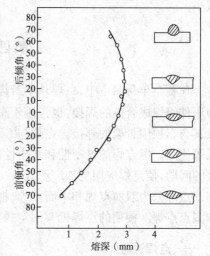

图2-23 短弧焊时焊枪倾角变化对焊缝成形尺寸的影响

(焊件厚度3.2mm;焊丝直径 ϕ1.2mm;焊接电流50A;电弧电压22V;焊接速度220~250mm/min;导电嘴到焊件表面距离12mm;CO_2 气体流量15L/min)

相反地,若采用下坡焊,容易得到熔深较浅而熔宽较大的焊缝截面形状。应当指出,焊件倾斜度如果过大,焊缝容易产生咬边或未焊透等缺陷。

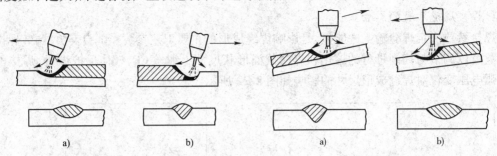

图 2-24　焊枪倾角对焊缝截面形状的影响
（电流 400A；电压 35V；速度 40mm/min；焊枪倾角 10°）
a)前倾角焊接；b)后倾角焊接

图 2-25　焊件倾斜对焊缝形状的影响
a)上坡焊时；b)下坡焊时

3. 短路过渡焊接时改善焊缝成形的措施

在短路过渡焊接时,由于焊丝熔化速度快,熔池体积小,熔池中液体金属冷凝速度快等原因,易获得较大加强高的焊缝截面形状。因此,为了减小焊缝加强高和改善焊缝外观成形,焊接时可采用下列工艺措施。

(1) 对于平头对接的焊缝,在装配时,让焊缝接边处留有一定间隙,使熔化的焊丝金属有一部分用于填充间隙,以减小焊缝的加强高。

(2) 焊枪采用前倾角施焊,略增大焊缝熔宽,减小焊缝加强高。

(3) 缩短焊丝外伸长度,减小外伸长度上产生的电阻热和焊丝熔化速度,达到减少焊缝加强高的目的。

(4) 焊接时可选用略高的电弧电压值,增大熔池的受热面积,使焊缝熔宽加大而加强高减小。

第四节　点焊工艺

在客车车身制造中,点焊是车身焊装作业中应用仅次于 CO_2 保护焊的焊接方式,主要用于冲压件组焊成合件的焊接,也常用于车身前后围蒙皮、侧围蒙皮与车身骨架和顶盖蒙皮的拼接及其与车顶围骨架的焊接。点焊与 CO_2 气体保护焊相比,具有焊件变形小、表面质量高、成本低等优点。但点焊的气密性和水密性差。目前,由于导电密封胶的使用,解决了点焊焊缝密性差的问题,使点焊应用更加广泛。

点焊分为双面点焊和单面点焊；根据一次点焊形成焊点的个数,分为单点点焊、双点点焊和多点点焊。使用的点焊机有固定式点焊机和移动式点焊机两种。

一、点焊过程

点焊是利用电流通过焊件时产生的电阻热加热焊件进行焊接的。双面点焊的焊接过程是将两焊件压紧于两个圆柱形电极之间,然后通以强大的电流,利用电阻热加热焊件,使焊接区加热到熔化温度,形成液态熔核,切断电流后,在电极压力作用冷却结晶形成焊点(图 2-26)。

1. 点焊电阻

点焊时,电流通过焊件产生的热量由电热定律确定：

$$Q = I^2Rt$$

式中:Q——电阻热,J;
  I——焊接电流,A;
  R——两个电极之间的电阻,R;
  t——通电时间,s。

两个电极之间的电阻 R 是由焊件本身电阻 R_H、焊件与焊件之间的接触电阻 R_J 和电极与焊件之间的接触电阻 R_{JH} 组成的。

$$R = R_H + R_J + R_{JH}$$

焊件电阻 R_H 决定于材料的电阻系数、焊件的厚度,电极直径和电极压力。电极直径减小,焊件厚度增加,会使焊件电阻 R_H 增大;电极压力升高,电极与焊件接触面积加大,焊件电阻 R_H 减小。

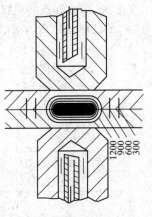

图 2-26 焊点断面图

接触电阻主要受到电极压力、材料的导电性能、焊件的表面状态等因素的影响。电极压力升高、焊件表面清洁会使接触电阻减小。由于导体之间的接触面间存在氧化物等脏物,接触电阻远远大于导体本身的电阻。

2. 点焊过程

通常把一个焊点形成的过程称为一个点焊循环,如点焊循环图 2-27 所示(图 2-27a)为正常焊接循环;图 2-27b 为采用锻压力的焊接循环)。一个点焊循环可以分为四个阶段,即预压、焊接、锻压和休止,如图 2-28 所示。

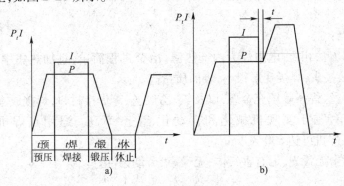

图 2-27 点焊循环
a)正常焊接循环;b)采用锻压力的焊接循环

(1)预压阶段:电极在预压阶段开始对焊件施加压力,消除焊接件接触面的间隙,使接触面紧密地接触,为焊接作准备。

(2)焊接阶段:焊接阶段是形成熔核的阶段。在这个阶段中,两个电极接触表面之间的金属通过的电流密度很大,被强烈加热,温度迅速升高。而在此以外的金属,由于通过的电流密度小,加热缓慢。而与电极表面相接触的部分金属,由于水冷电极能很快地散热,温度上升也缓慢。点焊时温度分布如图 2-28 所示。

由上面分析可知,点焊时,只有两个焊件接触面附近的金属温度能迅速升高,达到熔化温度,形成液态熔核。并且熔核周围的金属同时被加热,达到塑性状态,形成一个塑性金属环。在加热正常的情况下,它紧紧地包围着熔核,使熔化金属不能向外溢出。

(3)锻压阶段:切断焊接电流后,电极继续对熔核进行挤压,同时熔核冷凝结晶形成焊点。锻压时间决定于金属种类和焊件厚度。焊件厚度越大,锻压时间越长。点焊厚度为 1~8mm 的钢焊件时,锻压时间为 0.1~2.5s。锻压时间短,无锻压作用;锻压时间太长,使熔核冷却速度增大,影响焊点的机械性能。

(4)休止阶段:在休止阶段,电极升起,移动焊件,为下一个点的焊接作准备。

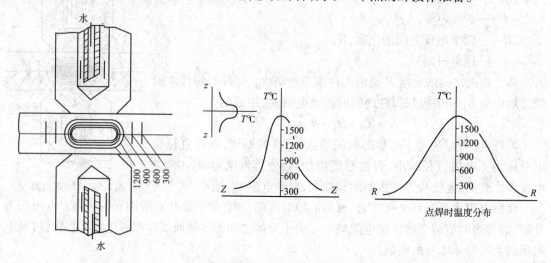

图2-28 点焊时温度分布

以上分析的是典型的点焊循环各个阶段。点焊时,点焊强度决定于熔核尺寸。熔核尺寸随焊件厚度的增加而增大,当焊件厚度 $t \geqslant 0.5 \mathrm{mm}$,熔核直径近似为 $d_H = 2t + 3$ 并且在电极压力作用下,焊件表面会形成凹陷,合理的凹陷深度一般为 $(0.1 \sim 0.15)t$。

3. 电阻焊的优缺点

电阻焊的优点:

(1)与熔化焊方法相比,电阻焊为内部热源,冶金过程简单,且加热集中,热影响区较窄,容易获得优质焊接接头,焊接变形很小,表面质量高。

(2)不需要焊丝、焊条等填充金属,以及氧、乙炔、氩等焊接材料,焊接成本低。

(3)操作简单,易于实现机械化和自动化,生产率高。通用点焊机焊接速度可达60点/min,快速点焊机可达600点/min。

(4)焊接过程中无弧光、无有害气体、无噪声、劳动条件好。

电阻焊的缺点:

(1)目前还缺乏可靠的无损检测方法,焊接质量只能靠工艺试样和工件的破坏性试验来检查,以及靠各种监控技术来保证。

(2)焊件的尺寸、形状、厚度及焊件的材料受焊机功率、机臂尺寸与结构形状的限制,故不适用对一些封闭型、半封闭型结构,以及因焊件的材料不适合的部件进行焊接。

(3)点焊的搭接接头不仅增加了构件的重量,且接头的抗拉强度和疲劳强度均较低。

(4)设备功率大,机械化、自动化程度较高,使设备成本较高、维修较困难,并且常用的大功率单相交流焊机不利于电网的正常运行。

二、点焊的基本规范参数

点焊的基本规范参数包括焊接电流、通电时间、电极压力和电极工作表面尺寸。

1. 焊接电流

在其他点焊规范参数保持不变的情况下,焊接电流决定了焊接区域的加热程度。对于普通冷轧钢板和电镀锌钢板,焊接电流对熔核直径的影响如图2-29所示。当焊接电流超过一定值时,熔核才形成,并且熔核直径随着焊接电流的增加而增大。由于受到电极直径的限制,熔核直径增大到一定程度就不再增大了。

图2-30是焊点强度受焊接电流影响的曲线。在焊接电流小时,加热强度不足,没有熔核形成,焊点只是在塑性状态下焊接的,焊点强度低且不稳定。当焊接电流超过一定值以后,开始出现熔核,且随着焊接电流的增加,熔核直径增大,焊点强度提高,并在曲线高点附近,焊点强度高且相对稳定。

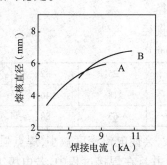 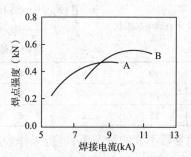

图2-29 焊接电流对熔核直径的影响　　　　图2-30 焊接电流对焊点强度的影响
A-普通冷轧钢板;B-电镀锌钢板　　　　　　A-普通冷轧钢板;B-电镀锌钢板

2. 通电时间

通电时间对熔核直径和焊点强度的影响同焊接电流的影响相近,如图2-31所示。在熔核形成以后,增加通电时间,熔核直径和焊点强度迅速增大。当通电时间到达曲线高点时,由于焊点温度升高,金属散热加快,熔核直径增长缓慢,焊点强度趋于稳定。如果继续延长通电时间,将引起熔核金属过热,产生强烈的金属飞溅,焊点表面凹陷加深,焊点强度反而下降。

3. 电极压力

电极压力对焊接有两方面的作用:一是调节焊接区的加热强度;二是决定焊接区塑性变形程度。

点焊时,电极压力首先要保证焊接件接触面紧密接触。否则,接触电阻过大,瞬间产生大量热量,有可能导致焊件烧穿或电极工作表面烧坏。但随着电极压力的升高,接触电阻和电流密度减小,导致焊件加热不足,熔核直径减小,焊点强度下降,如图2-32a)所示。

如果在增大电极压力的同时,适当增加焊接电流和通电时间,使焊接区域加热程度保持不变,那么随着电极压力增大,焊点强度会更加稳定,如图2-32b)所示。这是因为电极压力的增大,减弱了焊件装配间隙、焊件刚性等因素引起的压力波动对焊接加热程度的影响。

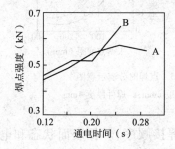 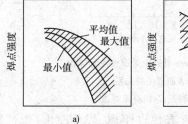 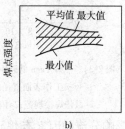

图2-31 通电时间对焊点强度的影响　　　　图2-32 焊点强度与电极压力的关系
　　　　　　　　　　　　　　　　　　　　　a)电极压力;b)电极压力

点焊时,电极压力的大小可以根据材料的高温强度、焊件厚度、焊接电流和通电时间等因素选择。材料高温强度越高、焊件厚度越大、焊接规范越强,电极压力应越大。

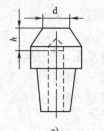
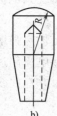

图 2-33 常用点焊电极形状

4. 电极工作表面的尺寸

常用点焊电极形状和尺寸如图 2-33 和表 2-5 所示。电极工作表面尺寸直接影响熔核的最大直径和焊点强度。熔核最大直径与电极工作表面直径的关系，可用下式表示：

$$d_H = (0.9 \sim 1.4) d_J$$

式中：d_H——熔核的最大直径；
d_J——电极工作表面直径。

常用点焊电极尺寸（mm） 表 2-5

d	10	18	16	20	25	32	40
h	14	15	16	17	18	40	50
R	25	32	40	50	63	80	100

在其他参数不变的情况下，电极工作表面直径过大，会使电流密度减小，焊点强度下降，如图 2-34 所示。所以，要合理地确定电极工作表面尺寸，并且在焊接过程中，若电极工作表面尺寸因磨损而增大时，必须修整和更换电极。

电极工作表面直径根据焊件厚度和电极形状来选定。采用平面电极时，焊件厚度 $t > 0.5$mm，电极工作表面直径 $d_J = 2t + 3$；采用球面电极时，焊件厚度为 1mm，$R_J = 40 \sim 100$mm；焊件厚度为 $2 \sim 3$mm，$R_J = 100 \sim 200$mm。

三、保证焊点质量的措施

焊点强度和焊接质量的稳定性受到点焊时的分流、焊件配间隙和焊件表面状况的影响，点焊时必须十分注意。

1. 点焊时的分流

点焊时有一部分电流虽然流过焊件，但绕过了焊接区，这种现象称为电流的分流。焊接电流可以经过已焊好的焊点（图 2-35）或经过焊件偶然接触点分流。分流是焊接质量不稳定的重要原因之一。

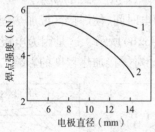
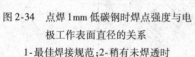
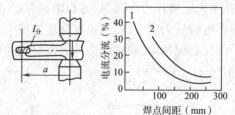

图 2-34 点焊 1mm 低碳钢时焊点强度与电极工作表面直径的关系
1-最佳焊接规范；2-稍有未焊透时

图 2-35 点焊时分流示意图
1-焊件厚度 2mm；2-焊件厚度 4mm

影响分流的因素有焊点距离、焊件厚度、焊件数目、焊接顺序、焊件表面状态和电极压力等。

焊点距离越小，分流越大。一般要根据焊件厚度确定最小点焊间距（表 2-6），如点焊 1mm 厚的低碳钢，点焊间距不应小于 18mm。对于多排点焊，合理布置焊点位置，使分流达到最小。焊件厚度和焊件数目增多，分流电阻减小，分流增加。因此，焊件厚度越厚、焊件数目越多，点焊间距应越大。合理安排焊接顺序,保证所有的焊点在分流较小的条件下焊接。当所焊焊点周围有已焊好的焊点时,分流对焊点有明显影响。增大电极压力,减小接触电阻,有利于减小分流。

低碳钢最小焊点距离　　　　　　　　　　表2-6

焊件厚度(mm)	0.8	1.0	1.2	1.6	1.8	2.0
最小点距(mm)	12	18	20	27	31	35
最小搭接量(mm)	11	12	14	16	17	15

2. 焊件的装配间隙

一般焊件的装配间隙应不大于0.5~0.3mm。当焊接尺寸比较小而刚度较大的冲压件时,装配间隙减小到0.1~0.2mm。否则,装配间隙过大,焊接区很难紧密接触,接触电阻过大,分流严重,焊接困难,焊接质量难以得到保证。

影响装配间隙的因素有焊件冲压、装配精度和焊接过程中焊件产生的变形。采用强规范(短时间、大电流)焊接,采用适当的样板或合理的焊接顺序,以及焊接时牢固可靠地夹紧焊接件,可以保证焊件装配的准确性,减小焊接变形和避免由于电极不同心造成焊件的相互偏移,达到控制焊件装配间隙的目的。

3. 焊件的表面清理

当焊件表面存在氧化物等脏物时,接触电阻必然增大,甚至会使电流不能通过,电流分流增加,严重影响焊点强度。氧化物层的不均匀性还会影响各个焊点加热的不一致,引起焊接质量的波动。因此,必须对焊件焊点区域内的两个表面进行全部或局部的焊前清理。对于没有氧化皮的冷轧钢板,如果没有生锈,不必进行焊前清理,表面的防锈油膜可以被电极挤出,一般不妨碍点焊。但冲压件如涂有拉延油,焊前必须清理干净。

第五节　低碳钢与镀锌钢板的点焊工艺

点焊焊接参数的选择,主要取决于金属材料的性质、板厚、结构形式及所用设备的特点(能提供的焊接电流波形和压力曲线)。在点焊中应用最为广泛是工频交流点焊,且主要采用电极压力不变的单脉冲点焊。

在车身制造中,多使用低碳冷轧钢板和镀锌钢板。低碳钢有很好的可焊性,不需要采用特别设备和工艺,用简单的焊接循环就能获得良好的焊点质量。对于镀锌钢板,由于镀锌层的存在,它的焊接规范与低碳钢相比,所采用的焊接电流比较大、通电时间比较长和电极压力比较高,适用的焊接规范范围也比较窄,电极寿命会明显缩短。

一、低碳钢的点焊

低碳钢的含碳量低于0.25%,其电阻率适中,需要的焊机功率不大;塑性温度区宽,易于获得所需的塑性变形而不必使用很大的电极压力;碳与微量元素含量低,无高熔点氧化物,一般不产生淬火组织或夹杂物;结晶温度区间窄、高温强度低、热膨胀系数小,因而开裂倾向小。由于低碳钢具有很好的可焊性,焊接时间和焊接电流采用强规范(短时间、大电流)或弱规范都可以获得良好的焊接质量,电极压力也可以在较大范围内调节。焊接的主要规范参数可根据焊件厚度选择,如表2-7所示。

采用强规范焊接,可以减小焊接变形,提高生产效率,减少电能消耗。因此,在设备功率足够大时,应采用强规范焊接。当电极压力与焊接电流相适应时,焊点强度最高。采用较大的电极压力,能提高焊接质量的稳定性。

低碳钢板点焊工艺参数(美国RWMA推荐)　　　　　　　　表2-7

板厚(mm)	电极最大d(mm)	电极最小D(mm)	最佳规范				中等规范				一般规范			
			电极压力(kN)	焊接时间(周)	焊接电流(kA)	熔核直径(mm)	电极压力(kN)	焊接时间(周)	焊接电流(kA)	熔核直径(mm)	电极压力(kN)	焊接时间(周)	焊接电流(kA)	熔核直径(mm)
0.8	4.8	10	1.90	7	7.8	5.3	1.25	13	6.5	4.8	0.60	25	5.0	4.6
1.0	6.4	13	2.25	8	8.8	5.8	1.50	17	7.2	5.4	0.75	30	5.6	5.3
1.2	6.4	13	2.70	10	9.8	6.2	1.75	19	7.7	5.8	0.85	33	6.1	5.5
1.6	6.4	13	3.60	13	11.5	6.9	2.40	25	9.1	6.7	1.15	43	7.0	6.3
1.8	8.0	16	4.10	15	12.5	7.4	2.75	28	9.7	7.1	1.30	48	7.5	6.7
2.0	8.0	16	4.70	17	13.3	7.9	3.00	30	10.3	7.6	1.50	53	8.0	7.1

低碳钢点焊,一般采用平面电极,电极工作表面直径可根据焊件厚度 t 按公式 $d_1 = 2t + 3$ 公式选定。当电极工作表面直径因磨损超过规定值 15%～20% 时,应修整或更换电极。

二、镀锌钢板的点焊

由于镀锌钢板表面的锌层熔点很低、硬度也低,镀锌钢板在点焊过程中存在以下问题:先于钢板熔化的锌层形成锌环而分流,致使焊接电流密度减小;锌层表面烧损、粘连、污染电极而使电极寿命降低;锌层电阻率低,接触电阻小;容易产生焊接飞溅、裂纹、气孔或组织软化等缺陷。适用的焊接工艺参数范围较窄,易于形成未焊透或喷溅,因此必须精确控制工艺参数。

根据镀锌工艺的不同,镀锌钢板大致可分为电镀锌钢板、热镀锌钢板和合金化渗锌钢板。合金化渗锌钢板是在热浸锌后保温在450℃以上进行合金化处理。电镀锌钢板、热镀锌钢板和合金化渗锌钢板相比较,电镀锌板镀层薄,焊接性相对较好,但造价高;热镀锌钢板镀层厚,耐蚀性好,但焊接性差;合金化渗锌钢板的焊接性相对热镀锌钢板则有所改善;在锌层厚度相同的情况下,热镀锌板比电镀锌板具有更优良的焊接性。

与低碳钢相比,镀锌钢板点焊时,由于镀锌层的存在,使焊接电流对焊接区的加热效果下降。并且在一定镀层厚度范围内,随镀锌层的增加,所需焊接电流越大。所以镀锌钢板点焊时,采用的焊接电流比低碳钢大,通电时间长,如图2-36所示,采用的电极压力约比低碳钢高20%～30%。

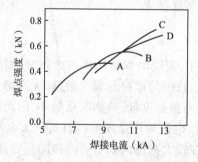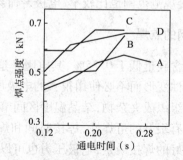

图2-36　焊接电流、通电时间对焊点强度的影响
A-普通冷轧钢板;B-电镀锌钢板;C-热镀锌钢板;D-热镀锌钢板
(板厚0.8mm;B镀锌层厚度20g/m²;C镀锌层厚度100g/m²;D镀锌层厚度140g/m²)

镀锌钢板点焊的主要规范参数可根据焊件厚度和铁—锌合金状态选择,如表 2-8 所示。

镀锌钢板点焊的工艺参数　　　　　　　　　　表 2-8

镀层种类		电 镀 锌			热 镀 锌		
镀层厚(μm)		2-3	2-3	2-3	10-15	15-20	20-25
焊接条件	级别	板 厚 （mm）					
		0.8	1.2	1.6	0.8	1.2	1.6
电极压力(kN)	A	2.7	3.3	4.5	2.7	3.7	4.5
	B	2.0	2.5	3.2	1.7	2.5	3.5
焊接时间(周)	A	8	10	12	8	10	12
	B	10	12	15	10	12	15
电流(kA)	A	10.0	11.5	14.5	10.0	12.5	15.0
	B	8.5	10.5	12.0	9.9	11.0	12.0
抗剪强度(MPa)	A	4.6	6.7	11.5	5.0	9.0	13
	B	4.4	6.5	10.5	4.8	8.7	12

三、不同厚度焊件的点焊

在通常条件下,不同厚度和不同材料点焊时,熔核不以贴合面为对称,而向厚板或导电、电热性差的偏移,使焊点在贴合面上的尺寸小于熔核直径,同时焊点在薄板或导电、导热性好的焊件中焊透率小于规定数值,降低了焊点承载能力。熔核偏移的根本原因是焊接区在加热过程中两焊件析热和散热不相等所致。偏移方向向析热多、散热缓慢的一侧移动。

不同厚度焊件点焊时,厚板的电阻大、析热多、散热缓慢,薄板情况正相反,造成焊接温度场及熔核向厚板偏移。不同材料点焊时,导电性差的焊件电阻大、析热多、散热缓慢;导电性好的焊件情况正相反,同样造成焊接温度场向导电性差的焊件偏移,引起熔核产生了相应的偏移。

在点焊两个厚度不同的焊件时,焊接规范决定于薄的焊件厚度,然后将焊接电流稍微增大。如果两焊件厚度差别太大,超过1:3时,可将厚板接触的电极直径加大,使厚板方向的散热大于薄板方向,焊点会向薄板方向移动(图2-37),在两个焊件之间形成可靠的焊点。

在点焊三个不同厚度焊件时,有两种典型情况:一是中间焊件较厚,如图2-38a)所示,焊接规范由薄的焊件厚度决定,同时将焊接电流和焊接时间增大一些;二是中间焊件较薄,如图2-38b)所示,焊接规范由厚板决定,同时将焊接电流和焊接时间减小一些。

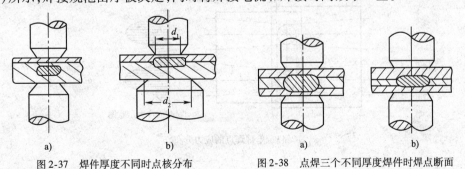

图 2-37 焊件厚度不同时点核分布　　图 2-38 点焊三个不同厚度焊件时焊点断面

四、点焊接头

点焊通常采用搭接接头和折边接头(图2-39)。点焊接头上的焊点主要承受剪应力。在单排搭接点焊接头中,焊点除承受剪应力外,还承受由偏心力引起的拉应力(图2-40)。在多排点焊接头中,焊点拉应力较小。点焊接头焊点的抗拉能力比抗剪能力低,且焊点在承受拉应力时,焊点周围产生极为严重的应力集中,所以一般应避免焊点承受拉应力。

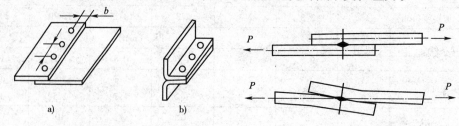

图2-39　点焊接头形式
a)搭接接头;b)折边接头

图2-40　单排点焊的偏心弯曲

在多排点焊接头中,各排承受的载荷差别很大,沿外力作用方向,两端焊点受力最大,中间焊点受力最小,如图2-41所示。排数越多,分布越不均匀。因此,点焊接头焊点的排数一般不应多于3排。图2-42是点焊接头的承载能力与焊点排数的关系。

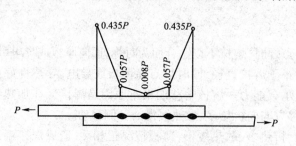

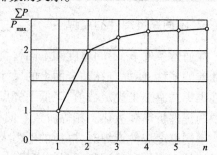

图2-41　多排点焊接头上各焊点的受力情况

图2-42　承载能力与焊点排数的关系
ΣP-点焊的总载荷量;P_{max}-一个点焊的最大承载能力;n-焊点排数

在单排的点焊接头中,应力集中与焊点间距和焊点直径的比值成正比,如图2-43所示。减小焊点间距有利于降低应力集中,但焊接电流的分流将增大,焊点强度下降。所以采用多排交叉排列焊点,有利于保证点焊接头强度。

在设计点焊接头时,必须考虑电极的可接近性,电极必须能方便地接近焊件的焊接部位。同时还应考虑接头边距、搭接量、装配间隙、焊点间距和焊点强度等因素。

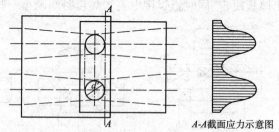

A-A截面应力示意图

图2-43　单排焊点的应力分布

第三章 冲压成形工艺

冲压可以分为冷冲压和热冲压两大类。冷冲压主要用于加工板料零件,所以也称为板料冲压。在生产中采用的冷冲压工艺方法多种多样,但概括起来可以分为分离工序与成形工序两大类。在冲压过程中,冲压件与板料沿一定的轮廓线相互分离的冲压工艺方法称为分离工序,它包括落料、冲孔、切断等工序。成形工序是毛坯在模具的作用下,变形区发生塑料变形,得到一定形状、尺寸和性能的零件的工艺方法,这种工艺方法一般也称为冲压成形。冲压成形有胀形、拉深、翻边和弯曲四种基本成形方法。本章主要介绍这四种基本冲压成形工艺。

第一节 毛坯的基本变形与变形控制

在冲压成形时,可以把变形毛坯分成变形区和不变形区。不变形区可能是已经经历过变形的已变形区,或是尚未参与变形的待变形区,也可能是在冲压过程中都不参与变形的不变形区。当不变形区受力的作用时,叫做传力区。表3-1中列出拉深、翻孔与缩口时毛坯的变形区与不变形区的分布情况(图3-1)。毛坯的变形区和传力区并不是固定不变的,在一定条件下可以相互转化。

冲压变形毛坯各区的划分冲压方法　　　　　　　　　　　　　　　　表3-1

冲压方法	变形区	不变形区		
		已变形区	待变形区	传力区
拉深	A	B	无	B
翻孔	A	B	无	B
缩口	A	B	C	C

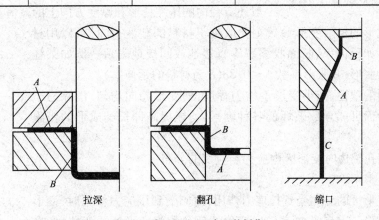

图3-1　冲压变形毛坯各区的划分

一、毛坯的基本变形

毛坯的基本变形有压缩类变形、伸长类变形和弯曲变形三种形式。毛坯的基本变形不同,在冲压过程中产生的问题和解决方法也就不同。绝大多数冲压变形都是平面应力状态，一般在板料表面上不受力或受数值不大的力。所以，可以认为在板厚方向上的应力数值为零。使毛坯变形区产生塑性变形的应力是在板料平面内相互垂直的两个主应力。

1. 压缩类变形

当作用于毛坯变形区内的压应力的绝对值最大时，变形区的变形以压缩变形为主，称这种冲压变形为压缩类变形。在绝对值为最大的压应力方向上，毛坯变形区内产生的变形一定是压缩变形。例如图3-2所示的拉深，在变形区内几乎在全部宽度上切向压应力 σ_3 的绝对值都大于径向拉应力 σ_1。所以，毛坯变形区内产生的塑性变形为压缩类变形。变形区在切线方向上产生压缩变形，而在径向上产生伸长变形。

压缩类成形的极限变形参数（如拉深系数等），通常都是受到毛坯传力区的承载能力的限制，有时也受到变形区或传力区失稳起皱的限制。这一点是确定压缩类成形工艺极限变形参数的主要依据。例如极限拉深系数的确定，主要根据毛坯侧壁的强度。

提高传力区的承载能力，降低变形区的变形抗力和摩擦阻力，采取有效的压边方法，足够大的压边力，防止起皱的模具工作部分的形状和尺寸等，可以提高压缩类成形的极限变形程度。

2. 伸长类变形

当作用于毛坯变形区内的拉应力的值最大时，拉伸变形为变形区内的主要变形，称这种变形为伸长类变形。例如图3-3所示的圆孔翻边，毛坯变形区受两向拉应力——切向拉应力 σ_θ 和径向拉应力 σ_r 的作用，其中切向拉应力是最大主应力，切向伸长变形是变形区的主要变形，所以圆孔翻边变形为伸长类变形。圆孔翻边时，毛坯变形区除了产生切向伸长变形外，一般还有径向的压缩变形和厚度方向上的减薄。

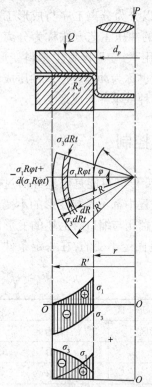

图3-2 圆筒形件拉深时的应力分析

伸长类成形的极限变形参数主要取决于材料的塑性，并且可以用材料的塑性指标如延伸率、断面收缩率等直接地或间接地表示。例如圆柱形空心毛坯的胀形，其胀形系数 $K \leq 0.8\delta$（δ 为材料的延伸率）。

提高材料的塑性，减小变形不均匀程度，使变形趋向均匀，消除易于引起应力集中而可能导致破坏的各种因素，均能提高伸长类成形的极限变形参数。

图3-3 圆孔翻边时变形区内应为与应变的分布

3. 弯曲变形

当毛坯变形区的外侧受到拉应力作用，内侧受到压应力作用时，变形区产生弯曲变形。毛坯上曲率发生变化的部分称为变形区。弯曲时，在变形区的内侧产生压缩变形，外侧产生伸长变形。

板材毛坯弯曲时，变形区的变形程度受到材料塑性的限制。所以板材毛坯的弯曲变形是以伸长类变形为主的。例如板材弯曲时，其最小相

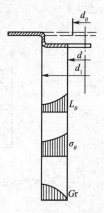

图3-3 圆孔翻边时变形区内应力与应力的分布

对弯曲半径 $\frac{r}{t} = \frac{1}{2\varepsilon_\theta} - \frac{1}{2}$（$\varepsilon_\theta$ 为变形区外表面切向伸长变形）。材料的塑性越好，切向伸长变形 ε_θ 越大，则最小相对弯曲半径 $\frac{r}{t}$ 越小，变形区变形程度越大。所以，提高材料的塑性可以增加弯曲变形程度。

管材的弯曲变形程度受到变形区内侧失稳起皱的限制，如矩形管的弯曲。提高变形区内侧抗失稳起皱的能力，是提高管材弯曲变形程度的关键。

由上面分析可知，弯曲变形兼有压缩类变形和伸长类变形的特点，只是在不同的毛坯断面情况下，其表现程度不同，在弯曲过程中出现的问题和解决的方法也不同。

二、毛坯变形的控制

在冲压过程中，成形毛坯的各个部分在同一模具作用下，有可能发生不同形式的变形，即具有不同的变形趋向性。要获得合格的高质量的冲压件，必须借助于正确设计冲压工艺和模具等措施，对毛坯的变形进行控制，在完成预期变形的同时，排除一切其他不必要的和有害的变形。

一般情况下，总是可以把毛坯划分成变形区和传力区。变形区发生塑性变形所必需的力，是由模具通过传力区获得的。变形区和传力区在同样内力的作用下，都有可能产生塑性变形。要保证冲压过程顺利进行，变形区必须是弱区，即变形区产生塑性变形所需的力应较小，使塑性变形仅局限于变形区，而传力区不产生任何不必要的塑性变形。

在冲压过程中，需要最小变形力的区是相对弱区，而且弱区必先变形，因此变形区应为弱区。这个结论在冲压生产中具有很重要的意义。例如图 3-4 所示零件，当 $D-d$ 较大而 h 较小时，可用带孔的环形毛坯用翻边方法加工；但是当 $D-d$ 较小而 h 较大时，如用翻边方法加工，则不能保证毛坯外环是需要变形力较大的强区，翻边部分是变形力较小的弱区条件，所以在翻边时，毛坯的外径必然收缩，使翻边加工成为不可能实现的工艺方法。

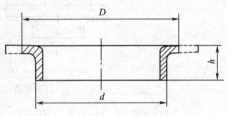

图 3-4　变形趋向性对冲压工艺的影响

当变形区或传力区有两种以上的变形方式时，首先实现的变形方式所需要的变形力应最小。例如图 3-1 所示的拉深。在拉深变形时，变形区 A 可能产生的塑性变形是外径的收缩变形和在切向压应力作用下的失稳起皱，传力区 B 可能产生的塑性变形是在拉应力作用下的伸长变形。这时，要使拉深过程顺利进行，就要求在保证变形区是弱区的同时，变形区也不应产生失稳起皱，而仅仅产生所需要的外径收缩变形。要实现上述要求的条件是：与其他所有变形方式相比，变形区产生外径收缩变形所需的塑性变形力应最小。

决定变形区变形趋向的最为重要的因素是变形毛坯各部分的相对尺寸关系。如图 3-5 所示，由于毛坯的尺寸 D_0 和 d_0 与 d_p 的相对关系不同，则具有三种可能的变形趋向：拉深、翻边与胀形。当 D_0/d_p 与 d_0/d_p 都较小时，宽度为 D_0-d_p 的环形部分成为弱区，于是得到毛坯外径收缩的拉深变形；当 D_0/d_p 与 d_0/d_p 都比较大时，宽度为 D_0-d_p 的环形部分成为弱区，于是得到毛坯内孔扩大的翻边变形；当 D_0/d_p 很大，而 d_0/d_p 很小或等于零时，虽然毛坯外环的拉深变形和内部的翻边变形的变形阻力都增大了，但是毛坯内部仍是相对弱区，产生的变形是内部的胀形。决定变形区变形趋向性的因素除了毛坯相对尺寸关系外，通过改变模具工作部分的几何形状和尺寸,改变毛坯与模具接触表面之间的摩擦阻力,采用局部加热或局部深冷的办法也能对毛坯的变形趋向性起控制作用。

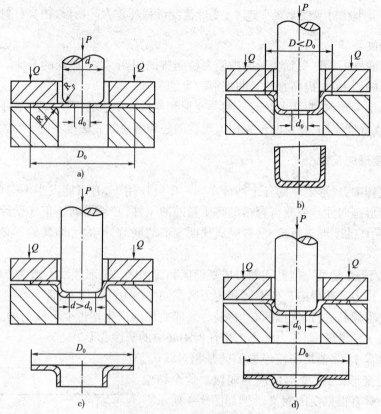

图 3-5 环形毛坯的变形趋向
a)变形前模具与毛坯;b)拉深;c)翻边;d)胀形

第二节 冲压成形方法

冲压成形的基本方法包括胀形、拉深、翻边和弯曲四种。

一、胀形

在一般情况下,胀形时毛坯变形区内金属处于两向受拉的平面应力状态和立体的应变状态。在两向拉应力的作用下,变形区内的金属产生伸长变形,板材的表面积增大,板厚被强制变薄,属于伸长类变形。毛坯的塑性变形局限于一个固定的变形区范围内,变形区与不变形区之间没有材料的转移,如图 3-6 所示。

胀形时毛坯变形区的变形分布和变形程度采用网目法来研究,如图 3-7 所示,ε_x 和 ε_y 分别是胀形时板料平面内相互垂直的两个方向上的应变值,其值用下式计算:

$$\varepsilon_x = \ln \frac{R_x}{R_0}$$

$$\varepsilon_y = \ln \frac{R_y}{R_0}$$

式中:R_0——变形前网目圆的半径;

R_x 与 R_y ——分别为变形后网目圆变成椭圆的长轴和短轴半径。

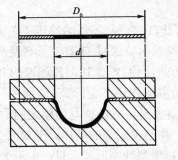

图 3-6 胀形变形区　　　　　　图 3-7 应变值的计算

低碳钢在两向拉应力作用下的成形极限分为破坏极限和表面粗糙极限(图 3-8)。一般情况下，应把胀形变形程度控制在表面粗糙极限线以内。

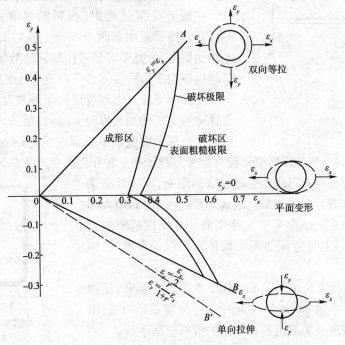

图 3-8 低碳钢的两向拉应力作用下的成形极限

在平板毛坯上进行局部胀形时，毛坯的胀形深度决定于板料的塑性，冲头的几何形状和润滑等因素。如图 3-9 所示，对于低碳钢用平端面冲头胀形时，其深度 $h \leqslant (0.15 \sim 0.20)d$。增大冲头的圆角半径，可以提高胀形深度。用刚体凸模时，平板毛坯胀形力可按下式估算：

$$P = KLt\sigma_b$$

式中：L——胀形区周边的长度；
　　　t——板料厚度；
　　　σ_b——板料的强度；
　　　K——考虑胀形程度大小的系数，一般取 $K = 0.7 \sim 1$。

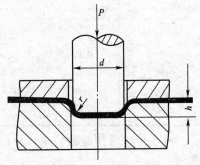

图 3-9 钢体冲头的局部胀形

二、拉深

拉深也称拉延，是利用模具使平面毛坯变成为开口的空心零件的冲压工艺方法。拉深过

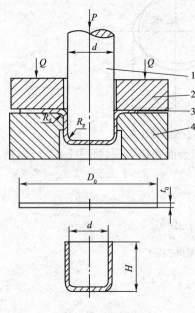

图3-10 拉深过程

程如图 3-10 所示。拉深时，毛坯变形区受到切向压应力和径向拉应力的作用，产生切向压缩变形和径向伸长变形。在径向拉应力作用下，外部环形部分产生塑性变形并向中心动，逐渐地进入凸模与凹模之间的缝隙中，形成零件的侧壁。在凸模底部的毛坯处于双向受拉的应力状态，基本上不产生塑性变形或者只产生不大的塑性变形。拉深时，已形成的侧壁只承受轴向的拉应力，它将凸模底部毛坯接受到的冲头作用力传递给变形区的金属，所以侧壁称为拉深过程中的传力区。

在整个拉深过程中，板料的厚度发生了变化（图3-11），侧壁靠近底部圆角部位上板料的厚度最小，小于毛坯初始厚度，是最容易被拉断的危险部位。实际上，拉深时的极限变形程度就是受到这部分强度的限制。

拉深时毛坯变形程度用拉深系数表示。拉深零件的直径 d 与毛坯的初始直径 D_0 的比值 $m = d/D_0$，称为拉深系数。拉深系数表示了拉深前后毛坯直径的变化量，拉深系数越小，拉深时毛坯变形区变形程度越大。拉深是一种压缩类成形方法，拉深系数受到毛坯传力区的承载能力和变形区的失稳起皱的限制，所以凡是能降低毛坯侧壁内拉应力和增加危险断面强度的因素（如增大凹模的圆角半径和冲头的圆角半径），采用防止变形区起皱的有效措施（如在拉深模上设置压边圈），均能使拉深程度增加，极限拉深系数减小。

表 3-2 是用实验方法求得的低碳钢的极限拉深系数，适用于一般的情况。表中的 m_1、m_2、m_3、m_4 及 m_5 分别是第一道、第二道、第三道、第四道及第五道拉深工序的极限拉深系数。

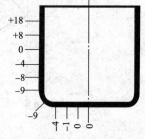

图3-11 圆筒形拉深件壁厚的变化

低碳钢的极限拉深系数 表3-2

拉深系数	毛坯的相对厚度 $\frac{t}{D_0} \times 100$					
	0.08~0.15	0.15~0.30	0.30~0.60	0.60~1.0	1.0~1.5	1.5~2.0
m_1	0.63	0.60	0.58	0.55	0.53	0.50
m_2	0.82	0.80	0.79	0.78	0.76	0.75
m_3	0.84	0.82	0.81	0.80	0.79	0.78
m_4	0.86	0.85	0.83	0.82	0.81	0.80
m_5	0.88	0.87	0.86	0.85	0.84	0.82

在生产中常用经验公式计算拉深力。拉深力的经验计算公式很多，这里介绍一种常用的形式：

第一次拉深力： $P_1 = \pi d_1 t \sigma_b K_1$

第二次及以后各次的拉深力：　　　$P_2 = \pi d_2 t \sigma_b K_2$

式中 d_1、d_2 为拉深后零件的直径；K_1、K_2 为系数，其值可查表3-3及表3-4(适用于低碳钢)。

系数 K_1 的值　　　　　　　　　　　　　　　　　　表3-3

毛坯的相对厚度 $\dfrac{t}{D_0} \times 100$	拉 深 系 数									
	0.45	0.48	0.50	0.52	0.55	0.60	0.65	0.70	0.75	0.80
5	0.95	0.85	0.75	0.65	0.60	0.50	0.43	0.35	0.28	0.20
2	1.1	1.0	0.90	0.80	0.75	0.60	0.50	0.42	0.35	0.25
1.2		1.1	1.0	0.90	0.80	0.68	0.56	0.47	0.37	0.30
0.8			1.1	1.0	0.90	0.75	0.60	0.50	0.40	0.33
0.8				1.1	1.0	0.82	0.67	0.55	0.45	0.36
0.2					1.1	0.90	0.75	0.60	0.50	0.40
0.1						1.1	0.90	0.75	0.60	0.50

系数 K_2 的值　　　　　　　　　　　　　　　　　　表3-4

毛坯的相对厚度 $\dfrac{t}{D_0} \times 100$	拉 深 系 数									
	0.70	0.72	0.75	0.78	0.80	0.82	0.85	0.88	0.90	0.92
5	0.85	0.70	0.60	0.50	0.42	0.32	0.28	0.20	0.15	0.12
2	1.1	0.90	0.75	0.65	0.52	0.42	0.32	0.25	0.20	0.14
1.2		1.1	0.90	0.75	0.62	0.52	0.42	0.30	0.25	0.16
0.8			1.0	0.82	0.70	0.57	0.46	0.35	0.27	0.18
0.8			1.1	0.90	0.76	0.63	0.50	0.40	0.30	0.20
0.2				1.0	0.85	0.70	0.56	0.44	0.33	0.23
0.1				1.1	1.0	0.82	0.68	0.55	0.40	0.30

拉深件毛坯尺寸按拉深前后毛坯的面积相等的原则确定。这种毛坯计算方法非常近似，还必须根据具体情况做必要的修正。

三、翻边

翻边是在成形毛坯的平面部分或曲面部分上使板料沿一定的曲线翻成竖立边缘的冲压方法。当翻边是在平面毛坯上或毛坯的平面部分上进行时，叫做平面翻边。当翻边是在曲面毛坯上进行时，叫做曲面翻边。当翻边的沿线是一条直线时，翻边变形就变成了弯曲。

按变形的性质，翻边可分为伸长类翻边和压缩类翻边。伸长类翻边时，由模具的直接作用而引起的变形是切向的伸长变形；而压缩类翻边时，由模具的直接作用引起的变形是切向的压缩变形。

1. 伸长类翻边

伸长类翻边包括孔的翻边(图3-12)、沿不封闭的内凹线进行的平面翻边(图3-13)和曲面毛坯上进行的伸长类翻边(图3-14)等。其中圆孔翻边是最简单、最常见的伸长

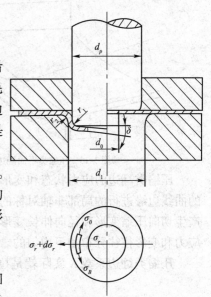

图3-12　孔翻边时变形的应力与变形

类翻边。

圆孔翻边的变形区是内径为 d_0（翻边前毛坯孔的直径）而外径为 d_1（凹模的直径）的环形部分。在翻边过程中，变形区在模具的作用下，产生切向拉应力和径向拉应力，其中切向拉应力为最大的主应力，所以在切向产生伸长变形，在径向产生压缩变形，使所得到的翻边高度略小于按弯曲变形展开计算得到的翻边高度值。切向拉应力和径向拉应力在整个变形区内的分布如图 3-3 所示。

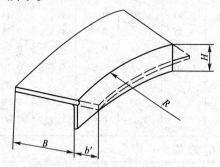

图 3-13　伸长类平面翻边

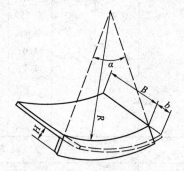

图 3-14　伸长类曲面翻边

圆孔翻边时的极限变形程度可用翻边系数 K 计算，其值为

$$K = \frac{d_0}{d_1}$$

式中：d_0——翻边前毛坯孔的直径；
　　　d_1——翻边后所得竖边的直径。

翻边系数越小，翻边变形程度越大。极限翻边系数主要取决于材料的塑性。圆孔翻边时的极限翻边系数与材料的延伸率成反比关系。

2. 压缩类翻边

压缩类翻边包括压缩类平面翻边（图 3-15）和压缩类曲面翻边（图 3-16）。

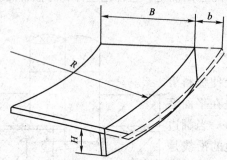

图 3-15　压缩类平面翻边

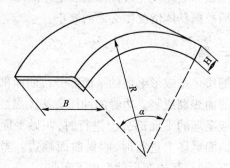

图 3-16　压缩类曲面翻边

压缩类翻边的应力状态和变形特点与拉深时完全相同，区别在于压缩类翻边是沿不封闭的曲线边缘进行的局部非轴对称的拉深变形。变形区处于切向压应力和径向拉应力的作用，产生切向压缩变形和径向伸长变形，其中切向压应力和切向压缩变形是主要的，并且变形区的应力和变形往往分布是不均匀的。

压缩类翻边系数 K 实际就是拉深系数，用下式计算：

$$K = \frac{r}{R}$$

式中：r——翻边线的曲率半径；

R——毛坯边缘的曲率半径。

压缩类翻边的极限变形程度主要受毛坯变形区失稳起皱的限制。翻边高度较大时,模具上应有防止起皱的压边装置。在压缩类平面翻边时,不用压边也不致起皱的条件,可以参照拉深变形时,毛坯不致起皱的条件确定。

毛坯不致起皱的条件:

$$\frac{t}{R} \geq (0.09 \sim 0.17)(2 - 2K)$$

式中:t——板料的厚度;

R——毛坯边缘的曲率半径;

K——翻边系数。

四、弯曲

弯曲是将平板毛坯弯曲成一定的曲率、一定的角度形成一定形状的冲压工序。在弯曲过程中,毛坯变形区的外层产生切向拉应力和伸长变形,在变形区的内层产生切向压应力和压缩变形(图3-17)。在拉应力与压应力之间必然有一层金属的切向应力为零,称为应力中性层。同样也存在一层金属,在弯曲时长度不变,称为应变中性层。当弯曲变形程度较小时,例如相对弯曲半径 r/t(r 为弯曲半径;t 为毛坯的厚度) >200,应力中性层和应变中性层相重合,位于板厚的中央;当弯曲变形程度较大时,例如相对弯曲半径 $<(3 \sim 5)$ 时,应力中性层和应变中性层都从板厚的中央向内层移动,且应力中性层的位移大于应变中性层的位移。

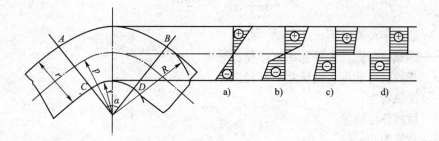

图3-17 弯曲毛坯变形区内切向应力的分布
a)弹性弯曲;b)弹-塑性弯曲;c)纯塑性弯曲;d)无硬化纯塑性弯曲

毛坯变形区内的应力状态和应变状态决定于毛坯的相对宽度 b/t(b 为毛坯的宽度)和相对弯曲半径 r/t。所以,可以根据弯曲件相对弯曲半径,弯曲分为弹塑性弯曲($r/t>200$)、纯塑性弯曲(r/t 在200至 $3 \sim 5$ 之间)和立体塑性弯曲($r/t < 3 \sim 5$)。

根据毛坯的相对宽度,弯曲分为宽板弯曲($b/t > 3$)和窄板弯曲($b/t < 3$)。宽板弯曲与窄板弯曲两者相比较,它们变形区的应力状态和应变状态有根本的差别。

在宽板弯曲时,毛坯变形区为立体应力状态和平面应变状态。除了变形区内的切向压力外,由于金属各层之间的相互挤压作用,径向产生压应力。并且由于毛坯断面形状对宽度方向变形的阻碍,产生了外层为拉、内层为压的横向应力。在三个方向的应力中,切向应力为绝对值最大的主应力,切向变形也是绝对值最大的主应变。而径向变形与切向变形符号相反,即宽板弯曲时,变形区的内层产生径向的伸长变形,而外层产生径向的压缩变形。径向应力和径向变形只有在立体塑性弯曲时,其数值才比较大。引起毛坯断面形状的变化如图3-18b)所示。

窄板弯曲时,变形区内的应力状态和应变状态是平面应力状态和立体应变状态。切向和径向的应力与应变性质与宽板弯曲时相同,而窄板的横向变形即宽度方向上的变形由于不受约束,横向应力为零,产生了外层为压、内层为拉的横向应变,易引起毛坯断面形状的变化,如图3-18a)所示。

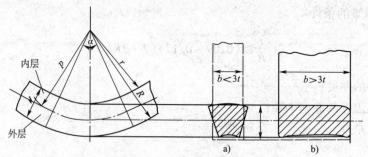

图3-18 弯曲时毛坯断面形状的变化
a)窄板弯曲；b)宽板弯曲

毛坯在外载荷的作用下产生的变形是由塑性变形和弹性变形两部分组成的。当外载荷除去后,毛坯的塑性变形保留下来,而弹性变形会完全消失,使其形状和尺寸都发生了与加载时变形方向相反的变化,这种现象称为弹复(又称回弹)。弯曲时的弹复引起弯曲件的曲率半径和弯曲角度的变化,其弹复值可根据下列计算:

$$\Delta \rho = \rho - \rho' = \frac{\rho^2 M}{\rho M - EI}$$

$$\Delta \alpha = \alpha - \alpha' = \frac{ML}{EI}$$

式中：$\Delta \rho$——曲率半径弹复值；
ρ——卸载前弯曲件中性层曲率半径；
ρ'——卸载后弯曲件中性层曲率半径；
M——加载弯矩；
E——材料弹性模量；
I——截面惯距；
$\Delta \alpha$——弹复角；
α——卸载前弯曲件中性层弯曲角；
α'——卸载后弯曲件中性层弯曲角；
L——弯曲件中性层的弯曲长度。

根据上式计算获得的弹复值,只在接近纯弯曲(只受弯矩作用)的条件时,才能作为修正弯曲模工作部分尺寸的依据。而在一般用冲模压弯的实际条件下,弯曲件卸载后的弹复值除了受到相对弯曲半径的影响外,还要受到毛坯非变形区的变形与弹复、设备给出的弯曲力以及弯曲毛坯表面和模具表面之间的摩擦等多种因素的影响。因此,弯曲件的弹复变形大小是多种因素综合影响的结果。

弯曲件的弯曲半径由于受到毛坯变形区外层金属伸长变形的限制,存在一个最小弯曲半径 r_{min}。最小弯曲半径 r_{min} 可以根据材料的机械性能、板料的厚度、板料的轧制方向、弯曲件的宽度以及弯曲角的大小等因素确定。一般情况下,对于低碳钢来讲,当弯曲时的切向变形方向与板料的轧制方向相重合时,最小相对弯曲半径 $r_{min}/t = 0.5$；当切向变形方向与板料的轧制方向相垂直时,最小相对弯曲半径 $r_{\min}/t=1$。

弯曲毛坯的长度可以根据应变中性层弯曲前后长度不变的特点确定。当弯曲变形程度较小时,可以认为应变中性层位于板厚的中央,即 $\rho_E = r + t/2$(ρ_E 为变形区应变中性层的曲率半径);当弯曲变形程度较大时,变形区应变中性层的曲率半径 $\rho_E = r + Kt$(k 为与变形程度有关的系数,其值按表 3-5 选取)。毛坯的长度等于直线部分与弯曲部分中性层长度之和。

系数 K 的值 表 3-5

r/t	0~0.5	0.5~0.8	0.8~2	2~3	3~4	4~5
K	0.16~0.25	0.25~0.30	0.30~0.35	0.35~0.40	0.40~0.45	0.45~0.5

第三节 单角弯曲和双角弯曲

单角弯曲又称为 V 形弯曲;双角弯曲又称为 U 形弯曲,是生产中最常见的两种弯曲型式。

一、单角弯曲

V 形弯曲时,其弯曲过程如图 3-19 所示。在弯曲过程中毛坯的受力点的位置在不断地变化,有时受力点的数目也发生变化,使毛坯圆角部分(变形区)和直边部分(非变形区)都参与变形。

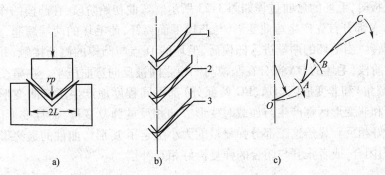

图 3-19 V 形弯曲过程及其弹复

由图 3-19 可以看出,V 形弯曲件的最终形状决定于弯曲件 OA、AB、BC 三部分的变形和弹复。如果 OA、BC 两部分的弹复值大于 AB 部分的弹复值,所得弯曲件的角度大于模具的角度;如果 OA、BC 两部分的弹复值小于 AB 部分的弹复值,所得弯曲件的角度小于模具的角度;如果上述两个相反方向的弹复值相等,则弯曲件角度与模具的角度相同。

V 形弯曲时,V 形弯曲件的精度受到凹模开口宽度 2L、凸模的圆角半径 r_p、相对弯曲半径 r/t、弯曲角和弯曲力 P 等因素的影响。它们对弹复角的影响如图 3-20、图 3-21、图 3-22 所示。图中的弹复角 $\Delta\alpha$ 为正值时,弯曲件的角度大于模具的角度;弹复角 $\Delta\alpha$ 为负值时,弯曲件的角度小于模具的角度。V 形弯曲件的最终的形状是这些影响因素综合影响的结果。在生产中合理地调整这些影响因素,控制 V 形弯曲件三部分的弹复值,使它们相互补偿来保证弯曲件的精度。

V 形接触弯曲(图 3-19a)时,弯曲力 P 受到诸多实际因素的影响,很难用理论的方法进行准确计算,所以生产中常采用经验公式进行概略计算:

$$P = 0.6 \frac{Cbt^2 \sigma_b}{r+t}$$

式中 C 为系数,取 $C=1\sim1.3$。

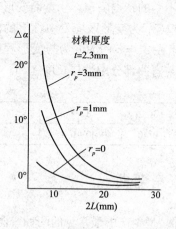

图 3-20 凹模开口宽度对弹复的影响

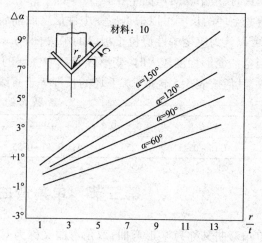

图 3-21 相对弯曲半径和弯曲角对弹复的影响

二、双角弯曲

在 U 形件弯曲过程中,毛坯的变形过程因模其内是否设有顶板以及顶板背压(与凸模作用方向相反的压力)的大小而不同。

不采用顶板时,毛坯的弯曲过程如图 3-23 所示。弯曲初始阶段,在凸模的作用下,毛坯的中间非变形区 A 部分首先产生弯曲变形,与凸模下面离开,使毛坯的两端翘起,并以凸模角为中心向中间翻转。当毛坯的两端进入凹模后,毛坯的 D 点与凸模的侧面接触,并被反向弯曲。在弯曲的最后阶段,毛坯的 OA 部分在凸模与凹模之间被反向弯曲压平。在整个弯曲过程中,变形区(两个圆角)和非变形区(OA、BC 两部分)都不同程度地产生了弯曲变形。因此,卸载后无论变形区和非变形区都产生与加载时变形方向相反的弹复变形,而且变形区与非变形区的弹复方向恰好相反。显然这三部分弹复量的大小决定了 U 形弯曲件的最终形状,两壁向外张开,还是向内闭合,或者张开与闭合的弹复恰好相互补偿。

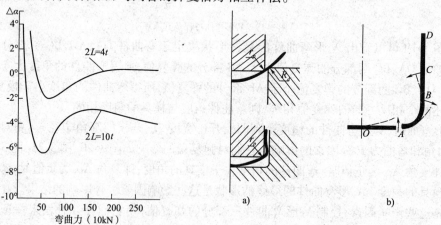

图 3-22 弯曲力对弹复的影响 材料:不锈耐酸钢　　图 3-23 U 形弯曲过程及各部分曲弹复

凹模底部设有顶板(图 3-24),且顶板背压足够大时,OA 部分在弯曲初始阶段的弯曲变形和弯曲后期的反向弯曲变形被消除。因此,卸载后 OA 部分不产生弹复变形,也就不影响弯曲件的最终形状,使得弯曲件的角度因毛坯圆角部分的弹复而稍大于凸模的角度。适当地调整顶板的背压和凸模的下死点位置,控制 OA 部分的弯曲变形和反向弯曲变形,使卸载后 OA 部分的弹复恰好与圆角部分的弹复相互补偿,得到与凸模角度完全吻合的弯曲件,这种方法称为背压法。背压对弹复值的影响如图 3-25 所示。当相对弯曲半径 r/t 较小时,背压法比较有效。但是当相对弯曲半径较大时,因毛坯中间部分的弹复值已不能补偿圆角部分的弹复值,背压法也失去了作用。这里可以采用例如图 3-26 所示弧形凸模等方法,使 OA 部分的弹复恰好补偿了圆角部分的弹复。

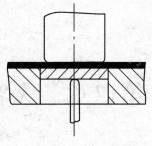

图 3-24 设有顶板的双角弯曲

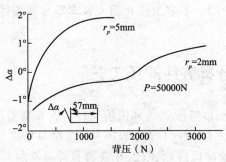

图 3-25 背压对弹复值的影响

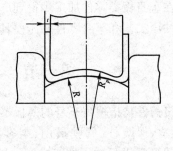

图 3-26 弧形凸模的修正作用

双角弯曲时的弹复值,除受到背压因素影响外,还决定于弯曲力、凸模与凹模的圆角半径以及凸模与凹模之间的间隙等因素。它们对弹复的影响如图 3-27~图 3-30 所示。

U 形件角弯曲时,弯曲力用下式近似计算:

$$P = 0.7 \frac{Cbt^2\sigma_b}{r+t}$$

式中 C 为系数,取 C = 1~1.3。

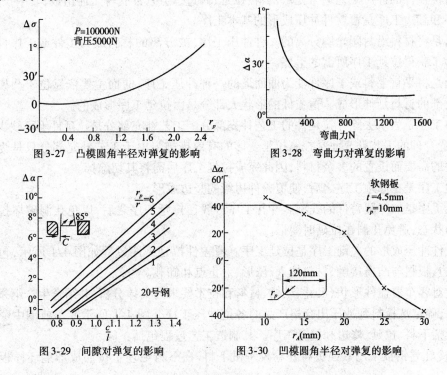

图 3-27 凸模圆角半径对弹复的影响

图 3-28 弯曲力对弹复的影响

图 3-29 间隙对弹复的影响

图 3-30 凹模圆角半径对弹复的影响

第四章 大客车车身零件冲压工艺

冲压工艺是客车车身板类零件成形的一种基本方法，主要用于车身覆盖件、结构件和一般冲压件的制造。由于车身零件冲压加工具有制件质量稳定、生产效率高、成本低等优点，因此，冲压工艺在车身板类零件加工中得到广泛应用。本章主要介绍大客车车身覆盖件冲压工艺、中厚板件冲压工艺和车身零件冲压模具。

第一节 车身覆盖件冲压工艺

车身覆盖件是指覆盖车身的薄板零件，包括外覆盖件和内覆盖件。客车覆盖件有前围蒙皮、后围蒙皮、保险杠、驾驶员门、乘客门及行李舱门等薄板零件，通常采用厚度为0.8～2.0mm的冷轧薄钢板冲压加工成形。与一般冲压件相比较，车身覆盖件具有材料薄、形状复杂、结构尺寸大和表面质量要求高等特点。

车身覆盖件冲压成形主要以拉延为主，局部包含胀形、翻边以及弯曲等成分。在多数情况下，拉延工序是覆盖件冲压的关键工序，覆盖件的拉延成形直接影响到产品质量、材料利用率、生产效率和制造成本。典型的车身覆盖件冲压工艺过程为落料→拉延→修边→翻边等工序。

一、覆盖件冲压工序

车身覆盖件的冲压工艺通常是由落料、拉延、修边、翻边、冲孔等工序组成，其中拉延工序、修边工序和翻边工序是覆盖件冲压成形的基本工序。

落料是将材料沿封闭轮廓分离的一种冲压工序，被分离的材料成为工件或工序件。落料工序是为了获得拉延工序所需的毛坯。

拉延是将平直毛料或工序件变为曲面形的一种冲压工序，曲面主要依靠位于凸模底部及压边圈上部的材料延伸形成。覆盖件的形状大部分是由拉延工序形成的。

修边工序是为了去除掉拉延件的工艺补充部分。工艺补充部分是拉延件不可缺少的组成部分，设置合理的工艺补充面是控制拉延变形的有效措施。由于工艺补充部分只是为了满足拉延工序的需要而设置的多余材料，因此完成拉延工序后需将其切除掉。

翻边工序是在修边工序之后，使覆盖件边缘的竖边成形。

冲孔工序是加工覆盖件的孔洞。冲孔工序一般在拉延工序之后，以免孔洞破坏拉深时的均匀应力状态，避免孔洞在拉延时变形。

覆盖件冲压成形的关键工序是拉延工序。覆盖件拉延工序过程如图4-1所示，包括毛坯放入、压边、板料与凸模接触、材料拉入、压形、下止点和卸载。

通过对客车覆盖件形状、尺寸、结构、材料和技术要求的具体分析，并结合生产纲领和生产条件要求，确定从板料到冲压出合格产品的各道冲压工序。图4-1所示客车前围中蒙皮的冲压工艺包括下料、拉延、修边和检验工序。其制造工艺过程包括：

(1)冷轧卷钢板采用数控板料开卷校平机下料，在下料毛坯上按照成形毛坯样板尺寸画线,采用离子切割机对画线毛坯进行切割下料。

(2)毛坯料在拉延模具上定位,采用拉延复合模在双动液压机上一次拉延深成形。

(3)摆放修边靠模与拉延件贴合,采用等离子切割机进行修边。

(4)使用检验样板、测量器具对前围中蒙皮尺寸和形状按照图样要求进行检验,检验合格件表面涂油,并摆放在存放架上。

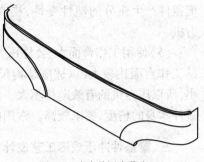

图4-1 客车前围中蒙皮

二、覆盖件的分类和工艺特点

1. 覆盖件的分类

车身覆盖件按形状复杂程度、变形大小和特点分为浅拉延件、一般拉延件和复杂拉延件三类。

1) 浅拉延件

浅拉延件的拉延深度<50mm,外形较简单匀称,平的或基本平的底。拉延时,拉延件从压料面毛坯获得少量的补充材料,拉延本体成形主要依靠毛坯的延伸;毛坯变形、应力比较均匀,应力数值远小于材料抗拉强度极限,拉延件一般不会产生破裂缺陷;采用拉延筋增加压料面毛坯变形时的流动阻力,使拉延件本体毛坯产生一定的塑性变形,以保证拉延件具有足够的刚度。

2) 一般拉延件

一般拉延件的拉延深度<100mm,外形较复杂,基本平的底或是大曲率半径的外凸形底。拉延面主要靠压料面毛坯材料向内补充而拉延成形;毛坯变形、应力比较均匀,成形表面塑性变形程度较大,但应力小于材料抗拉强度;只要材料合格或模具技术状态良好,拉延件一般不会出现破裂现象。

3) 复杂拉延件

复杂拉延件的拉延深度较深(170~240mm),外形较复杂又不对称,有外凸、内凹或大台阶形的底。拉延面既靠压料面毛坯材料补充,又靠内部毛坯延伸而拉延成形;毛坯各处应力、变形很不均匀,毛坯的大部分区域塑性变形程度大,应力接近材料抗拉强度,若变形区材料的塑性变形能力不足,将导致拉延件产生破裂。

覆盖件按工艺特征又可分为对称于一个平面的覆盖件、不对称的覆盖件、可以成双冲压的覆盖件、具有凸缘平面的覆盖件和压弯成形的覆盖件等。可以成双冲压成形的覆盖件是指左右件组成一个便于成形的封闭件、切开后变成两件的半封闭型的覆盖件。左、右件间隔40~80mm。

2. 覆盖件冲压工艺特点

车身覆盖件具有形状复杂、轮廓尺寸大、表面质量要求高等特点,与一般冲压件加工相比较有如下工艺特点:

(1)成形工序多。车身覆盖件通常要经过落料、拉延、修边、翻边、冲孔等工序才能完成,其中拉延、修边和翻边是最基本的三道工序。因此,典型的覆盖件一般需要4~6道工序成形。

(2)成形多采用复合工序。将两个或两个以上的基本工序合并在一起,在压力机的一次行程中完成,称为复合工序。由于覆盖件尺寸大、形状复杂,所以定位困难,移动不便。因此,覆盖件多使用复合模,拉延、胀形、弯曲等工序一次完成。

(3)设置工艺补充面和拉延筋等措施控制拉延变形。由于覆盖件多为非轴对称、非回转体的复杂曲面形状零件,拉延时变形不均匀,主要成形障碍是覆盖件拉延起皱和拉裂。为此,采用设置工艺补充面和拉延筋等控制变形的措施。

(4) 广泛采用双动压力机。对于大型覆盖件的成形需要采用较大和较稳定的压边力,使覆盖件产生充分的塑性变性,提高覆盖件的刚性。所以,覆盖件拉延成形广泛采用双动压力机。

(5) 使用工作台面大、公称压力相对小的压力机。对压制车身覆盖件的压力机要求一般是工作台面比较大,以适应结构尺寸相对比较大的特点。由于覆盖件选用板材薄,变形力较小,所以压力机的有效吨位不大。对于压力机的精度也因覆盖件选用板材薄,模具间隙小和覆盖件本身的精度,要求较高。常用的多为闭式四点机械压力机。

三、覆盖件冲压成形工艺设计

为了顺利完成车身覆盖件的冲压成形,需要对成形件的每道冲压工序进行相应的工艺处理,其中拉延成形工艺设计是覆盖件冲压工艺设计的主要和重点内容。覆盖件一般采用一次成形法,为了创造一个良好的拉延条件,通常将覆盖件翻边展开,窗口补满,在确定冲压方向的基础上,添加工艺补充部分,构成一个拉延件。

1. 拉延方向的确定

确定拉延方向就是确定覆盖件的冲压位置。拉延方向的确定不但影响到覆盖件的冲压质量,而且影响到工艺补充部分的多少和压料面形状,以及拉延后序工序的方案。对于有对称面的覆盖件,其拉延方向是以垂直于对称面的轴进行旋转来确定的,而对称面的坐标线保持不变。对于不对称的覆盖件,其拉延方向是以两个相互垂直的坐标面进行旋转来确定的。在确定拉延方向时必须遵循以下几点规则:

1) 保证凸模与凹模的工作面能够顺利接触

为保证覆盖件一次拉延成形,凸模必须能够顺利地进入凹模,不存在凸模与凹模工作面接触不到的死角或死区,保证凸模与凹模工作面的所有部位能够接触。对于某些局部形状成凹形或采用反拉延的覆盖件成形时,通过旋转一定的角度或采用反拉延确定拉延方向,保证凸模必须能够顺利地进入凹模,即覆盖件本身的凹形和反拉延的要求决定了其拉延方向。

2) 开始拉延时凸模与拉延毛坯的接触状态良好

开始拉延时凸模与拉延毛坯的接触面积要大,接触面应尽量靠近冲模中心。接触面积小,接触面与水平面的夹角大,接触部位容易产生应力集中而开裂,所以水平面的凸模顶部与拉延毛坯的接触状态好。接触部位偏离冲模中心,在拉延过程中毛坯两侧的材料不能均匀拉入凹模,且由于毛坯可能产生窜动,使凸模顶部磨损快并影响覆盖件表面质量。可以通过改变拉延方向或压料面形状等方法,调整开始拉延时凸模与拉延毛坯的接触位置,增大接触面积。

3) 压料面各部位进料阻力要均匀

压料面各部位的进料阻力不一样,在拉延过程中毛坯有可能产生窜动而影响覆盖件表面质量,甚至产生拉裂和起皱问题。可以通过改变拉延方向或压料面形状等方法,使压料面各部位高度和拉延深度变化均匀,且可以通过合理设计拉延筋,调整压料面各部位的进料阻力。

2. 工艺补充部分

覆盖件的拉延件通常是由覆盖件本体和工艺补充部分两部分构成。工艺补充部分主要由工艺补充面、压料面和拉延筋构成,如图4-2所示。

1) 压料面形状的确定

压料面是凹模圆角半径以外的那部分拉延毛坯。压料面的形状不但要保证压料面上的毛坯在拉延时不起皱，而且应尽量使凸模下的毛坯下凹以降低拉延深度，保证拉入凹模里的材料不起皱、不破裂。

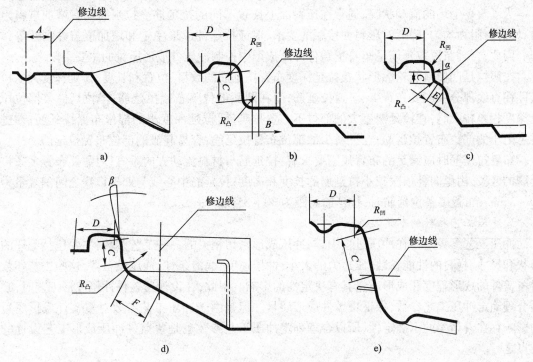

图 4-2 几种工艺补充部分

压料面既可以是覆盖件本体的一部分，也可以是覆盖件本体以外的工艺补充部分。当压料面是覆盖件本体的一部分时，为了方便拉延成形，压料面形状可以进行局部修改，并在后续工序中通过整形处理，满足覆盖件凸缘面的形状要求。若压料面是由工艺补充部分构成，则需在后续工序中将其切除掉。

压料面形状应由平面、圆柱面、双曲面等可展开面构成。压料面是水平面时，压料效果好。对于斜面和曲面压料面，斜面与水平面的夹角（压料面倾角）一般不应大于45°。对于双曲面压料面，压料面倾角应小于30°。

在确定压料面形状时，应保证压料面的展开长度应小于凸模表面的展开长度，使毛坯各部分在拉延过程中处于拉伸状态，并能均匀地紧贴凸模，以避免拉延件起皱。对于由工艺补充部分构成的压料面，在确定压料面形状时，降低拉延深度，有利于覆盖件的拉延成形，防止覆盖件出现折皱或破裂现象。

2) 工艺补充面

为了满足拉延工序的需要，在覆盖件本体结构上所作的工艺处理称为工艺补充。将覆盖件的窗口、孔洞等开口部分连接成封闭形状，以及覆盖件本体与压料面之间的连接面等，一般统称为工艺补充面。工艺补充面可以保证毛坯在拉延过程中不起皱，不破裂，改善毛坯成形时的力学条件，促使毛坯各处的变形均匀一致，满足拉延成形时的定位及后续的修边、翻边等工序的需要。

工艺补充面是拉延件不可缺少的组成部分，它既是实现拉延的条件，又是增加毛坯变形程度、提高覆盖件刚性的必要补充。工艺补充面的多少取决于覆盖件的形状和尺寸,也与材料的性能有关。但过多的工艺补充将增加材料的消耗,因此在满足拉延条件下,尽量减少工艺补充部分,以提高材料的利用率。

3)拉延筋

为了改善毛坯的流动状况,通常在压料面上设置不同的拉延筋。拉延筋具有增加进料阻力、使进料阻力均匀、降低对压料面接触的要求、保证拉延件成形稳定和增加覆盖件刚性等作用。因此,合理布置拉延筋是车身覆盖件冲压成形中控制冲压件成形质量的主要手段之一。

按照拉延凹模口线轮廓形状及拉延深度布置拉延筋的数目、位置和长度,拉延深度大的拉延件在直线部分一般要布置1~3道拉延筋,而在圆弧部位不布置拉延筋;当拉延件各部位拉延深度相差较大时,在拉延深度大的部位不布置拉延筋,拉延深度小的部位布置拉延筋;在进料阻力小的部位布置拉延筋;在进料少的部位布置拉延筋;容易起皱的部位布置拉延筋。

布置拉延筋时应满足的布置规则要求有:拉延筋与材料流动方向垂直;对需要布置多条拉延筋的区段,由里向外依次减小拉延筋的长度和高度;拉延筋中心线与凹模口线之间偏置量为20~25mm;布置多条拉延筋时,拉延筋间距为30~35mm。

3. 冲压工艺参数的制定

冲压工艺参数是指在冲压过程中,与冲压成形密切相关的一些工艺参数,主要包括毛坯的形状和尺寸、材料的性能参数、压边力的大小、冲压速度、润滑条件、冲压设备等,这些工艺参数对覆盖件的成形程度和成形质量具有决定性的影响。因此,在设计覆盖件冲压成形工艺时,必须合理确定冲压工艺参数,保证覆盖件成形质量。但是由于冲压工艺参数对覆盖件成形质量的影响存在着诸多的不确定性,所以合理确定冲压工艺参数也是覆盖件冲压成形工艺设计的难点之一。

覆盖件冲压工艺设计不仅确定了冲压生产的工艺过程,而且为冲压模具的设计提供了依据。冲压工艺设计质量直接影响覆盖件冲压质量和生产效率,在车身覆盖件设计和制造中有着至关重要的作用。而对于一个具体的客车覆盖件来说,其冲压工艺设计必须具体分析该覆盖件的形状、尺寸、结构、材料和技术要求,并结合生产纲领和生产条件进行确定。

四、覆盖件冲压成形性分析

覆盖件的冲压成形性是指覆盖件材料及其几何形状对冲压成形的适应能力。覆盖件在冲压成形时,产生的主要质量问题有破裂、成形表面形状不良、尺寸精度不合格等问题。覆盖件的冲压成形性主要取决于结构形状和尺寸,其成形性分析可采用类比分析、成形度 a 分析和成形过程数值模拟分析等多种方法。

1. 利用类比分析方法估算各部分的变形程度

覆盖件的形状不论多么复杂,都可以将其按主要变形方式划分为若干个部分,采用类似基本冲压成形工序成形参数计算方法,对每个部分的变形程度进行工艺分析计算,并通过相似件的类比分析,考虑不同部位的相互影响,找出覆盖件成形困难的部分,分析覆盖件是否能一次成形。

覆盖件拉延成形时,可根据毛坯变形区的主要变形方式,将毛坯划分为以拉伸变形为主的部分和以压缩变形为主的部分。以毛坯变形程度大的局部部分为重点,进行类似的工艺计算分析。

在以拉伸变形为主的方式下,毛坯的厚度将减薄,伸长变形数值越大,毛坯厚度减薄越严重,甚至出现毛坯局部厚度过薄或破裂现象。但毛坯局部伸长变形量过小,会直接影响拉延件的刚性,局部出现起皱和松弛现象,甚至产生拉延件形状固定困难问题。因此,对于毛坯局部产生了集中变形,厚度过薄或因材料抗拉强度低出现破裂现象,需要修改覆盖件的局部形状和尺寸或重新选取覆盖件材料,工艺上往往采取增加毛坯相应部分的凹模圆角半径使毛坯变形趋于均匀。对于毛坯伸长变形量过小部分,采用设置多道拉延筋的方法,增加进料阻力,增大毛坯变形量,提高拉延件的刚性。在以拉伸变形为主的方式下,变形区变形的均匀性直接影响毛坯的变形程度,从而影响拉延件的表面质量,通过设置不同的拉延筋,调整各部分毛坯的进料阻力,提高拉延件成形质量和刚性。

在以压缩变形为主的方式下,毛坯变形区的压应力相当较大,压应力数值越大,变形区越容易出现失稳起皱现象。所以,以压缩变形为主的拉延件部分,变形区的抗失稳起皱能力直接影响毛坯的变形程度。对此,工艺上采取适当增加压边力的办法,改善压缩变形条件,提高拉延件成形质量。

根据毛坯变形区各部分的变形特点,采用类似基本冲压成形工序成形参数计算方法估算各部分的变形程度,并与类似覆盖件的冲压试验数据和工件尺寸形状相比较,参考以往的覆盖件冲压成形经验,初步分析覆盖件的冲压成形性,粗略判断覆盖件是否能一次成形。但这种分析判断往往不够确切,因此,类比分析方法多用于车身覆盖件冲压成形工艺设计之前,对覆盖件的各部位进行初步分析,找出覆盖件成形困难的部分。

2. 利用成形度 α 值分析拉延件成形性

车身覆盖件拉延成形时,毛坯变形区产生了一定的塑性变形,使得拉延成形前后毛坯的尺寸发生了变化,这种尺寸变化直接反映了毛坯变形程度。利用成形度 α 值分析拉延件成形性就是通过计算拉延成形前后毛坯长度尺寸变化量,依据材料的极限延伸率指标,分析不规则形状覆盖件拉延成形性的方法。

对车身覆盖件进行初步成形性分析,找出覆盖件成形困难的部分,计算成形困难部分各纵向断面(间隔为 50~100mm)的成形度 α 值,参照表 4-1,对覆盖件拉延件成形性进行分析和判断。成形度 α 计算公式:

$$\alpha = \left(\frac{L - L_0}{L}\right) \times 100\%$$

式中:L_0——成形前毛坯的长度;
L——成形后毛坯的长度。

大型、不规则形状覆盖件成形度 α 值分析表　　　　　　　　　　　　　　表 4-1

成形度 α 值	分 析 与 判 断
<2%	α 的平均值 <2% 时,变形不充分,得到满意的形状困难,采用胀形成形
>5%	α 的平均值 >5% 时,胀形成形困难,适当放松压料作用,采用拉延成形。50~100mm 间距上相邻断面的 α 值相差 >5%,易起皱折
>10%	α_{max} >10% 时,胀形成形很困难,必须采用拉延成形
15% < α < 20%	α_{max} 在 15%~20% 之间时,变形部位减薄严重,甚至开裂,必须增加工艺切口,修改压料面形状等
>20%	α_{max} >20% 时,变形部位破裂倾向严重
>30%	α 的平均值 >30% 时,成形危险
>40%	α_{max} >40% 时,成形一般不会成功

表 4-1 中给出的数值是单向的成形度 α 值。当必须考虑两个方向的成形度 α 值时,依据

毛坯变形区两向应力、应变状态不同,表4-1中的成形度α数值将有些变化。由于一般大型车身覆盖件在拉延成形时,毛坯变形区即存在拉延变形也有胀形变形,是通过复合成形实现拉延成形的。因此,在利用成形度α值分析拉延件成形性时,还需考虑覆盖件具体成形条件,进行综合性分析和判断。

对于形状复杂的车身覆盖件,由于覆盖件表面形状有较大的起伏和拉延深度不均匀,当成形度$\alpha_{max} > 20\%$时,变形部位破裂倾向严重,必须采取相应的工艺措施,避免拉延件出现破裂现象。而对于形状简单的车身覆盖件,由于表面形状简洁和拉延深度均匀,成形条件好,成形度α_{max}在40%~45%之间时,变形部位出现破裂倾向,工艺上采取减小变形量措施,保证拉延件成形质量。

3. 利用成形过程数值模拟技术分析拉延件成形性

近年来,随着计算机及相关技术的进步,数值模拟技术在板料成形中已得到了广泛的应用,成为拉延件成形分析的重要方法。实践证明,有限元法是进行冲压成形过程计算机仿真最合适的数值模拟方法。数值模拟可以考虑成形过程的摩擦、模具几何形状、温度、材料特性等多种因素对成形的影响,得到成形各个阶段各部位的应力或应变分布,从而为合理确定工艺参数、设计模具提供有价值的参考依据。

进行覆盖件冲压过程模拟时,首先要根据覆盖件的几何形状生成压料面、工艺补充部分,定义拉延筋模型,定义毛坯形状等,建立覆盖件的几何模型。选择适当的网格单元对几何模型进行网格划分并检查网格质量,合理选择材料参数、摩擦润滑参数、工艺条件和各种约束条件等,建立一个完整的有限元分析模型。有限元模型的准确性是决定计算结果准确性的主要影响因素。

选择合适的算法求解有限元分析模型。对于准静态的成形过程可选用静力隐式算法求解,对于高速成形过程采用动力显式算法求解。两者求解算法主要的差别表现在求解方程、时间步长选取、接触问题的处理以及回弹计算等方面。动力显式算法在拉延件发生起皱等失稳现象时,不会引起数值计算困难,特别适合求解大型复杂覆盖件成形问题,而模拟覆盖件回弹时采用静力隐式算法。

板料成形数值模拟分析软件的后处理模块能提供覆盖件变形形状、模型表面或任意剖面上的应力应变分布云图、变形过程的动画显示、选定位置的物理量与时间的函数关系曲线、沿任意曲线路径的物理量分布曲线等模拟分析结果。通过分析成形极限图、主应变图、厚薄图,判断覆盖件在成形过程中是否存在裂纹、起皱、减薄等问题,评估覆盖件形状和成形质量。

对覆盖件模拟成形过程中出现的问题,通过采取修改毛坯形状尺寸、调整压边力、调整拉延筋的布置、增大模具相应圆角和修改压料面形状等措施,改进覆盖件成形工艺设计,解决影响覆盖件成形质量的问题,以便得到满意的模拟分析结果。

五、冲压设备的选择

车身覆盖件冲压设备的选择是冲压工艺及其模具设计中的一项重要内容。多数车身覆盖件冲压生产线是由一台双动机械压力机或液压机与数台单动机械压力机组成。双动机械压力机或液压机用于覆盖件拉延成形,单动机械压力机主要用于修边、冲孔、翻边、整形等工序。覆盖件冲压设备的选择包括压力机类型和规格两项内容。

压力机一般由主机、动力系统及电器控制系统三部分组成。按动力传递的形式,压力机分为机械压力机和液压机;按滑块数目分为单动和双动压力机;机械压力机按驱动方式分为偏心轴驱动和多连杆机械压力机；压力机也可以按公称压力、机身形式等进行分类。

机械压力机是采用机械传动作为工作机构的压力机。其主要技术参数主要包括公称压力及公称压力行程、电机功率、滑块行程与和行程次数、装模高度、工作台尺寸和滑块底平面尺寸等。机械压力机的优点是运行速度快、工作精度高、操作条件好、生产率高、维护保养简单；缺点是运行时噪声大、振动大。其中多连杆压力机是一种以多连杆机构为机械传动机构的压力机，它克服了传统机械压力机在上、下模接合时冲击速度过高、滑块速度递减过快、拉延成形较深的覆盖件困难等缺陷，具有拉延成形速度低、往返速度快、拉延深度大、模具冲击小、成形质量好等特点，能保证产品质量和提高生产效率，主要用于大型覆盖件的拉延成形。

液压机是采用液体作为介质传递能量的压力机。其主要技术参数主要包括公称压力、油压工作压力、活动横梁的最大行程、滑块行程及工作速度、工作台尺寸和电机功率等。液压机的工作压力、滑块速度、滑块行程范围在其额定范围内均可调，滑块也可在任意位置回程，不需要调整闭合高度，更换模具比较方便。液压机具有价格便宜、拉延成形好、噪声比较低等优点，适合拉延成形较深的车身覆盖件。缺点是能耗较高，后续工序切边、冲孔效果差，生产效率低，不适应大批量生产。客车制造因其具有批量小、车型多的特点，车身覆盖件采用液压机拉延成形。

双动压力机有内、外两个滑块，外滑块用于拉延件的压边，内滑块用于拉延件的成形。双动压力机具有行程大、压边力稳定且容易调整等特点，所以覆盖件的拉延成形一般选用双动压力机。双动压力机在拉延成形时具有以下特点：

(1) 双动压力机的外滑块有四个悬挂点，便于调整各点的压边力，控制不同区段毛坯材料的流动阻力，有利于材料的均匀流动，形状复杂的覆盖件成形质量容易得到保证。

(2) 双动压力机的外滑块压边力较大，且刚性好，能使拉延筋处的毛坯完全变形，可充分发挥拉延筋控制毛坯流动性的作用，增加覆盖件的刚性，克服普通压力机压边力不足的缺点。

(3) 双动压力机外滑块开始压边时，外滑块已处于下死点位置，外滑块的速度接近为零，对毛坯的接触冲击小，在拉延过程中外滑块压边力比较稳定。

(4) 双动压力机便于覆盖件采用正向拉延，压边模与拉延凹模均固定在工作台垫板上，易于毛坯的安放和定位。

(5) 双动压力机在拉延时，内滑块的运动速度低且均匀，容易满足拉延变形速度的要求。

在压力机的类型选定之后，应进一步根据覆盖件、拉延深度和模具外形尺寸选择压力机的规格。双动压力机内、外滑块的公称力要分别大于拉延成形力和压边力的估算值，内滑块的行程要比拉延深度的二倍值大200mm以上，外滑块的行程要比拉延深度大200mm以上，压力机的工作台尺寸要大于模具的外形尺寸200mm以上，模具高度要介于压力机的最大装模高度与最小装模高度之间，并预留装模尺寸和修模所需尺寸。

第二节 中厚板件冲压工艺

客车通常选用厚度为4.0～10.0mm的热轧钢板，采用下料、制孔、冲压成形等加工设备，加工各种中厚板件。图4-3所示的车架纵梁、横梁、外撑梁和各种连接及安装件是客车主要的中厚板件，其制造工艺过程包括下料、制孔、成形、检验和存放等工序，其中制孔和成形工序（模具冲压、折弯和辊压成形）对中厚板件的加工质量影响最大。转向角传动器安装件制造工艺过程（图4-4）包括下料、成形和制孔工序。客车中厚板件的制造大多采用一些通用机床、工装和模具,以适应客车多品种、小批量、多批次、特殊要求多的生产特点。

一、中厚板件冲压成形的特点

客车中厚板件的冲压成形与薄板类冲压件相比,在材料、毛坯变形特点及采用的工艺方法和设备等方面具有以下特点:

(1)客车中厚板件通常选用热轧碳素钢板或热轧低合金高强度钢板。与冷轧薄板相比,热轧厚板的表面质量差、厚度公差大、材料力学性能不稳定,并且由于材料具有明显的各向异性,导致不同纤维方向上的机械性能不同。

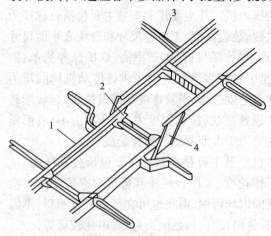

图4-3 车架局部总成
1-纵梁;2-横梁;3-外撑梁;4-连接件

(2)中厚板件的材料厚度大,刚度好,成形时毛坯不易产生失稳起皱,但材料的延伸率低、塑性差,并且由于一般相对弯曲圆角半径很小,成形力大,容易产生弯曲圆角开裂、表面严重划伤、尺寸精度差等质量问题。

(3)中厚板件形状比较简单,冲压成形时毛坯变形区以弯曲变形为主,局部也会存在伸长类或压缩类翻边变形,成形时通常不需要施加压边力,通过经验数据和简单的计算即可实现对中厚板件工艺性分析,冲压工艺设计相对简单,只要工艺和模具设计合理,就能加工出合格的制件。

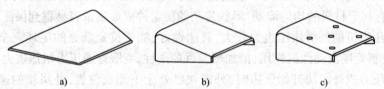

图4-4 转向角传动器安装件制造工艺过程
a)下料 b)成形 c)制孔

(4)中厚板件的尺寸和形状精度主要由模具冲压、折弯和辊压等成形工序保证。在客车中厚板件中,车架纵梁、横梁的截面尺寸、形状与孔位精度要求较高,例如要求纵梁腹板宽度公差±1.0mm、翼面宽度公差±1.0mm、纵梁腹板和翼面直线度1/1000mm、翼面与腹面垂直度小于3°等。因此,合理确定冲压工艺,对于保证车架纵梁、横梁等中厚板件的加工精度十分重要。

(5)转向机支架、外撑梁连接板等中、小型中厚板件一般采用通用液压设备进行冲压成形;车架纵梁、横梁等大型中厚板件采用大型的专用液压机床冲压成形或辊压机组辊压成形;对于发动机托梁等拉深成形件,由于制件板料厚、形状复杂,采用热冲压成形,增加材料的流动性,减小毛坯的变形抗力,保证成形质量。由于制孔数量和孔径规格多,车架纵梁上的安装孔多采用冲裁模冲孔或数控冲床冲孔加工;而对于制孔数量少的中、小型中厚板件一般采用摇臂钻床钻孔加工。

二、中厚板件下料方法

客车中厚板件采用剪板机、圆盘剪切机、冲裁模和数控等离子切割机等设备进行下料。下料时应保证中厚板件弯曲线与板材轧制方向成90°或45°角,尽量避免两者方向相同,导致中厚板件局部出现变薄、破裂、起皱等缺陷。客车中厚板件下料方法主要有以下几种方法：

1. 剪板机剪切下料

剪板机剪切下料是利用剪板机的运动上刀片和固定的下刀片，对各种厚度的板材施加剪切力，使板材按所需要尺寸断裂分离的一种下料工艺方法。剪板机的上刀片固定在刀架上，下刀片固定在工作台上，并根据板料的厚度调整刀片的间隙，以保证刀片的耐用度和切口较光洁平整。剪板机主要用于直线边缘的板料毛坯下料，并保证剪切面的直线性和平行度要求，尽量减少板料扭曲，以便获得高质量的制件。

剪板机主要结构包括传动系统、滑块（刀架）、床身（机架）、压料机构、挡料机构、平衡器、电器控制系统和其他辅助装置。剪板机的后挡料板用于板料定位，刀口与挡料板之间的距离即为下料尺寸，挡料板位置可由电机进行调节；压料缸用于压紧板料，以防止板料在剪切时产生移动。剪扳机按结构分为闸式剪板机和摆式剪板机，按上刀片对下刀片的位置分为平刃剪板机和斜刃剪板机，按传动方式分为机械传动剪板机和液压传动剪板机两类。剪切厚度小于10mm 的剪板机多为机械传动，大于10mm 的为液压传动。剪板机的主要技术参数有剪板厚度、剪板宽度、剪切角度以及行程次数。

剪板机剪切下料是一种高效率的下料方法，剪板过程包括调整后挡料板和侧挡料板位置并测量、进料、压料和剪切等阶段，剪切断面状况如图4-5 所示。根据板材厚度和下料尺寸调整刀片的间隙和挡料板位置，刀片的间隙可参考表4-2 确定，保证剪切断面质量和下料尺寸精度。采用剪板机剪切下料时，毛坯

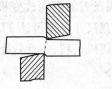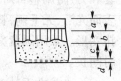

图4-5 剪板和剪切断面状况
a-圆角带；b-光亮带；c-剪裂带；d-毛刺

的排样类型为无搭边型，材料利用率可达90% 以上。但毛坯切口附近金属受剪力作用将产生一定的挤压和弯曲变形，材料的硬度提高、塑性下降，对于平整度要求高的制件需要进行校正处理。

剪板机上、下刀片的间隙　　　　　　　　表4-2

钢板厚度(mm)	4	5	6	7	8	9	10	11	12
刀片间隙(mm)	0.15	0.20	0.25	0.30	0.35	0.40	0.45	0.50	0.55

2. 圆盘剪切机下料

圆盘剪切是将板料或卷料在两个旋转方向相反的圆盘刀间通过时而被剪开的剪切方法。圆盘剪切机主要由电机、传动装置、上下刀轴、圆盘刀、上下刀轴调整机构、左右机架和底座等组成。圆盘剪切原理和圆盘剪剪切过程示意图如图4-6、图4-7 所示，电机通过传动装置和上下刀轴驱动圆盘刀旋转，完成板料的剪切。一般情况下，正常剪切断口由压陷面、剪切面、脆性断裂面三个特征区组成。压陷面是剪切开始前板料产生塑性变形形成的，剪切面是板料从剪刃压入剪切阶段直至裂缝开始产生时形成的，断裂面是由于裂缝不断扩展直至上下裂缝重合而形成的，并且在断裂面根部形成毛刺。剪切面比较光滑，断裂面比较粗糙。在正常条件下，剪切面宽度约占板料厚度的1/3～1/2。

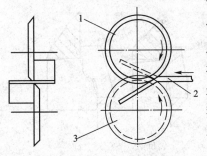

图4-6 圆刀剪板机原理图
1-上圆盘刀；2-板料；3-下圆盘刀

通常圆盘剪切机的两个上下刀轴与剪切板料的平面相互平行，并通过上下刀轴调整机构实现圆盘刀径向和侧向间隙的调整。上下圆盘刀剪刃的重叠量与剪切板料的厚度有

关,随着厚度的增加重叠量应相应减少。增大重叠量,有利于增加钢板剪断部分、减少剪切撕裂部分,但过大的重叠量剪切时可导致板料局部弯曲。圆盘刀侧向间隙的调整取决于板料的强度和厚度。随板料厚度和强度的增加,侧向间隙适当增加。剪切间隙过大或过小都可能造成切边断面不齐。

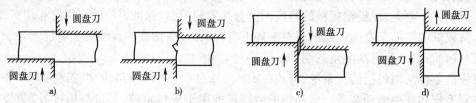

图4-7 圆盘剪剪切过程示意图

圆盘剪切机可以连续纵向剪切钢板和带钢,有剪切板边的圆盘剪切机和剪切带钢的圆盘剪切机两种类型。剪切板边的圆盘剪切机是中厚板精整加工线的主要设备,采用两个圆盘状刀片,剪切掉钢板及带钢边部的不规则侧边。剪切带钢的圆盘剪切机是车架纵梁开卷纵剪线的主要剪切设备,采用多对圆盘刀,可以将多倍尺卷料剪切为数条单倍尺卷料,通过更换定距套和刀片,调整每对圆盘刀的间距改变板料剪切宽度,板料厚度一般为1.0~10mm,带钢切口表面光滑、无毛刺,料宽尺寸公差可达±0.3mm,但在剪切过程中,多倍尺卷料将产生一定的弯扭变形。采用圆盘剪切机下料,生产效率高,材料利用率高、储存占地面积少,但每次安装调试时间长。

3. 冲裁模下料

冲裁是利用冲裁模具使板料沿着一定的轮廓形状产生分离的一种冲压工序。冲裁时板料剪切断面在模具刃口的作用下,经过弹性变形、塑性变形和断裂分离三个阶段,板料被拉断分离,完成下料加工。冲裁件剪切断面状况如图4-8所示,可分成圆角带、光亮带和断裂带三个特征区域,并在剪切断面产生了毛刺。

冲裁件的质量包括断面质量、尺寸精度和弯曲度。影响冲裁件质量的因素有冲裁模间隙(凸、凹模间隙)值大小及其分布的均匀性,模具刃口锋利状态,模具结构与制造精度、材料性能等。其中,冲裁模间隙对冲裁件断面质量、尺寸精度等方面有着重要的影响,是冲裁工艺与冲裁模设计的一个非常重要的工艺参数。冲裁模间隙大小对冲裁件断面质量的影响如图4-9所示。当间隙适中时,上、下裂纹会合成一条线,尽管断面有斜度,但断面较平直,圆角和毛刺均不大,有较好的综合断面质量。冲裁模间隙常采用经验公式:$c = mt$来确定,式中c为单边间隙;t为材料厚度,mm;m为系数,与材料性能及厚度有关,车架材料一般取6%~8%,断面质量要求不高时,可以适当放大冲裁模间隙。

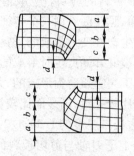

图4-8 冲裁件剪切断面状况
a-圆角带;b-光亮带;c-断裂带;d-毛刺

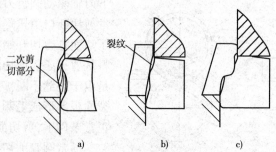

图4-9 间隙大小对冲裁件断面质量的影响
a)间隙过小 b)间隙合适 c)间隙过大

冲裁件的尺寸精度主要取决于两方面的偏差，一是冲裁件尺寸相对于凹模尺寸的偏差，二是模具本身的制造偏差。影响冲裁件相对于凹模尺寸偏差的因素主要是凸、凹模间隙。当间隙值较大时，材料受拉伸作用增大，冲裁完毕后，因材料的弹性恢复，冲件尺寸向实体方向收缩，使落料件尺寸小于凹模尺寸；当间隙较小时，材料的弹性恢复使落料件尺寸增大。模具的制造精度直接影响冲裁件的尺寸精度。此外，冲裁件的尺寸精度还与材料性能、厚度、轧制方向、冲件形状及模具刃口状态等因素有关。板料在冲裁过程中，由于受到弯矩作用而产生弯曲变形，冲裁件脱模后将产生弹复变形，但仍残留一定弯曲变形。影响这种弯曲变形程度的主要因素是凸、凹模间隙、材料性能及板料支撑方法。

采用普通冲裁模下料，冲裁件尺寸精度较低、断面粗糙，且设备投资大，加工柔性差。但采用冲裁模下料，生产效率高，大批量下料时，可将冲孔、落料工序合并为一副模具完成。

4. 数控等离子切割机下料

等离子弧切割是利用高温等离子电弧的热量，使制件切口处的金属局部熔化，并借助高速气流排除掉熔融金属，形成狭窄切口的一种加工方法。等离子是加热到极高温度并被高度电离的气体，并将电弧功率转移到切割制件上，高热量使制件金属局部熔化并被吹掉，形成等离子弧切割的工作状态。等离子弧切割采用具有陡降或恒流外特性直流电流，大多数切割采用转移弧。根据切割材质的不同，等离子切割选择不同的工作气体，其中应用最为广泛的是空气等离子切割。空气等离子弧切割状况如图4-10所示。

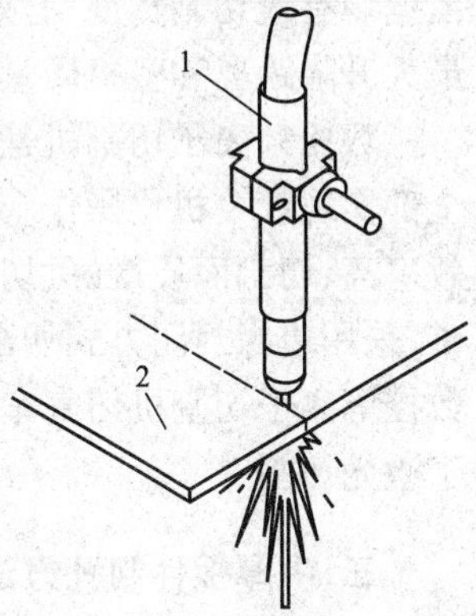

数控等离子切割机是一种集数控技术、等离子切割技术、逆变电源技术等于一体的高效的切割设备，采用图形输入方式，数字程序驱动机械运行系统运动，等离子切割机按照给定的图形，对制件自动地进行切割加工。数控等离子切割机主要由数控系统、等离子电源、供气系统、等离子割矩、机械运行系统、工作台和套料软件等部分组成。

图4-10 空气等离子弧切割状况
1-割炬；2-切割制件

数控系统是等离子切割机的重要组成部分，主要由计算机系统、伺服系统、控制单元等组成，其中控制单元用以实现计算机、电动机、电磁气阀的控制。数控系统的配置决定了数控切割机和数控系统的稳定性，切割控制软件提供了数控切割所需要的各种切割工艺和运动控制方式，决定了数控切割机的切割效率和切割质量。

数控等离子切割机的切割电源内设有主电路、高频引弧电路、控制电路和保护电路，空气等离子切割机供气系统由空气压缩机、滤减压阀、电磁气阀、气管和相应接头等组成，割炬由枪体、电极、分配器、喷嘴、保护套等组成。等离子割炬作用是产生电弧并将电弧压缩成等离子弧，压缩空气进入割炬后被气室分成两路，形成等离子气体及辅助气体。等离子气体弧起熔化金属作用，而辅助气体冷却割炬的各个部件并吹掉已熔化的金属。

机械运行系统由横梁、轨道、伺服电机、传动减速机构、升降机构等组成。目前常用的伺服电机是交流伺服电机，交流伺服电机从最低转速到最高转速都能平滑运转，转矩波动小。机械运行系统是数控切割机的主体，其制造精度、制造质量和关键零部件的选配，决定了数控切割机的使用寿命，直接影响制件的切割质量和切割精度。

数控切割机的软件主要由绘图模块、编程模块、套料模块、校正模块和NC输出模块组成，主要是用于在计算机系统上编程套料，因此称为套料软件。套料软件一般都有简单的绘图的功能，但是主要功能是校正、套料、转换NC代码。套料软件是数控切割机有效使用和高效切割的必备工具,通过自动、手动交互式快速套料,自动编程和高效确定切割工艺,有效提高板材套料利用率、套料编程工作效率和数控切割机的切割效率。

数控等离子切割机的操作一般分为数控切割机程序的制作和等离子切割操作两个部分。利用套料软件打开制件的 CAD 图形(DXF 格式),进行校正、套料、转换 NC 代码。将 NC 代码输入数控等离子切割机的控制系统,启动等离子切割机,设定的驱动程序将给出连续的 x、y 坐标值,驱动电机以一定的速度带动割矩按坐标不断变换切割位置,对制件进行自动切割。切割工艺过程包括预通气、主电路供电、高频引弧、切割过程、息弧和停止。

数控等离子切割机工艺参数包括切割电流、电弧电压、切割速度、工作气体与流量、喷嘴高度和切割功率密度等参数,这些工艺参数的选择对切割质量、切割速度和效率等切割效果的影响是至关重要的。切割面的倾斜度、切缝的割纹深度、挂渣多少是评价切割面质量好坏的主要依据。有效切割宽度、有效切割长度、切割厚度、最大运行速度、切割精度、重复定位精度、割炬最大升降距离和整机质量是数控等离子切割机主要技术参数。

数控等离子切割机是一种新型、高效的切割设备,从控制程序生成、程序输入到切割加工全部实现计算机化操作。数控等离子切割机可以切割各种形状复杂的制件,具有切割速度快、效率高、切割面质量好、切割尺寸精确、制件热变形小等优点,但切割不封闭轮廓的制件比较困难,采用边缘封闭方式切割纵梁等尺寸大的制件时生产效率低,材料利用率不高。采用龙门式数控等离子切割机切割车架纵梁和横梁,能获得良好的下料尺寸精度和断面质量,成本却远低于激光切割。

三、中厚板件制孔方法

车架纵梁、横梁等客车中厚板件主要采用摇臂钻床、数控钻床、冲孔模和数控冲床等模具设备制孔,钻孔和冲孔是中厚板制件两种常用的制孔方法。由于材料回弹等因素的影响,钻孔和冲孔都会使制件产生孔径偏小、孔内毛刺大及孔的位置度偏差等质量问题。在多数情况下,中厚板件制孔的位置精度要求高,而孔的尺寸精度要求相对较低,一般要求孔位偏差 $\leqslant \pm 0.3$ mm。

1. 摇臂钻床钻孔

摇臂钻床是一种通用的钻孔设备,有一个能绕立柱旋转的摇臂,摇臂可沿立柱作垂直移动,安装在摇臂上的主轴箱可沿摇臂作横向移动。因此,钻孔时能方便地调整刀具的位置,以对准被加工孔的中心,而不需移动制件。摇臂钻床上钻孔时,钻头同时完成旋转切削和进给两个运动。摇臂钻床不但可以对各种中厚板件进行钻孔、扩孔加工,而且还可以进行铰孔、攻丝及修刮端面等形式的加工,适用范围广,操作方便。由于制件钻孔时产生了大量铁屑,因此,孔的加工精度较低(一般在 IT10 级以下),表面粗糙度较差(在 Ra25μm 以下),孔内的毛刺也必须进行清理。

采用手工划线、摇臂钻床钻孔工艺时,划线的一般精度可达到 0.25~0.5mm,不但孔位精度相对较低,而且生产效率低。因此,对于钻孔数量多的车架纵梁必须设计制造钻模板,采用钻模板钻孔工艺。钻模板具有定位精度与孔位精度高、设计制造方便,不受设备参数的局限等优点。车架纵梁的钻模板由几段组成,各段模板由销钉连接,一般模板定位基准与制件的设计基准相一致。

采用摇臂钻床钻孔是一种车架纵梁、横梁传统的制孔方法,设备投资少,但钻模板数量多、生产准备周期长、生产效率低,很难适应多品种、小批量、多批次生产对生产效率的要求,并且容易产生错孔、漏孔加工缺陷,因此,这种制孔方法已经逐渐被淘汰。目前,摇臂钻床常作为模具落料冲孔和数控冲孔两种制孔方式的辅助设备使用,用于配钻车架横梁翼板孔、补钻在制件成形后边距尺寸偏差较大的孔(采用模具落料冲孔和平面数控冲孔制孔方式时)或补钻三面数控冲床因孔边距尺寸受限难以加工的孔。

2. 数控钻床钻孔

数控钻床是一种采用数字控制、以钻削为主的钻孔加工机床,主要由床身、工作台、龙门、溜板、动力头、数控系统、液压系统、冷却排屑系统等部分组成。数控钻床的关键系统——数控系统一般由控制系统、伺服系统和位置测量系统三部分组成。控制系统按加工工件程序进行插补运算,发出控制指令到伺服驱动系统;伺服驱动系统将控制指令放大,由伺服电机驱动机械按要求运动;测量系统检测机械的运动位置或速度,并反馈到控制系统,来修正控制指令。数控钻床主要用于钻孔、扩孔、铰孔、攻丝等加工。

采用 3~4 台数控钻床进行车架纵梁钻孔加工时,可利用回转夹具的翻转功能,实现纵梁一次装夹,完成上、下翼面和腹板三个面的钻孔工作,但这种纵梁制孔全部由数控钻床钻孔完成的加工方式很少采用。通常数控钻床主要用于车架纵梁成形后上、下翼面的钻孔,而纵梁腹板制孔由数控冲床完成。作为配套设备的数控钻床加工纵梁上、下翼面孔时,可以将纵梁和加强板合成一体后钻孔,孔径和孔位一致性好,特别适合车架铆接工艺,通过夹具的旋转,实现车架纵梁上、下翼面的钻孔加工,孔位精度与数控冲床冲孔相当,但毛刺、铁屑和冷却液的清理不如数控冲床简单方便。

数控钻床可以对各种客车中厚板件进行制孔加工,制件一致性好,孔位精度高,主轴定位精度可达到 0.025mm,重复定位精度可达到 0.015mm,纵梁孔距公差 ±0.2mm。数控加工具有高精度、高效率和高自动化的特点,是一种柔性化生产制造设备,满足小批量、多品种生产要求。

3. 冲孔模冲孔

冲孔模与落料模、切开模、切边模统称为冲裁模,是指利用压力机的压力将板料沿封闭轮廓线实现分离的冲压工艺装备。冲孔模冲孔时,冲孔断面(图 4-11)在模具刃口的作用下,经过弹性变形、塑性变形和断裂分离三个阶段,完成冲孔加工。在冲孔断裂分离阶段,冲孔断面形成一个粗糙的区域,并产生冲孔毛刺。影响冲孔断面质量和尺寸精度的主要因素是冲孔模间隙(凸、凹模间隙),通常采用板料厚度的 10% 作为总的间隙量,较小和均匀的冲孔模间隙有利于提高冲孔精度、改善制件的表面质量和延长模具寿命。

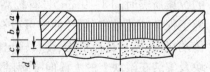

图 4-11 冲孔断面状况
a-圆角带;b-光亮带;c-断裂带;d-毛刺

中厚板件冲孔时,可以采用的冲孔模具有标准冲模、专用冲模和复合冲模三种。标准冲模尺寸固定,可以对各种中厚板件尺寸相同的孔进行冲孔加工,一次冲一孔,适用于小批量、多品种中厚板件的生产,模具通用性好,但生产效率低。专用冲模可以根据制件的要求,一次冲一孔或多个孔,有利于满足孔位精度的要求和提高生产效率,适用于大批量中厚板件的生产,但模具通用性差。采用复合冲模可以一次完成中厚板件的落料冲孔或冲孔成形加工,减少了模具的投入,提高了生产效率,适用于批量较大的中厚板件生产。对于车架纵梁等大型中厚板件,采用落料冲孔模(图 4-12)完成平板毛坯的落料和冲孔加工,生产效率高,加工质量稳定,但所需冲压设备吨位大,冲压设备和模具费用高,并且换模时间和模具设计制造周期长,难以满足多品种、小批量、多批次的生产要求。

由于受到材料性能的不均匀性、各向异性及设备和模具状态等的影响,冲孔后的平板毛坯在随后的冲压成形过程中,一些冲孔的位置将发生变化,直接影响孔位精度,必须采取一定措施,来保证纵梁等中厚板件的孔位精度满足设计要求。在采用复合冲模冲裁车架纵梁过程中,由于冲裁力大,冲压设备和模具将产生剧烈的震动,因此,设计模具时必须采取分级冲裁、将凸模刃口设计成斜刃等措施,来降低冲裁力。并且要求孔位尽量远离纵梁弯曲线,避免成形时弯曲线附近孔的形状和位置发生较大变化。

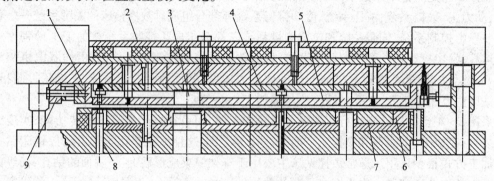

图4-12　车架落料冲孔复合模

1-落料凹模;2-托板;3-冲孔凸模;4-固定板;5-上卸料板;6-落料凸模;7-冲孔凹模;8-下卸料板;9-间隙调节装置

4. 数控冲床冲孔

数控冲床是数字控制冲床的简称,自动化和柔性化程度高,是一种高效率、高精度的冲孔设备,主要用于车架纵梁的冲孔加工。数控冲床装有程序控制系统,上料、下料、板料的定位及送进、模具的选择、冲压过程的实现以及故障报警等均能够通过数控系统控制自动完成。平面数控冲床和三面数控冲床是两类车架纵梁数控冲孔设备。冲孔主机模具主要采用直列式结构形式,模具库由上、下模座和二十几套模具组成,自动完成选模、选择冲孔位置和冲孔工作。

平面数控冲床分为平板数控冲床和腹板数控冲床。平板数控冲床用于纵梁平板毛坯件冲孔,设有多达十几个不同直径的冲头和二十几个工位,正常工作速度下,加工长12m、350个孔的纵梁所需时间8~9min,具有较高的生产效率。腹板数控冲床用于成形后的纵梁腹板冲孔,为了保证冲孔效率,数控冲床可设有多个冲孔主机,冲孔主机由压料导向装置、冲孔机构、y向传动机构、模具选择机构、废料输出机构组成。冲孔主机采用液压主传动。由主油缸带动主滑块及安装在滑块上的上模向下运动实现冲压动作。双主机腹板数控冲床设有两个冲压吨位不同的冲孔主机,吨位较小的冲孔主机用于较小孔的加工,吨位较大的冲孔主机用于较大孔的加工,生产效率比采用单主机腹板数控冲床冲孔高40%左右。

三面数控冲床用于成形后的纵梁冲孔,能够适应多种纵梁规格的冲孔要求,具有较高的孔位精度、生产效率和可靠性及模具寿命。纵梁冲孔线工艺流程:自动横向上料→数控纵向送料→数控横移→液压冲翼面、腹板孔→数控纵向出料→自动横向下料。根据生产效率要求,三面数控冲床可设有4~5个冲孔主机,布置在机床垂直面上的2~3个冲孔主机加工纵梁腹板上的孔,布置在机床水平面上的左、右两侧2个冲孔主机加工纵梁上、下翼面的孔,所以三面数控冲床可以同时对纵梁腹板和上、下翼面进行冲孔加工,生产效率比采用平面数控冲床冲孔高30%左右。

控冲床采用单个孔冲孔,所需冲裁力较小,对设备冲压能力要求低,与采用复合冲模冲孔相比,更适合高强度钢板的冲孔加工。数控冲床可以在几分钟内完成生产品种的转换,生产准备时间短,有利于保证多品种、小批量生产的生产效率。冲孔断面的表面粗糙度与冲孔模冲孔的表面粗糙度基本相当,通过调整数控冲床上、下模的间隙及刃口状态,可使冲孔表面粗糙度达到较理想的状态,一般不需要清理孔内毛刺。

采数控冲床冲孔时,只需输入制件的CAD图形或相关信息,就可以自动生成加工程序,对制件进行冲孔加工。因此,数控冲床冲孔的生产效率和冲孔位置精度高,加工质量稳定,柔性化程度高,既能满足单一品种的大批量纵梁冲孔加工要求,又能满足多品种、小批量的生产要求,是一种客车制造企业广泛采用的纵梁冲孔设备。

四、中厚板件成形方法

客车中厚板件的形状相对比较简单,成形加工时毛坯以弯曲变形为主,常用的成形方法有折弯、冲压成形和辊压成形等方法。为了防止中厚板件在弯曲成形时圆角处产生裂纹,影响弯曲件的强度和使用性能,弯曲内圆半径应尽可能大,一般要求内圆角半径大于板材厚度。

等截面直梁(图4-13a)成形方法比较简单,可采用折边机折弯或模具冲压成形(图4-13b)。采用折边机折弯,制件的折弯角度和各部分尺寸误差较大,直接影响成形质量,一般在制件试生产时采用折边机折弯成形,以缩短制件生产周期。但在设备和模具条件具备时,等截面直梁应采用模具冲压弯曲成形。

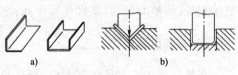

图4-13 等截面直梁冲压成形
a)等截面直梁;b)等截面直梁冲压成形

对于形状较复杂、尺寸和形状精度要求高的变截面弯曲梁(图4-14),由于成形时局部毛坯存在伸长类和压缩类翻边变形,需要采用模具冲压成形,并且成形难度较大。而对于转向角传动器安装件、转向机安装件、外撑梁连接板(图4-15)等弯曲成形件采用模具冲压成形,由于形状和装配关系相对简单,制件冲压成形难度较低,只要冲压工艺合理,在普通压力机上就能加工出质量合格的产品。

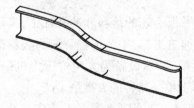

图4-14 车架局部弯曲纵梁

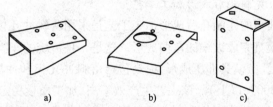

图4-15 形状简单的中厚板弯曲成形件
a)转向角传动器安装件;b)转向机安装件;c)外撑梁连接板

对于车架纵梁、横梁等大型弯曲成形件,由于板料厚、成形难度大、截面尺寸和形状精度要求高,需要采用数千吨压力机和大型落料弯曲成形模具一次冲压成形,完成车架纵梁、横梁的落料、冲孔和成形。采用冲压模具一次冲压成形的车架纵梁、横梁质量好,生产效率高,但压力机和模具的投资巨大,适合单一品种、大批量的产品。由于受到冲压设备条件的限制,满足客车多品种、小批量的工艺特点要求,客车车架纵梁常采用分段冲压成形,分段后的纵梁制件可采用通用小型液压机进行成形加工,再利用车架组装胎膜进行拼焊、整形,以满足设计、工艺要求。但这种车架制造方法生产效率低、劳动强度大,焊接处也会存在各种焊接缺陷,车架的扭转强度和疲劳强度与整体冲压成形的相比要低。

辊压成形适用于等截面直纵梁的成形加工,是一种新的车架纵梁弯曲成形工艺。纵梁辊压成形时,单倍尺卷料经校平机组辊压校平后,通过辊压机组的12~16对成形辊轮依次辊压,在材料向前送进的同时完成纵梁成形,并通过调整辊压机组最后2~3组整形辊轮的孔形,控制纵梁的回弹量,保证成形质量。与模具冲压成形相比,辊压成形每对辊轮的成形力小,且纵梁的回弹量易于控制。因此,辊压成形更适合于高强度钢板的加工。

辊压成形线主要设备有卷料架、送料架、校平机组、辊压机组、切断装置、下料装置、液压系统和电控系统等组成。可加工的板料厚度为2.0~10mm,加工速度为15~30m/min,工艺流程为上料→开卷→校平→剪头→辊形→切断→下料。辊压机组有闭式和开式两种结构形式。闭式辊压机组由整体机座、平辊架、立辊架、辊轮、校直机、减速器、万向联轴节、减速机和直流调速电机组成。其中,校直机设有两组上下平辊、两组左右立辊和两组偏转调整机构,用来调整纵梁腹板、翼面的直线度和纵梁的扭曲变形,保证加工精度。闭式辊压成形单元结构简单,经济实用,适用于单一品种大批量生产。开式辊压机组采用分体式机座,平辊、立辊架采用左右对称的可开合的悬臂形式,左、右侧辊轮均采用调速电机驱动。采用开式辊压机组的辊压成形线通过伺服电机控制可以在几秒内完成纵梁长度、板料厚度及断面宽度等参数的转换,不需要更换辊轮,调整时间短,柔性化程度高,能够满足多品种、小批量、多批次的生产要求。

五、车架纵梁加工工艺

车架纵梁加工工艺包括下料、制孔和成形工序。下料采用剪板机、圆盘剪切机、冲裁模和数控等离子切割机等设备进行下料。制孔方式多采用冲孔加工,少量制孔采用钻孔加工。成形方式为冲压成形和辊压成形,其中冲压成形既适用于等截面纵梁加工,又适用于变截面纵梁加工,而辊压成形只适用于等截面直纵梁加工。纵梁加工工艺形式分为先制孔后成形、先成形后制孔和制孔—成形同时加工工艺三种。为了适应生产方式由"单一品种、大批量、小批次"向"多品种、小批量、多批次"转变,纵梁冲压成形模多采用组合式模具结构,以满足多个品种生产的要求。

1. 先制孔后成形加工工艺

典型的先制孔后成形加工工艺是采用落料冲孔模完成平板毛坯的落料和冲孔加工,采用冲压模具完成纵梁的弯曲成形。这是一种传统的车架纵梁加工工艺,工艺流程一般为板料落料、冲孔→模具冲压成形,模具包括落料冲孔模和冲压成形模,冲压设备为大吨位压力机(通常在3000t以上)。该工艺生产效率高,加工质量稳定,适用于单一品种的大批量生产。

另一种典型的先制孔后成形加工工艺是对落料后的平板毛坯采用平板数控冲床完成冲孔加工,采用冲压模具完成纵梁的弯曲成形。工艺流程一般为板料落料→数控平板冲孔→模具冲压成形,主要设备为平板数控冲床、大吨位压力机。该工艺加工质量稳定,生产效率和柔性化程度高,既适用于单一品种的大批量生产,又适用于多品种的小批量生产。

2. 先成形后制孔加工工艺

先成形后制孔加工工艺所采用的成形工艺即可是模具冲压成形,也可是辊压成形,而制孔多采用三面数控冲床加工。采用模具冲压成形时,工艺流程为板料落料→模具冲压成形→三面数控冲床冲孔,模具为冲压成形模,主要设备为三面数控冲床、大吨位压力机。采用辊压成形时,工艺流程为单倍尺卷料→校平→辊压成形→切断→三面数控冲床冲孔,主要设备为三面数控冲床、辊压成形设备。

先成形后制孔加工工艺生产效率和冲孔位置精度高,加工质量稳定,柔性化程度高,既能满足单一品种的大批量纵梁冲孔加工要求,又能满足多品种、小批量的生产要求。其中辊压成形—三面数控冲床冲孔工艺是一种新的纵梁加工工艺,特别适用于等截面高强度钢纵梁加工。

3. 制孔—成形同时加工工艺

车架纵梁分段冲压成形时,由于纵梁长度尺寸缩短,所需冲压力在压力机允许范围内,可采用冲孔成形模对分段的纵梁进行冲压加工,完成冲孔和成形工序,以提高生产效率和加工质量的稳定性。工艺流程为板料落料→模具冲压冲孔、成形,模具为冲孔成形模,主要设备为大吨位压力机。

目前,纵梁加工通常采用先制孔后成形加工工艺,但孔位精度受材料和成形状态的影响较大,纵梁成形后边距尺寸偏差较大的孔需要采用摇臂钻床钻孔补钻。先成形后制孔加工工艺采用三面数控冲床冲孔,对于因孔边距尺寸受限难以加工的孔和变截面纵梁斜面上的孔也需要采用摇臂钻床钻孔补钻。纵梁加工工艺形式的选择主要取决于生产效率要求、材料强度、纵梁结构形式、生产批量的大小和现有设备条件。

第三节 车身零件冲压模具

冲压模具是车身冲压件生产必不可少的工艺装备,与冲压件的质量、生产效率以及生产成本等方面有着直接的关系。冲压模具是由工艺零件和结构零件两类零件组成,基本零部件包括凸模、凹模、压边装置以及上下模座等。车身零件冲压模具主要用于车身覆盖件、结构件和一般冲压件的冲压加工。

钢制模具是冲压件生产普遍采用的工装模具,主要用于大批量冲压件的生产。低熔点合金模、锌基合金模、聚胺脂橡胶模适用于中、小批量冲压件的生产和新产品的试制,是一种快捷、经济的冲压模具。客车车身覆盖件通常采用钢板拼焊或金属铸造的钢制冲压模具,新产品的试制通常采用低熔点合金模、锌基合金模。对于生产批量小的车身冲压件可以采用低熔点合金模、锌基合金模和聚氨酯橡胶模。

一、冲压模具分类与结构

1. 冲压模具分类

冲压模具的形式很多,可按不同的特征进行分类。

(1) 按工序性质的不同,冲压模具分为冲裁模、弯曲模、拉深模和成形模等。其中冲裁模包括落料模、冲孔模、切断模、切口模、切边模、剖切模等。车身覆盖件冲压模具按工序性质分为拉延模、修边模和翻边模。拉延模是使平面板料拉深成具有一定形状拉延件的模具,分为单动拉延模、双动拉延模等。修边模是将拉延件的工艺补充部分和压料凸缘的多余料切除的模具,可分为垂直修边模、斜楔修边模和垂直斜楔修边模。翻边模是将拉延件修边后的孔边缘或外边缘翻成竖立直边的模具,根据翻边的冲压方向不同,翻边模可分为垂直翻边模和水平翻边模两大类。

(2) 按工序组合方式的不同,冲压模具分为单工序模、复合模和级进模。单工序模是在压力机的一次行程中,只完成一道冲压工序的模具,如落料模、冲孔模、弯曲模等。复合模是在压力机的一次行程中,在同一工位上同时完成两道或两道以上冲压工序的模具(落料冲孔复合模的基本结构如图4-16所示)。在毛坯的送进方向上,具有两个或更多的工位,在压力机的一次行程中,在不同的工位上逐次完成两道或两道以上冲压工序的模具称为级进模(冲孔切断弯曲级进模如图4-17所示),也称为连续模。

(3) 按模具零件组合通用程度的不同,冲压模具分为专用模和通用组合模。大多数模具为专用模,适用于一种规格冲压件的加工。通用组合模有多种结构形式和类型,通过模具件的组合或调整,适用于加工多种规格冲压件,弯曲模、冲孔模多采用组合模具。

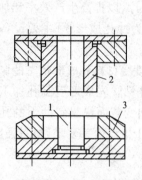

图4-16 落料冲孔复合模的基本结构
1-冲孔凸模;2-凸凹模;3-落料凹模

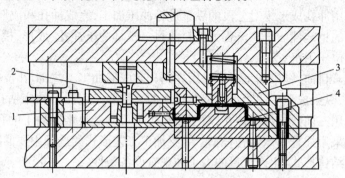

图4-17 冲孔切断弯曲级进模
1-冲孔凹模;2-冲孔凸模;3-弯曲凹模;4-弯曲凸模

(4)按凸、凹模的材料的不同,冲压模具分为钢制冲模、低熔点合金模、锌基合金模和聚氨酯橡胶模等。

(5)按模具外形尺寸的不同,冲压模具分为小型模具、中型模具和大型模具。

冲压模具还可以按凸、凹模的结构和布置方式以及送料方式等进行分类。

2.冲压模具典型结构

冲压模具是由各种不同的零件组成,按模具零件作用的不同,可将其分为工艺零件和结构零件两类。

(1)工艺零件是指直接参与工艺过程,与毛坯直接发生作用的零件,包括工作零件、定位零件、卸料与压料零件等。

工作零件是直接参与毛坯的变形、分离加工,如凸模、凹模、凸凹模等。

定位零件的作用是控制冲压板料的送进方向和送进距离,保证板料在冲模中的正确位置。定位零件有挡料销、导正销、导尺、定位销、定位板、侧压板和侧刃等。

压料、卸料和顶料零件包括冲裁模的卸料板、顶出器、废料切刀、拉延模中的压边圈等。卸料和顶料零件的作用是将冲压件或废料从模具中排出。拉延模中的压边圈主要作用是防止冲压毛坯发生失稳起皱。

(2)结构零件是指模具中起装配、定位、导向作用的零件,包括导向零件、紧固零件、标准件及其他零件等。

导向零件的作用是保证相对运动的上、下模之间具有正确的位置及良好运动状态的零件。导向零件包括导柱、导套、导筒等。

固定零件包括上模板、下模板、模柄、凸模和凹模的固定板、垫板、限位器、弹性元件、螺钉、销钉等。其作用是使冲压模具零件装配在一起,保证各零件的相互位置,并将冲压模具安装在压力机上。

应该指出,不是所有的冲压模具都必须具备上述各种零件,尤其是单工序模,但是工作零件和必要的固定零件等是不可缺少的。

图4-18、图4-19所示分别为单动液压机上和液压机上覆盖件拉延模的典型结构示意图。单动覆盖件拉延模的凸模6安装在下工作台面上,凹模1固定在压力机的滑块上,为倒装结构,凸模和压边圈之间设有导板5。双动覆盖件拉延模的凸模4固定在与内滑块相连接的固

定座 5 上,凹模 3 安装在工作台面上,为正装结构,凹模和压边圈之间设有导板 2,压边圈 1 安装在外滑块上。安装在压力机滑块上的上模,随滑块作上下往复运动,称为模具的活动部分。下模通过下模座被固定在压力机工作台上,称为模具的固定部分。

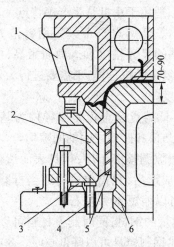

图 4-18 单动液压机覆盖件拉延模
1-凹模;2-压边圈;3-调整垫;4-气顶杆;5-导板;6-凸模

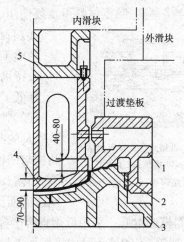

图 4-19 双动液压机覆盖件拉延模
1-压边圈;2-导板;3-凹模;4-凸模;5-固定座

二、低熔点合金模

低熔点合金模是选用低熔点合金作为制造模具的材料,以样件为基准,采用铸造方法制造的冲压模具。低熔点合金一般是指熔点低于 232℃(锡的熔点)的易熔合金,常用的低熔点合金模材料是铋基合金和锡基合金,合金成分和性能见表 4-3,主要用于拉延模、成形模的制造。低熔点合金模铸造时,模具凸模、凹模及压边圈是以样件为分型面同时制造的,制模工艺简单,模具适用于普通薄板金属材料冲压件的小批量生产和新产品试制。

低熔点合金成分和机械性能　　　　表 4-3

名 称	合金成分(%)			熔点(℃)	布氏硬度 HB	抗拉强度(MPa)	抗压强度(MPa)
	铋	锡	锑				
铋基合金	58	42	—	138	18~20	80	87
	57	42	1	136	21	77	95
锡基合金	46	52	2	152	22.5	78	

铋基模具合金和锡基模具合金是以铋、锡为基体的有色合金,合金的熔点低于铋、锡金属熔点,合金成分对低熔点合金性能的影响见表 4-4。低熔点合金熔化后流动性好,具有良好的铸造性能。铋基合金冷凝时体积增大,冷凝膨胀率的大小决定于合金中铋金属的含量,当铋金属的含量大于 55% 时,合金冷凝膨胀,具有较好的补缩和充型能力,所以铋基合金应用较多。

合金元素对低熔点合金性能的影响　　　　表 4-4

元素名称	化学符号	熔点(℃)	冷凝膨胀率	对低熔点合金的影响	备 注
铋	Bi	271	3.32%	提高强度,降低熔点,提高流动性	天然放射性元素
锡	Sn	232	—	提高伸长率,降低熔点,提高流动性	微毒
锑	Sb	630	0.95%	提高强度与硬度,降低冲击值,降低熔点,提高填充性能	有毒

1. 低熔点合金模的特点

低熔点合金模典型结构如图4-20所示,主要由凸模、凹模、熔箱、样件、凸模连接板、压边装置等组成。与钢制模具相比,低熔点合金模具有合金熔点低、流动性好、制模周期短、工艺简单、模具合格率高、制模材料可重复使用、制模成本低、适用于小批量生产等特点。

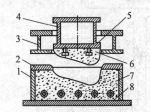

图4-20 低熔点合金模典型结构
1-熔箱壁;2-凹模板;3-压边圈;4-凸模板;5-连接螺栓;6-凸模;7-凹模;8-凹模板

(1)制模工艺简单。低熔点合金模采用铸造方法制造模具,制模工艺简单,模具的尺寸精度和表面质量高,机械加工工时少,特别是对于形状复杂的拉延模,不需要进行大量的机械加工,降低了模具制造难度。

(2)制模周期短。低熔点合金模是以样件为基准,同时制造模具的凸模和凹模,凸模和凹模之间的间隙均匀,不需要进行凸模与凹模的研配及间隙调整等工序,模具表面清晰、光洁,凸模、凹模及压边圈凝固成形后,只需要进行适当打磨即可使用,制造周期比钢制模具可以缩短80%左右。

(3)制模成本低。采用低熔点合金模可以节省大量的钢材,同时制模材料可以重复使用,制模工艺简单,节省了大量的机械加工量,制造成本比钢制模具可以降低60%~80%。

(4)有利于提高冲压件品质。低熔点合金材料强度较低,冲压件在冲压过程中不易出现拉伤、划痕等缺陷,有利于提高冲压件的表面质量。低熔点合金模凸模和凹模之间的间隙均匀,冲压件的几何形状和尺寸精度容易得到保证。

(5)有利于冲压工艺试验。由于冲压件成形质量受到冲压件形状与尺寸、材料性能、冲压设备和冲压模具等多种因素影响,需要通过冲压工艺试验不断修正样件,直至满足冲压件工艺性要求为止。低熔点合金模制模工艺简单、制模周期短,模具修正相对容易,有利于冲压工艺试验,是一种普遍采用的快速制造车身覆盖件样件的冲压模具。

(6)适用于小批量生产。低熔点合金模硬度低,模具使用寿命低。为了提高模具的使用寿命,需要在冲压毛坯剧烈变形流动的部位(如拉延凹模的凹模口、弯曲半径很小的弯曲凸模等)安装钢制镶块。由于模具使用寿命低,因此,低熔点合金模具只适用于小批量生产。

由于上述特点,低熔点合金模在客车车身冲压工艺中得到广泛应用。

2. 低熔点合金模制模工艺

低熔点合金采用铸造方法制造冲压模具,制模工艺分为自铸模工艺和浇铸模工艺两大类。在铸模前应准备好样件、凸模板、凹模板、压料板和连接螺栓等。

自铸模工艺是将熔箱内的合金熔化,浸放样件及凸模连接板,待合金冷却后进行分模,利用样件分隔凸模和凹模的铸模工艺,工艺过程如图4-21所示。如果自铸模在压力机上进行,称为机上自铸造制模;如果不是在压力机上进行,称为机下自铸造制模。

浇铸模工艺是将样件和其他零件预先安装、调整好位置,在型腔内注入熔化合金,待合金冷却后进行分模,利用样件分隔凸模和凹模的铸模工艺,工艺过程如图4-22所示。此过程如果在压力机上进行,称为机上浇铸制模;如果不是在压力机上进行,称为机下浇铸模。

机上制模采用低熔点压力机,在压力机上完成低熔点合金模的铸模成形。低熔点压力机不仅具有压力机相同的机械部分和液压传递部分,而且还有合金熔池及其加热、冷却系统。因此,低熔点压力机即可完成合金的迅速熔化和冷却,制造低熔点合金模,又可进行冲压件的生产。

样件形状尺寸依据模具型腔确定。由于样件的形状与尺寸精度和表面质量直接影响模具型腔的精度和表面质量,因此,铸模工艺要求样件必须有正确的几何形状和精确尺寸以及表面粗糙度,具有足够的强度和刚度,其厚度与冲压件的厚度相符且厚度均匀,合理布置一定数量的合金溢流孔(直径为 3~7mm 的小孔),设计合理的拔模斜度(一般取 1°~3°),满足冲压工艺设计要求。

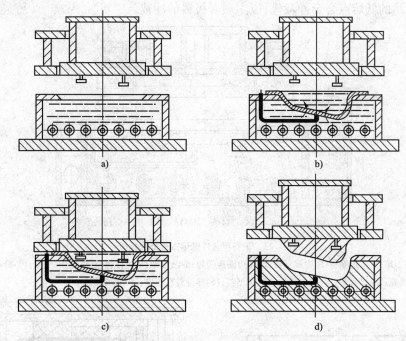

图 4-21 自铸造制模工艺示意图
a)熔化合金;b)放样件;c)合模冷却;d)分模成形

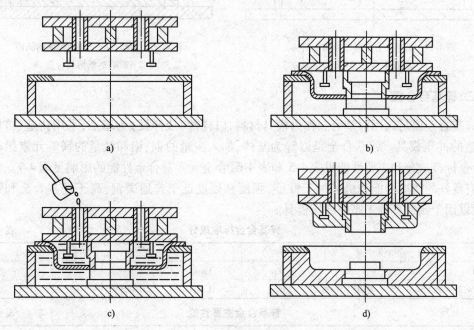

图 4-22 浇铸模工艺示意图
a)铸模型腔;b)放样件;c)浇铸合金;d)分模成形

由于低熔点合金的强度、硬度、耐磨性和韧性较低,所以,低熔点合金主要用于拉延模、成形模的制造,图 4-23 所示为比较典型的车身覆盖件低熔点合金拉延模。在模具受力最大、磨损最严重的部位(如图 4-24 所示的凹模圆角处)嵌上钢块,可以提高低熔点合金模的使用寿命。当低熔点合金用于制造切边模、冲孔模时,模具的刃口部位必须选用高强度钢做为镶块,如图 4-25 所示的低熔点合金冲裁模,以实现对板料的冲裁。

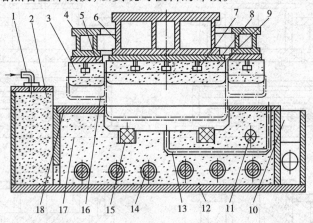

图 4-23 车身覆盖件低熔点合金拉延模
1-进气管;2-副熔箱;3-压边圈;4-压边圈框架;5-压边圈连接板;6-凸模架;7-螺钉;8-凸模板;9-凸模;10-冷却水箱;11-测温装置;12-主熔箱;13-排气管;14-电加热器;15-顶出器;16-样件;17-凹模;18-凹模板

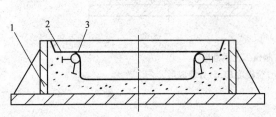

图 4-24 低熔点合金模凹模镶钢结构
1-熔箱;2-样件;3-镶钢

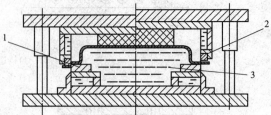

图 4-25 低熔点合金冲裁模镶钢结构
1、2-镶钢;3-低熔点合金

三、锌基合金模

锌基合金模是选用锌基合金作为模具材料,以样件(或样模)为基准,采用铸造、挤切等方法制造的冲压模具。锌基合金是以锌为基体,加入少量的铜、铝和微量的镁等元素组成的合金,合金标准成分和主要性能见表 4-5 和表 4-6,合金元素对合金性能的影响见表 4-7。锌基合金具有良好的铸造性能和机械加工性能,强度和硬度低于普通碳钢,高于铋基合金和锡基合金,可以用于制造多种工序的冲压模具。

锌基合金标准成分　　　　　　　　　　　表 4-5

合金元素(%)				杂质元素(%)			
Al	Cu	Mg	Zn	Pb	Cd	Fe	Sn
3.9~4.2	2.85~3.35	0.05~0.08	其余	<0.003	<0.001	<0.02	微量

锌基合金主要性能　　　　　　　　　　　表 4-6

密度(g/cm³)	熔点(℃)	凝固收缩率(%)	抗拉强度(MPa)	抗压强度(MPa)	布氏硬度(HB)	延伸率(%)
6.7	380	1.1~1.2	240~300	500~600	120~130	2.5

合金元素对锌基合金性能的影响　　　　　　　　　　　表 4-7

元素名称	化学符号	熔点(℃)	对锌基合金的影响	备注
铝	Al	660	增加流动性,细化晶粒,提高强度,降低锌对铁的反应能力	资源丰富
铜	Cu	1083	提高硬度和强度,改善抗磨损性能,减少晶间腐蚀	资源丰富
镁	Mg	649	减少晶间腐蚀,细化合金组织,提高强度,改善抗磨损性能	轻金属

锌基合金模采用铸造、挤切等方法制造,模具型腔表面一般不需要进行机械加工,制模工艺简单,周期短,适合于新产品的试制和中、小批量冲压件的生产,是一种快捷、经济的冲压模具。

目前,锌基合金的熔炼工艺有直接熔炼法和中间合金熔炼法两种方法。直接熔炼法是将 Zn、Cu、Al 按其成分比例倒入坩锅直接进行熔炼的方法。中间合金熔炼法是先将铜、铝熔炼成中间合金,然后将锌与中间合金配制成锌合金。中间合金熔炼法可减少合金元素的氧化、烧损和金属熔液过热,便于控制合金化学成分,缩短熔炼时间。

1. 锌基合金模的特点

与钢制模具相比,锌基合金具有制模工艺简单、周期短、成本低、合金材料可重复使用等优点,特别适合于制造薄板普通材料的大型拉延模和冲裁模。

(1)制模工艺简单、周期短、成本低。锌基合金熔化温度在 420~450℃ 之间,熔化和浇铸容易控制,工艺简单,操作方便。锌基合金流动性好,型腔光洁,一般不需要进行机械加工和研磨加工,节省了大量的制模加工量,并且模具的工作部分不需要热处理,制模周期与钢制模具相比可以缩短 30%~40%。锌基合金材料价格低,熔化温度低,消耗能量少,制模工艺简单,设备投资小,合金材料可以重复使用,制模成本与钢制模具相比可以减少 30%~40%。

(2)模具性能优良。锌基合金流动性好,制模精度较高,表面粗糙度较小。锌基合金模具有一定的强度、硬度和耐磨性,使用寿命高于低熔点合金模。锌基合金具有抗黏结性和自润滑性能,在冲压过程中不会划伤冲压件表面,有利于保证冲压件表面质量。锌基合金冲裁模具有自动调整和补偿凸、凹模合理间隙的功能,冲裁件断面质量容易得到保证。

(3)锌基合金可用于制造多种冲压模具。锌基合金不仅广泛应用于成形模、拉延模、弯曲模的制造,在模具适当部位采用镶钢,还可以制造冲裁模、切边模。锌基合金模的主要工作零件以及卸料板、压边圈和上、下模板、导向板等模具结构件都可以采用锌基合金制造。

(4)能耗少,污染小,有利于环保。锌基合金材料制造过程消耗能量少,合金材料又可以重复使用,节省了资源。合金在熔炼和浇铸过程中,对环境污染小,操作人员的工作环境良好。因此,锌基合金具有良好的环保性能,符合环境可持续发展的要求。

与钢制模具相比,锌基合金模也存在着明显的不足:

(1)锌基合金模的耐磨性比钢制模具差,模具使用寿命相对较短。

(2)锌基合金在冷凝时有 1%~2% 的收缩率,即不适合于制造精度要求高的弯曲模、成形模,又需要采取一些技术措施控制锌基合金冷却速度的一致性,防止模具的变形甚至开裂。

(3)锌基合金模的硬度较低,不能承受过大的变形力或变形时因坯料起皱而增厚而产生的挤压变形力。

2. 锌基合金模制模工艺

1)锌基合金冲裁模制模工艺

锌基合金冲裁模采用浇铸法、挤切法、镶拼法等方法制造。其结构形式式与普通钢制模具基本相似,通常凸模采用钢质材料,而凹模采用锌基合金材料。

(1)浇铸法。

浇铸法直接以制成的工具钢凸模为模芯,按凹模外轮廓尺寸制造凹模框,将熔化的锌基合金注入内有模芯的凹模框内,冷凝后取出凸模,制成凹模。浇铸法分为直接在模架内浇铸凹模的模内浇铸法和在模架外平台上浇铸凹模的模外浇铸法两种。

模内浇铸法主要用于形状轮廓简单、中小尺寸的各种锌基合金冲裁模制造。由于合金用量较少,浇铸时合金温度对模架的变形影响不大。制模工艺过程参见图4-26,先将钢制凸模2通过凸模固定板安装在上模座1上,然后在下模座上安放凹模框3,并在模框外侧周边填上湿砂5压实,以防熔化合金外泄;在凹模框中放置漏料孔模芯4,对准预热的凸模(150~200℃),并调整凸模的高度;将已熔化的锌基合金(420~450℃)注入模框,直至所需的高度,待合金温度冷凝至200℃左右时,取出凸模,随后急冷凹模以提高机械性能。取出漏料孔模芯后,铣削合金凹模上表面,加工螺钉孔、销孔,再将凹模安装到下模座6上。最后用钢凸模刃口挤切因冷凝而缩小的合金凹模孔刃口,形成无间隙状态的冲裁模具。试冲时先从薄板件开始,逐步加厚板件厚度,直至形成合理的冲裁间隙。

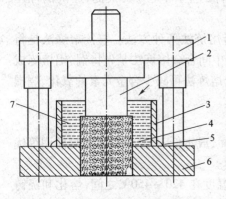

图4-26 模内浇铸
1-上模座;2-凸模;3-凹模框;4-漏料孔模芯;
5-细砂;6-下模座;7-浇铸锌基合金凹模

模外浇铸法是在模架外浇铸凹模成形,成形凹模经过加工、修整后再安装到模架上的方法,适用于中型锌基合金冲裁模制造,合金用量一般在20~30kg以上。采用这种方法可以避免浇铸时温度对模架的影响。模外浇铸又可分为正向浇铸(图4-27)和反向浇铸(图4-28)。模外正向浇铸的方法和模内浇铸的制模工艺基本相同。

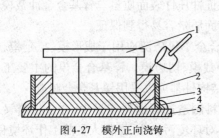

图4-27 模外正向浇铸
1-凸模;2-凹模框;3-漏料孔模芯;4-细砂;5-平板

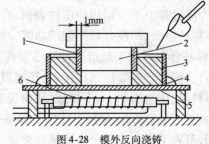

图4-28 模外反向浇铸
1-铝板;2-凸模;3-凹模框;4-细砂;5-平板;6-预热器

模外反向浇铸工艺过程为先将钢制凸模2的上部用厚度为1mm的铝板包裹,放在平台5上,放置凹模框3,并在其周边填满细砂4;预热器6通电,预热平台、凸模和凹模框,当预热温度为150~200℃时,切断电源;将熔化的锌基合金(420~450℃)注入凹模框,合金温度冷凝至200~250℃时,从凹模中取出凸模;成形的锌基合金凹模在200℃以下浸入5%的食盐水中淬硬,经快速冷却后,凹模的工作表面硬度可以达到120~130HB。模具的加工修整、装配试模过程与模内浇铸锌基合金凹模方法相同。

模外正向浇铸和反向浇铸的差别:采用正向浇铸得到的凹模工作表面在顶部,而采用反向浇铸则凹模工作表面在底部。采用正向浇铸时,铸造过程中产生的浮渣、气孔集中到凹模刃口附近,需要切除较多的合金才能获得满意的刃口质量,这种方法适用于形状复杂的大尺寸模具制造。采用反向浇铸时,位于底部的锌基合金凹模表面与钢制平板相接触,冷凝较快,能够获得较细的晶粒组织、较平整光滑的表面和较高的硬度。但采用这种方法对已淬火的凸模刃口表面的硬度有轻微的影响,刃口硬度一般降低 2~3HRC。反向浇铸法适用于制造形状复杂的中、小尺寸锌基合金冲裁模。

(2) 挤切法。

挤切法是利用钢制凸模的硬度比锌基合金材料高的特点,用淬火的钢制凸模对锌基合金凹模坯料进行挤切切削,获得凹模刃口的制模方法。采用挤切法获得的凸、凹模初始间隙为零,且分布均匀一致,为冲裁时获得动态平衡间隙创造了必要的条件。这种制模方法简单、质量好,主要用于加工孔形复杂或多孔的锌基合金冲裁模,但挤切法的加工量比浇铸法大。

(3) 镶拼法。

镶拼法是将模具工作零件分块制造、拼接安装的制模方法,主要用于大型冲压模具、车身覆盖件的落料、修边模具等的制造。对于大型冲压件,采用镶拼结构有利于减少合金冷凝时产生的收缩变形对模具制造精度的影响。

2) 锌基合金成形模制模工艺

锌基合金可以制造弯曲模、拉延模以及其他各种成形模具。简单形状的弯曲件如 V 形、U 形件,模具制造可以直接利用模框浇铸成模块,通过机械加工制成凸、凹模,然后装配成模具。形状复杂的锌基合金弯曲模、拉延模及其他成形模的制模方法有石膏型制模、砂型制模、样件制模、液态金属挤压制模等等。对于尺寸较小的模具通常采用石膏模型制模,对尺寸较大的模具通常采用样件制模。

(1) 石膏型制模工艺。

先根据计算确定的尺寸制作木质的凸模模型,然后浇铸石膏获得锌基合金凸模的石膏凹型;石膏凹型干燥后涂上分模剂,再重浇一次,获得石膏凸型;将熔化的锌基合金注入烘干的石膏凹型内,得到锌基合金凸模;凹模模型以石膏凸型为基准,添加与零件材料厚度相等的补偿层,获得石膏型芯模型,烘干后浇铸获得锌基合金凹模。

(2) 砂型制模工艺。

锌基合金模具的砂型制模工艺与有色金属铸造工艺基本相同。先根据制件图纸计算制作木质的凸模模型;在木模上敷贴一层相当于制件厚度的铅皮、蜡板或黏土类材料,翻制一个石膏凹模过渡型,凝固后烘干;将木模放入砂箱,填入型砂并造型,熔化合金然后浇铸锌基合金凸模;用石膏过渡模型制作凹模砂型,浇铸锌基合金凹模;修整成形的锌基合金凸模和凹模。

3. 锌基合金典型结构

锌基合金模具的结构和普通钢制冲压模具类似,有单工序模(通常凹模采用锌基合金)、复合模(通常落料凹模采用锌基合金)和级进模(通常落料凹模采用锌基合金)。图 4-29 所示为锌基合金冲孔落料复合模,落料凹模 15 采用锌基合金,冲孔凸模 5 和凸凹模 12 采用钢质材料。图 4-30 所示为客车顶通风窗盖锌基合金成形切边复合模,成形凹模 14 采用锌基合金,切边凸模 5、切边凹模 3 和成形凸模 10 采用钢质材料。

四、聚氨酯橡胶模

聚氨酯橡胶模是指采用聚氨酯橡胶作为模具的凸模或凹模,对板料进行加工的冲压模具。装有聚氨酯橡胶的容框和钢制凸模(或凹模)是聚氨酯橡胶模的基本工作零件。冲压时,聚氨酯橡胶产生压缩变形,其变形压力使板料产生塑性变形或分离,从而获得所需要的合格制件。

聚氨酯橡胶是一种新型的高分子弹性材料,具有一定的强度和硬度、良好的耐磨性和机械加工性能,同时具有较好的耐磨、耐油、耐老化和抗撕裂性能,除了用于制造模具的凸模或凹模外,还可以作为弹性元件用于冲压的卸料、压边和顶件。聚氨酯橡胶可用于制造冲裁模、弯曲模、拉延模和成形模等冲压模具,通常采用浇铸型聚酯型聚氨酯橡胶作为制模材料。

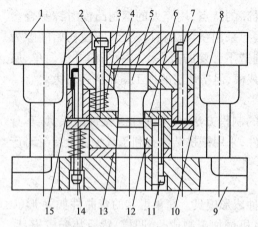 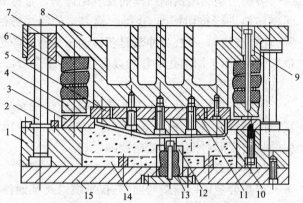

图4-29 锌基合金冲孔落料复合模
1-模座;2-螺钉;3-弹簧;4-凸模固定板;5-冲孔凸模;6-顶件器;7-螺钉、销钉;8-导柱、导套;9-下模座;10-卸料板;11-螺钉;12-凸凹模;13-垫板;14-卸料螺钉;15-锌基合金落料凹模

图4-30 顶通风窗盖成形切边复合模
1-凹模座;2-导柱;3-切边凹模;4-压边圈;5-切边凸模;6-压边橡胶;7-导套;8-上模座;9-螺钉;10-成形凸模;11-凸模垫板;12-顶件柱;13-顶件橡胶;14-锌基合金凹模;15-下模座

聚氨酯橡胶模的特点是结构简单,制造方便,生产周期短,成本低,而且制件精度容易得到保证,成形过程中不会划伤工件表面、质量好,适用于新产品的试制及中小批量冲压件的生产。

1. 聚氨酯橡胶冲裁模

聚氨酯橡胶冲裁模主要由钢制的凸模(或凹模)及压边圈和一个装有聚氨酯橡胶模垫的容框组成。冲裁时,容框内的聚氨酯橡胶在封闭状态下受压变形,各方向所受的单位压力相等,其变形压力压紧板料并迫使板料沿凸模或凹模刃口周边产生裂纹,直至断裂分离。

容框的型腔应与制件的外形相似,容框尺寸每边比钢制凸模大0.5~1.5mm,板料薄则取小值。为了提高聚氨酯橡胶压缩时的单位压力,容框型腔应比聚氨酯橡胶模垫略小,一般保持聚氨酯橡胶装入时有0.2~0.4mm过盈量。冲裁用聚氨酯橡胶模垫的邵氏硬度为90~95A,厚度一般为12~15mm,冲压过程中聚氨酯橡胶的压缩量不超过30%。模垫压入容框后与容框一起磨平。

图4-31所示为聚氨酯橡胶冲裁模,凹模为聚氨酯橡胶模垫4,凸模采用钢质材料。聚氨酯橡胶冲裁模可以冲裁各种复杂形状的外形、内孔和型槽以及冲孔-落料复合冲裁。由于凸、凹模间隙为零,很适宜冲裁薄板材料。

2. 聚氨酯橡胶弯曲模

聚氨酯橡胶弯曲模一般采用钢制凸模,聚氨酯橡胶用作凹模。对于V形件和U形件,由于弯曲时变形区较集中,一般采用敞开式凹模,如图4-32所示为通用V形件正弯曲模的结构。底板中间开槽可以减轻聚氨酯橡胶的局部压应力,提高模具的使用寿命。将聚氨酯凹模设于下模称为正弯曲,这种结构制造简单、操作方便,比较常用。

聚氨酯橡胶可以用于各种形状的弯曲成形,如图4-33所示的U形弯曲模属于半模的结构形式,弯曲凸模采用钢制模,而凹模只是一个橡胶模垫,可以用于弯曲一定尺寸范围内的各种形式的弯曲件。在橡胶模垫的下方两侧放置不同尺寸和形状的成形棒,形成了一个成形空间,这种成形空间有利于橡胶模垫的流动变形,增加对弯曲变形区的单位压力,减少弯曲件的回弹。在容框上方装有橡胶模垫盖板,提高了橡胶模垫对 U 形件直壁部分的压力,也可减少弯曲件的回弹变形,提高 U 形件的弯曲质量。

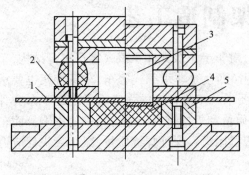

图 4-31 聚氨酯橡胶冲裁模
1-板料;2-压边圈;3-凸模;4-橡胶模垫;5-容框

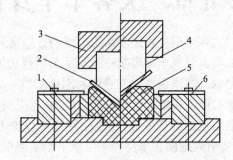

图 4-32 聚氨酯橡胶 V 形弯曲模
1-容框;2-V 形件;3-上模座;4-凸模;5-橡胶模垫;
6-底板

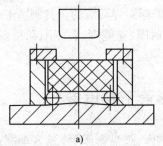 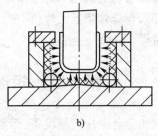

a)   b)

图 4-33 聚氨酯橡胶 U 形弯曲模
a)模具结构;b)弯曲成形

第五章　大客车车身骨架制造工艺

大客车车身骨架多采用矩形钢管焊接而成。对于半承载式和承载式客车车身结构，车身骨架与车架或车身底架一起承受车辆载荷的作用（即使是非承载式客车，车身骨架也要承受一定载荷的作用），对其强度和刚度都有一定的要求。车身骨架的强度除了决定于车身骨架的结构形式和矩形管断面尺寸以外，还受到焊缝质量和焊接接头处应力集中的影响。而车身骨架出现的早期断裂，多发生在接头焊缝上或焊缝附近。保证焊缝质量，减小接头处应力集中，可有效地防止车身骨架出现早期断裂现象。

在车身装配中，车身骨架又是车身装配的基础部件，它的尺寸和形状误差直接影响车身装配件的安装。因此，在车身骨架制造过程中，必须对骨架尺寸和形状误差进行有效地控制，满足骨架组焊精度要求。

车身骨架是在焊接胎具上采用 CO_2 气体保护焊组焊而成的。其制造工艺过程包括矩形管下料、矩形管弯曲成形、车身骨架五大片（前围、后围、左侧围、右侧围和顶盖骨架）的组焊和车身骨架五大片合装组焊。

第一节　矩形管下料设备

砂轮锯片切割机和合金锯片切割设备（带锯床、圆盘锯床等）是客车制造企业广泛使用的两种矩形管下料设备。砂轮锯片切割机适用于数量较少、精度要求较低的矩形管下料及切割。在下料数量较多、设备使用率较高的情况下，采用合金锯片切割设备对矩形管进行切割下料。

一、砂轮锯片切割机

砂轮锯片切割机利用砂轮锯片切割矩形管，多用于下料数量较少、设备使用率较低的情况。手动进给的砂轮锯片切割机（图5-1）多是利用活动钳体上的旋转手柄，使活动钳体相对固定钳体移动，实现对矩形管的夹紧。矩形管夹紧的另一种形式是利用液压装置实现对矩形管的自动夹紧。在切割矩形管时，随着砂轮锯片切割机手柄的下移，液压系统中的行程开关被触动，液压缸推动活动钳体向前移动，对矩形管进行夹紧。矩形管切割后，砂轮锯片切割机的手柄上移，液压缸又推动活动钳体向后移动，解除对矩形管的夹紧。与手工制作夹紧方式相比较，液压装置夹紧方式使矩形管下料操作更加简便。

如果活动钳体和固定钳体在夹钳座上可以平面转动，就能改变钳口与锯片之间的角度，实现对矩形管任意角度的切割。矩形管的下料尺寸由下料装置上的定位块位置确定，改变定位块到切割机钳口的尺寸，便可改变矩形管的下料尺寸。

图5-1　砂轮锯片切割机

砂轮锯片切割机基本上能满足矩形管少量下料的生产需要，但存在着噪音大、粉尘污染严重、切口毛刺多等缺陷，并且生产效率和下料尺寸精度也较低。

二、合金锯片切割设备

合金锯片切割设备采用合金锯片切割矩形管。采用数控圆盘锯床加工矩形管,切削断面平整、无毛刺,没有噪音和粉尘污染,实现对矩形管任意角度的切割容易,可以实现数组矩形管同时切割下料,生产效率高,是一种客车制造企业广泛使用的矩形管下料设备。但设备价格高,适用于下料数量较多、设备使用率较高的情况。

半自动带锯床(图5-2)下料精度高,切割断面毛刺小,切割速度快,生产效率高。图5-2所示的半自动带锯床,锯条切割线速度为27~68m/min,切割能力为300mm×250mm,可数组矩形管同时切割下料,下料尺寸及切割速度等切割工艺参数调整方便,切割断面的垂直度小于0.2mm。由于锯条上锯齿呈粗细间隔排布,所以切割时振动及噪声小。半自动带锯床需要人工送料,适用于切割角度为直角的矩形管下料。

数控圆盘锯床(图5-3)操作使用方便,生产效率高,下料精度好,切割断面光洁,切割范围广,可实现任意角度切割矩形管。图5-3所示的数控圆盘锯床,动力头和锯片隐藏在工作台之下,锯片由下至上切割矩形管;工作台面

图5-2 半自动带锯床

可作±90°旋转,数控系统控制角度转动大小,精度为±0.01°,一次可输入30组(每组两个)角度,同时可输入每一组角度的切割次数;在长度方向设有数控定尺系统,最大设定尺寸为6mm,精度为0.1mm;锯片采用ϕ400mm的全钢锯片,齿数在92~120之间,切割线速度为11~28m/min,走刀进给速度无级调速。可切割各种断面形状的多种金属材料,实现任意角度切割矩形管方便。

对于矩形管弯曲件,由于曲率半径和切割角度变化较大,需要采用双头圆盘锯床(图5-4)才能满足构件两端同时切割的要求。双头圆盘锯床是两台单头锯床的组合,一台锯床为固定式,另一台单头锯床为可移动式。图5-4所示的双头圆盘锯床,机床为半自动型,锯片从上而下切割矩形管,切割速度可无级调速以适应不同材料的切割要求,液压自动夹紧构件。两机头可旋转360°,机座调节范围为0.7~3.0m,可根据下料尺寸和角度要求调节两机座间距和机头角度,在两机头之间加装夹具靠模,两机头即可独立使用,也可联动,生产效率高,适用于各类异形管件的最终切头加工。

图5-3 数控圆盘锯床　　　　图5-4 双头圆盘锯床

对于三维空间矩形管弯曲件的切头加工,需要配备专用夹具,在普通万能铣床上用锯片铣刀切割完成。

第二节 矩形管的弯曲成形

矩形管弯曲成形时,在外载荷的作用下,矩形管侧壁变形区的外层金属产生切向拉应力和切向伸长变形,内层金属产生切向压应力和切向压缩变形。矩形管侧壁变形区的应力如图5-5所示。变形区的应力和变形程度随弯曲半径的减小而增加。矩形管的弯曲变形由塑性弯曲变形和弹性弯曲变形两部分组成,并且弯曲半径越小,弹性变形所占的比例越小。

在矩形管弯曲加工成形的时,如果矩形管的弯曲半径小,变形区的内外层金属在切向和宽度方向产生很大的变形,引起矩形管变形区断面畸变。如果矩形管变形区内部没有任何支承,变形区的内层金属在很大压应力的作用下,产生失稳起皱。例如矩形管采用弯曲模弯曲成形时,当弯

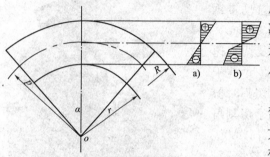

图5-5 矩形管侧壁变形区内切向应力的分布
a)弹性弯曲;b)弹-塑性弯曲

曲半径小于10H~12H(H 为矩形管高度),变形区内侧产生明显地折皱,严重影响弯曲件的质量。

当矩形管弯曲半径大时,弹性变形在弯曲变形中所占的比例比较大。在卸载过程中,弹性变形消失,弯曲件产生弹复变形,使弯曲件的曲径半径和弯曲角在卸载前后发生很大变化,从而影响弯曲件的几何精度。

矩形管弯曲件可采用的弯曲成形方法主要有弯管机弯曲成形、弯曲模压制成形和滚压弯曲成形等方法。对于弯曲半径 r 小($r = 200 \sim 300$mm)的矩形管弯曲件,可采用弯管机弯曲成形;对于弯曲半径 $r > 500$mm 的矩形行弯曲件,可采用弯曲模压制成形。

一、弯曲模压制成形

弯曲半径大的矩形管弯曲件采用弯曲模压制成形时,在弯曲变形中,弹性变形所占的比例比较大。卸载后,塑性变形保留下来,弹性变形会完全消失,弯曲件发生与加载时变形方向相反的弹复变形,使弯曲件在卸载前后的弯曲半径产生很大差异。

实际上,卸载前的弯曲件弯曲半径就是弯曲模凸模或凹模半径。当希望卸载后的弯曲半径与矩形管弯曲件的设计弯曲半径相同时,如何利用弹复变形规律和确定实际因素的影响,根据弯曲件的设计弯曲半径,合理确定弯曲模凸模或凹模的曲率半径,是保证弯曲件几何精度的关键。

1.卸载过程中变形区应力的变化规律

弹复变形产生在卸载过程中,为了研究和掌握弹复变形规律,首先分析矩形管变形区在卸载过程中应力的变化规律。

矩形管在加载弯矩 M 的作用下,侧壁断面上的切向应力分布如图5-6a)所示。假设在加载弯矩 M 的相反方向加上一个假想的弹性弯矩 M_S(也称卸载弯矩),其大小与加载弯矩相等,即 $M = M_S$。这时矩形管弯曲件所受的外力矩之和 $M - M_S = 0$,这就相当矩形管弯曲件从弯曲

模中取出后不承受任何外力作用的自由状态。假想的弹性弯矩在侧壁断面内引起的切向应力的分布如图5-6b)所示。加载弯矩 M 和假想弹性弯矩 M_s 在侧壁断面内的合成应力,便是卸载后弯曲件处在自由状态下断面内的残余应力,如图5-6c)所示。

2. 弹复变形的计算公式

卸载过程中的弹复变形,表现为弯曲件的曲率和角度的变化。如图5-7所示,用 ρ、α、r 分别表示弹复变形前中性层的曲率半径、弯曲角和弯曲件内表面的圆弧半径;用 ρ'、α'、r' 分别表示弹复变形后中性层的曲率半径、弯曲角和弯曲件内表面的圆弧半径。

图5-6 卸载过程中侧壁变形区应力的变化

在弯曲加载和卸载过程中,矩形管变形区外表面金属所受的应力和产生的变形按图5-8所示的曲线变化。折线 OAB 正表示加载过程,线段 BC 表示卸载过程。在卸载过程结束时,矩形管变形区外表面金属因弹复变形产生的弹性应变 ε_{sp} 值可由图5-8中曲线的卸载部分所表示的应变之间的关系得到,其值为

$$\varepsilon_{sp} = \varepsilon_{be} - \varepsilon_{re} \tag{5-1}$$

式中:ε_{be}——卸载前外表面应变值;

ε_{sp}——卸载过程中产生的弹性应变值;

ε_{re}——卸载后外表面的残余应变值。

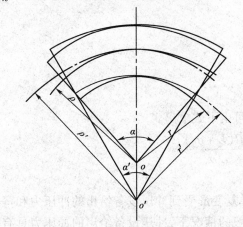

图5-7 弯曲变形的弹复

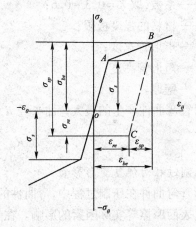

图5-8 弹复时的应力与应变

卸载前后外表面的应变值由下式求得

$$\varepsilon_{be} = \frac{H}{2\rho}$$

$$\varepsilon_{re} = \frac{H}{2\rho'}$$

式中:H——矩形管的高度。

卸载过程中产生的弹性应变值为

$$\varepsilon_{sp} = \frac{M_s H}{2EI} = \frac{MH}{2EI}$$

式中:M_s——卸载弯矩,其值等于加载弯矩 M;

I——截面惯距;

E——材料弹性模量。

将 ε_{be}、ε_{sp}、ε_{re} 计算式代入公式(5-1)，可得到卸载前后弯曲件中性层曲率半径之间关系式

$$\rho = \frac{\rho'EI}{EI + M\rho'} \tag{5-2}$$

其中加载弯矩 M，由下式求得

$$M = M_S' = W\sigma_{sp} = mW\sigma_s$$

式中：W——抗弯截面系数；
　　　σ_{sp}——卸载应力；
　　　m——相对弯矩；
　　　σ_s——材料的屈服强度。

相对弯矩 m 表示塑性弯矩和弹性弯矩的比值，对于 Q235 钢，$m = 1.2 \sim 1.5$。
卸载前后弯曲件中性层弯曲角的差值 $\Delta\alpha$ 称为弹复角。则弹复角为：

$$\Delta\alpha = \alpha - \alpha'$$

根据卸载前后弯曲件中性层的长度 L 不变条件，即 $L = \rho\alpha = \rho'\alpha'$，求得弹复角

$$\Delta\alpha = \rho\alpha(\frac{1}{\rho} - \frac{1}{\rho'}) = \frac{M}{EI}\rho\alpha = \frac{M}{EI}\rho'\alpha' = \frac{ML}{EI} \tag{5-3}$$

矩形管的弯曲力 P 一般可采用下述经验公式计算。

$$P = K[bH - (b-2t)(H-t)]\sigma_b \tag{5-4}$$

式中：K——系数，取 $K = 0.3 \sim 0.6$；
　　　σ_b——材料的强度极限；
　　　b——矩形管宽度；
　　　H——矩形管高度；
　　　t——壁厚。

矩形管弯曲件产生的最大弯曲半经 R_{max} 可由下式求出。

$$R_{max} = \frac{H(E + \sigma_s)}{2\sigma_s} \tag{5-5}$$

3. 压制过程对弹复变形影响

矩形管弯曲件在压制过程中，弯曲件的弹复变形受到冲压设备给出的冲压力和弯曲件表面与模具表面摩擦等实际因素的影响。在一般的情况下，冲压设备给出的冲压力具有一定的校形作用，在一定程度上超过弯曲变形所需的力，使弯曲变形区的应力状态不同于纯弯曲时变形区的应力状态。由于校形作用，弯曲件的弹复变形将小于理论计算值。矩形管表面与模具表面的摩擦力也可以在一定程度上改变变形区的应力状态。在大多数情况下，摩擦可以增大弯曲变形区的拉应力，使弯曲件的形状更接近于模具的形状，从而使卸载过程中的弹复变形减小。

弯曲件的弹复变形除受到冲压力和摩擦的影响外，还受到如冲压速度、断面尺寸制造误差等多种因素的影响。这些影响因素的影响程度决定了实际压制因素的影响结果。在一般情况下，实际压制因素的影响使弯曲件的弹复变形减小，其减小量决定于诸因素的影响程度。

弯曲模压制成形工艺采用四柱式压力机，安装不同曲率的模具，压制成形曲率半径大的矩形钢管弯曲件，如侧围骨架立柱、顶盖骨架横梁等。弯曲模的结构形式如图5-9所示，主要由凸模、凹模、上模板、下模板、垫板和侧板组成。

弯曲模压制成形工艺的特点是效率高，适合批量生产。缺点是对管材的材质要求高；对不

同曲率的弯曲件,需制作不同的模具,模具投入量较大;当压制不同批次的材料时,若矩形管弯曲件在卸载过程中的弹复变形量不同,模具难以调整。

二、弯管机弯曲成形

矩形管弯曲件在弯曲半径小于 $10\sim 12H$(H 为矩形管的高度)时,如果采用弯曲模压制成形,在变形区内侧,必然产生失稳起皱,严重影响弯曲件的强度、刚度和外观质量。因此,在生产中采用弯管机加工这类弯曲件。采用的加工方法有拉弯、折弯、模芯弯曲和辊弯等方式,以达到减小或消除变形区内侧折皱的目的。

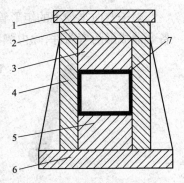

图5-9 弯曲模简图
1-上横板;2-垫板;3-凸模;4-侧板;
5-凹模;6-下模板;7-制件

拉弯是将弯曲过程中产生的拉力作用在矩形管上,使变形区内侧不产生折皱的一种加工方式(图5-10)。由于拉力的作用,改变了变形区的应力状态(图5-11),使内侧压应力减小从而控制了内侧产生折皱的倾向。矩形管可在专用的拉弯机上进行拉弯,加工弯曲半径较小的弯曲件,由于卸载后弹复变形小,精度容易保证。如果弯曲模回转中心移动,可以得到曲率半径不同的弯曲件。

折弯是弯曲件在回转模的作用下,绕固定弯曲模进行弯曲的一种加工方式(图5-12)。它是利用固定弯曲模对变形区内侧的支承和弯曲模的夹紧作用,来减小或消除内侧产生折皱的现象。但是弯曲半径不能太小,否则内侧也将产生折皱。

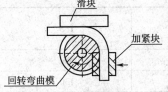

图5-10 拉弯加工

模芯弯曲是在矩形管内填充某种材料,使变形区成为一个实体,绕弯曲模进行弯曲的一种加工方式。模芯在矩形管的内部起支承和改变变形区应力状态的作用,可以有效地防止内侧产生明显折皱。常用于弯曲半径为 $200\sim 300mm$ 的矩形管弯曲件的弯曲成形。这种弯曲方法要求模芯:

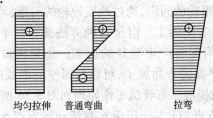

图5-11 拉弯时断面应力分布

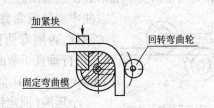

图5-12 折弯加工

(1) 容易放入矩形管内,并实现密实的填充,弯曲后易于取出;
(2) 具有足够的刚度,以支承矩形管侧壁和改变变形区的应力状态;
(3) 不妨碍矩形管的弯曲成形。

目前,生产中常用的模芯是链式模芯(图5-13a)和成形模芯(也称直杆式模芯,图5-13b)。图5-14是利用成形模芯弯曲矩形管示意图。

由于链式模芯和成形模芯不可能在矩形管内实现紧密的填充,必然存在一定的间隙。所以,利用链式模芯弯管机弯曲成形的矩形管弯曲件,其内侧有轻微的折皱。而成形模芯弯管机因模芯不在弯曲的圆弧部位,间隙可适当减小,弯曲成形的弯曲件内侧有比利用链式模芯弯管机弯曲更小的折皱。

对于弯曲半径小的矩形管弯曲件,模芯弯管机是比较理想的弯曲成形设备。利用这种设备弯曲成形的弯曲件,除内侧有几处轻微的凹坑外,其余三面均无折皱、无扭曲。

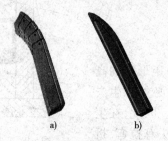
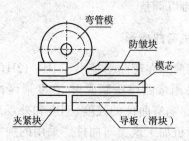

图 5-13　弯曲模芯
a)链式模芯；b)成形模芯

图 5-14　成形模芯弯曲示意图

矩形管弯曲件由于受到材料强度和产生折皱的限制,存在着弯曲成形极限,即最小弯曲半径。最小弯曲半径因加工方式、加工设备不同而有差异。在采用模芯弯管机弯曲成形时,矩形管弯曲件的最小弯曲半径如表 5-1 所示。

矩形管弯曲件最小弯曲半径(mm)　　　　　表 5-1

高度尺寸(mm) \ 壁厚尺寸(mm)	2	1.75	1.5
30	90	90	95
40	125	125	130
50	185	200	220
60	225	245	—

三、滚压弯曲成形

滚压弯曲成形是利用 3 个辊轮对矩形管进行弯曲加工(图 5-15)。辊轮的配置方式分为角锥型和夹紧型两类。成形靠模或液压缸控制辊轮的间距,通过改变辊轮的间距,可以进行任意曲率半径弯曲件的弯曲加工。但是这种方法的弯曲半径有一定的限度,否则弯曲件内侧将产生明显的折皱。如果再设置一组辊轮,进行垂直于弯曲平面的弯曲加工,可以获得空间曲线的弯曲件。YXGWK-100-3D 型数控液压弯管机工作原理如图 5-16 所示。

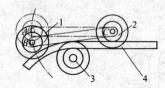

图 5-15　滚压弯曲加工示意图
1-动辊轮；2-定辊轮；3-靠辊轮；
4-矩形管

小压滚(固定铰支点)11 与 z 压滚 6 及活动铰支点 5 组成刚性三角形,固定铰支点 11 与床身 3 相连,活动铰支点 5 与 y 方向油缸 4 相连,当 x 方向油缸 13 推动管料向左送料时,y 方向油缸 4 向前推出,通过活动铰支点 5 带动刚性三角架围绕固定铰支点 11 旋转,使 z 压滚 6 压住管件,通过 z 压滚 6 和管件相对位置的变化,完成对管件在 y 方向(车身坐标 x 方向)的弯曲。与此同时,z 压滚 6 在 z 向油缸 2 的作用下,沿转轴上下滑移,同步完成管件在 z 方向的弯曲。在对于不同的管截面进行弯曲时配以不同的穿芯,以保证在弯曲曲率较大的部位时,管壁不产生明显的凹陷。

该机床由微机控制,油路系统装有液压伺服阀,x 向、y 向和 z 向均装有位移传感器,在弯形中保证三个方向的位移量符合全程曲线的坐标值,如有不对,计算机能及时得到反馈进行调整。如 y 方向平面弯曲模型(图 5-17),其弯曲模型曲线:y 方向的值越大,表示弯曲曲率越大;

反之则越小。y 值大小的确定,只需每种规格的管件弯制一根样板管件,就可获得相关数据,并且这些数据已包含了该规格材料的回弹量。计算机上首先显示红色的理论弯曲模型曲线(包含回弹量),绿色的实际弯曲模型曲线完全覆盖红色曲线,表示构件弯曲符合要求,如有未覆盖处,则表示该处有误,需对模型进行校正。

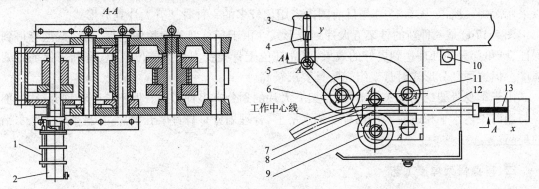

图 5-16 YXGWK-1-3D 型弯管机工作原理图

1-z 向位移传感器;2-z 向油缸;3-床身;4-y 向油缸;5-活动铰支点;6-z 压滚;7-支承滚子;8-导向式托料架;9-大压辊;10-x 向位移传感器;11-小压滚(同定铰支点);12-矩形管;13-x 向油缸

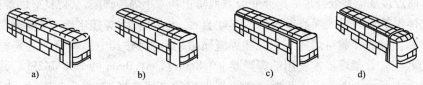

图 5-17 车身骨架五大片四种划分形式

该机自动化程度高,效率高,应用范围广,能适应各种不同曲率的构件以及多曲率组合的构件,不需投入大量的模具,使用方便,弯出的构件与样板的贴合度一般不大于 2mm。

第三节 车身骨架的组焊

车身骨架一般是采用矩形钢管,利用 CO_2 气体保护焊,在组焊胎具上焊接而成的空间结构。焊缝质量和焊接变形主要决定于焊接规范参数的选择。骨架尺寸和形状的误差决定于组焊胎具的精度、骨架构件的精度和焊接变形的控制。车身骨架组焊后需要检验和整形。

一、车身骨架五大片的划分

车身骨架分为前围骨架、后围骨架、左侧围骨架、右侧围骨架和顶盖骨架五大片。

车身骨架的组焊是先进行各大片的组焊,然后五大片骨架合装组焊,形成整车车身骨架。骨架五大片的划分是骨架设计阶段需要解决的问题。在车身骨架结构形式的基础上,根据车身造型、焊接工艺和变形控制等方面的要求,合理划分车身骨架五大片。图 5-17 是车身骨架五大片常见的四种划分形式。

图 5-17a)所示的车身骨架五大片划分形式,顶盖骨架为非封闭结构。图 5-17b)所示的划分形式中,侧围骨架为非封闭结构。在骨架五大片合装组焊时,焊缝多,定位误差大,不利于保证组焊精度。且需要在非封闭结构上焊接工艺梁,减小骨架在移动时的变形量及组焊时的定位误差。

从焊接工艺和变形控制方面来看,骨架五大片应为封闭结构(图 5-17c、d)。这样在各大片组焊时,骨架的变形能得到最有效的控制,减小定位误差和五大片合装组焊时的焊接变形,减小骨架移动时的变形量。并且骨架五大片合装组焊时,焊缝少,容易施焊,装配间隙比较容易保证,平面内焊接收缩变形方向基本一致,顶盖外蒙皮可以在蒙皮组焊胎具上焊接,并且可以采用滚焊。所以,图 5-17c)是目前国内应用比较多的一种骨架五大片划分形式。

图 5-17d)是一种新的骨架五大片划分形式。由于车首部分为整体组焊,前部造型能得到保证,圆角部分的处理达到更好的效果,双立柱位于骨架受力最大的位置上,有利于保证骨架强度。但这种划分形式对骨架组焊胎具要求较高。

由于车身骨架结构形式的不同,骨架五大片的划分有多种形式。但不论哪种划分形式,都应与当前工艺水平相适应。在现有工艺水平上,合理划分车身骨架五大片,并且推动工艺水平的提高。

二、车身骨架焊接工艺

车身骨架采用 CO_2 气体保护焊焊接。焊缝质量对骨架强度有重要影响。焊接规范参数的选择是影响焊缝质量的关键。影响焊缝质量的焊接缺陷有未焊透、焊缝加强高过大、气孔和金属飞溅严重。而焊接规范参数合理的选择能有效地防止和减小焊接缺陷,获得良好的焊接工艺性。

CO_2 气体保护焊的焊接规范参数包括焊丝直径、电弧电压、焊接电流、焊接速度和保护气体流量等参数。这些参数对焊接工艺性和焊缝质量均有影响,其中影响最大的是电弧电压与焊接电流的匹配。骨架焊接常使用的焊丝是 $\phi 0.8mm$ 或 $\phi 1.0mm$ 的 H08Mn2SiA,其合金元素的含量如表 2-1 所示。电弧电压和焊接电流根据焊丝直径选择,如表 2-2 所示。对于一定直径的焊丝,焊接电流决定于送丝速度。在焊接电流确定的基础上,通过试焊选择最佳匹配的电弧电压。一般情况下,焊接电流最佳匹配的电强电压只有 1~2V 之差,试焊时应仔细调节。由于外界因素的影响,最佳匹配点会发生漂移。

三、车身骨架五大片的组焊

骨架构件在组焊胎具上定位、夹紧和焊接,组焊成骨架各大片。骨架组焊质量包括焊缝质量和骨架变形程度。因此,组焊时应注意减小焊接变形和焊接缺陷。

(1)骨架构件装夹迅速,定位准确、可靠,满足骨架组焊的尺寸和形状误差要求。组焊时施焊方便,控制被焊接件的焊接变形,保证各部件的组焊精度要求。

(2)骨架构件在组焊胎具上组装时,焊缝应保留 0.3~0.5mm 的装配间隙,这样有利于减少焊缝加强高,加深焊缝的熔深,避免了为加深焊缝熔深而增大焊接电流,使焊接变形和热影响区的增大。并注意焊丝质量对焊缝机械性能的影响。

(3)胎具的夹紧力合适。组焊胎具夹紧装置主要作用是防止骨架构件产生角变形和扭曲变形,对焊缝平面收缩变形,如任其自由收缩变形,有利于减小焊件的残余应力,提高车身骨架的疲劳强度。因此,胎具的夹紧力应合理。

(4)如果各大片骨架能划分成若干个小组焊件组焊,不但能缩短生产周期,利于新车型开发,而且可以使那些不对称的或收缩力较大的焊缝能自由收缩,而不影响骨架组焊精度,从而减小了焊接变形。

(5)选择合理的焊接顺序。合理的焊接顺序能使骨架的焊接变形和残余应力达到最小。焊接顺序的选择要根据骨架具体结构,在控制总体骨架组焊误差的条件下,保证骨架配合部分的精度,而适当降低非配合部分的精度。

(6)对焊缝的加强高进行打磨。焊缝加强高不仅影响骨架的外观质量,也降低骨架的疲劳强度。打磨焊缝的加强高,可以降低接头的应力集中。打磨方向应与接头主要受力方向一致。如果焊缝内部没有显著的缺陷,接头的疲劳强度可以提高到和母材强度相同。

(7)骨架总成脱离胎具后,进行必要的补焊。对于一些特殊部位,如窗框、门框等,应采用样板进行重点检测,必要时需适当地修整校正,避免出现误差后影响后续装配。

四、车身骨架合装组焊

客车车身合装工艺是客车车身制造中最关键的工艺过程,直接影响到整车的装配质量。整车骨架合装组焊质量主要决定于骨架五大片的正确定位。骨架合装组焊时,骨架的定位形式有内定位和外定位两种。内定位采用内定位架定位,外定位采用合装设备定位。车身底架及五大片总成合装设备如图5-18所示。

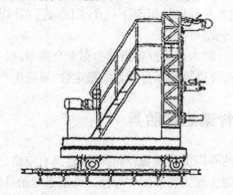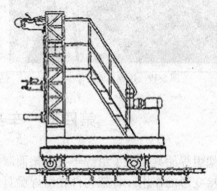

图5-18 车身底架及五大片总成合装设备

内定位架为前后各一个,分别横向安装在车架的前后端,侧围骨架组焊高度和整车宽度由内定位架定位,但内定位架对前后围骨架没有直接定位作用。内定位架使用方便,结构简单,但骨架合装定位误差大,组焊精度较差,适用于产品的试制或较小批量的生产。

骨架五大片合装设备是一种大型工艺装备。该设备一般采用骨架外表面定位的方式,完成骨架五大片与底架的吊装、定位、夹紧、合装、组焊。其主要工艺过程如下:

(1)左、右侧围骨架由侧围骨架合装夹具定位夹持。侧围定位多采用外表面定位,定位点多选用侧窗上梁、侧窗下梁或靠近与底架结合处的腰梁,其定位块一般采用阶形定位,夹紧方式一般采用气动夹紧。为了适应多种车型的需要,定位装置在z方向和x方向可调,且合装架上安装有纵向滑道和竖向滑道,可以根据不同车型调整出不同的定位夹紧位置。在液压系统操纵下,侧围骨架左右移动,定位骨架组焊宽度。

(2)将底架吊入底架定位平台上。底架的定位是否正确非常重要,是合装工艺的基础,定位平台有平台式、小车式、举升机式等多种方式,平台式为最常用的一种定位方法。底架定位方法有定位块式和定位梁两种方式。定位块主要用于单品种车型的定位,而定位梁的定位则多用于多品种车型的定位。夹紧方式一般采用气动夹紧。底架定位必须能在x、y、z三个方向可调,以便使侧围骨架与车架或车身底架横梁对齐。

(3)前、后围的定位主要依赖于底架和左、右侧围的定位。定位方法有多种,主要有门扇式定位、翻转式定位、简易定位等几种方法。门扇式定位、翻转式定位是通过前、后围骨架合装夹具的翻转、移动完成合装定位,定位精度高,但设备复杂。由于门扇式定位和翻转式定位结构比较复杂,对前、后围骨架质量要求高,故在行业内应用的较少,而简易式则应用得比较广泛。简易式主要是用于确定前、后围骨架的高度,然后夹紧前、后围骨架,而前、后围骨架 x 方向和 y 方向的位置基本上是由左、右侧围骨架来确定的,故使用起来比较方便、直观,精度也比较高。

(4)吊入顶盖总成,完成整车车身骨架的合装。顶盖主要依赖左、右侧围和前、后围骨架相当位置进行定位。由于前、后、左、右、底架合装后,顶盖的位置就已经确定,故顶盖一般不需定位块定位,有时只安装几个导向块,用于顶盖放置的导向,如图5-19所示。

图5-19 顶盖总成定位

(5)整车骨架合装定位后,先在各部件相应结合连接点进行预焊,使车身骨架形成一个封闭整体,然后采用 CO_2 气体保护焊进行焊接。

(6)松开所有的夹具,合装桁架回位,使客车车身骨架置于底架定位平台上。用整车吊具把车身骨架吊运至下一个工位,进行补焊,合装工艺结束。

利用合装设备组焊整车车身骨架,组焊精度好,可以提高车身质量的稳定性,提高生产效率。

第四节 车身骨架组焊胎具

骨架组焊胎具是为了组焊车身骨架而制造的专用工艺设备,对骨架构件具有定位、夹紧和控制焊接变形的作用。骨架构件在组焊胎具上能实现快速装配和焊接。骨架组焊胎具分为前围骨架组焊胎具、后围骨架组焊胎具、左侧围骨架组焊胎具、右侧围骨架组焊胎具、顶盖骨架组焊胎具和整车骨架合装胎具。图5-20是一种侧围骨架组焊胎具。骨架组焊胎具一般由底架、胎具本体和定位夹紧装置等部件组成。

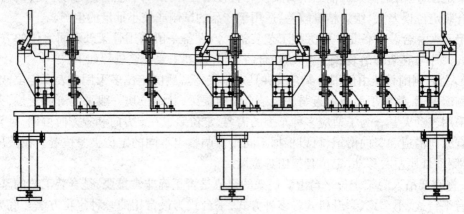

图5-20 侧围骨架组焊胎具

一、骨架构件的定位与夹紧

1. 骨架构件的定位

骨架构件的定位可以分为支承定位和平面尺寸定位两类。支承定位是解决骨架构件在三维空间中 z 坐标的定位问题;而平面尺寸定位是解决三维空间中 x、y 坐标的定位问题。

1) 支承定位

骨架构件的支承定位是按骨架构件的外形来定位。有线支承定位和点支承定位两种形式。

线支承定位是对骨架的主要构件采用面支承定位。由于骨架构件长宽之比大,我们称为线定位。这种支承定位,无论是骨架构件的形状误差,还是组焊胎具的形状误差,都对骨架构件在装配中的正确位置影响很大。而且,由于支承定位面大,定位面加工困难,制造误差较大。

点支承定位是选择几个即能表达骨架构件形状特性,又能控制骨架构件在装配中的正确位置的点作为支承点。这些点在骨架构件的制造过程中,其精度要求比较容易达到。如骨架立柱的支承定位可以选择四个支承点,有时由于骨架相邻构件结合部位的定位需要,可适当增加支承定位点。

点支承定位实际是小面积定位,面积的大小根据骨架构件的夹紧力、构件的刚度和表面挤压强度等因素确定。点支承定位装置可以是独立的支承块。采用点支承定位,可以降低骨架构件的贴胎难度,同时,有可做到在保证骨架构件配合部分组焊精度的条件下,适当降低非配合部分的精度。

2) 平面尺寸定位

当骨架构件 z 轴坐标定位解决以后,一般只需解决平面坐标内的一个坐标的定位,即 x 轴坐标定位或者是 y 轴坐标定位。平面尺寸定位采用多点定位。对需要有较高配合精度的骨架构件,如窗框、门框等,应适当增加定位点。对非配合部分要尽量减少定位点。骨架构件的定位装置常与夹紧装置配合使用,如图 5-21 所示。

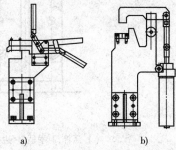

图 5-21 夹紧装置
a) 手动快速夹紧器 b) 气动夹紧器

2. 骨架构件的夹紧

骨架构件的夹紧是由夹紧装置实现的。夹紧装置不但起固定骨架构件的作用,而且在焊接过程中起控制焊接变形的作用。但是需要指出的是,夹紧装置并不是对骨架构件产生的所有变形都约束,对于焊缝平面收缩变形,如果任其自由收缩,反而有利于减小焊后的残余应力。夹紧装置的主要作用是控制骨架构件在组焊时产生角变形和扭曲变形。

夹紧器的类型较多,且各有特点和使用范围。按照夹紧动力源的不同,客车焊装夹具可分为手动快速夹紧器、气动夹紧器和液压夹紧器(图 5-21)。

手动快速夹紧器利用铰链将四个杆件连接起来、实现其夹紧构件功能的一种常用夹紧器。四连杆夹紧器如图 5-22 所示,主要由压杆、手柄、边接板、支座、压块、铰链销(轴)、铰链和止动件等组成。这种夹紧形式结构简单,夹紧、松开速度快,动作迅速,夹紧可靠,成本低,被大部分客车焊装夹具所采用。但与气动和液压夹紧器相比较,这种夹具需要手工单个操作,效率低,夹紧力较小。

气动夹紧器是一种以气缸为动力的联合夹紧机构,有多种结构形式,在骨架组焊胎具中以杠杆和铰链联合夹紧器采用较多,一般由气缸、夹紧装置和气动元件及管路等组成。一些生产效率要求较高和操作位置不便的焊装夹具多采用气动夹具,气动夹具的突出特点是可以实现多组夹具同时动作,且可以与其他系统相连接,实现自动化生产。图 5-23 所示为一种在客车制造企业采用较多的复合气动杠杆铰链器。

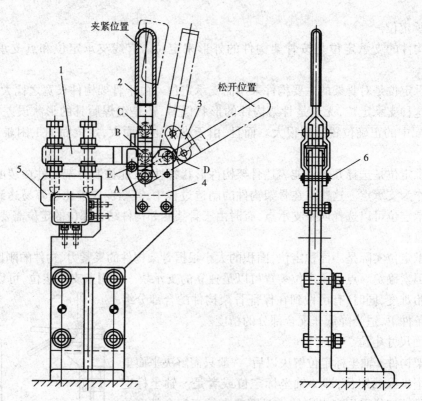

图 5-22 四连杆夹紧器图
1-压杆；2-手柄；3-边接板；4-支座；5-压块；6-铰链销(轴)；A、B、C、D-四铰链；E-止动件

二、组焊胎具的基本形式

骨架组焊胎具的形式多种多样，可根据其用途、底架结构形式、适应性等的不同进行分类。依据底架结构形式，骨架组焊胎具可分为平置式组焊胎具、立式组焊胎具和升降翻转式组焊胎具。根据组焊胎具适应性，可分为专用组焊胎具、组合式组焊胎具、子母组焊胎具和系列通用组焊胎具。

1. 按底架结构形式分类

1）平置式组焊胎具

这是一种最常见的组焊胎具布置形式(图 5-21)。其主要特征是组焊胎具底架水平放置，骨架构件放置在组焊胎具本体上方，在组焊胎具的侧面或上面进行焊接工作。平置式组焊胎具结构简单，操作空间大，构件装夹方便。但胎具占地面积较大，并且只能单面施焊，施焊后需将从组焊胎具中取出的组焊部件进行反面补焊，并对组焊部件进行必要的校正，以保证组焊

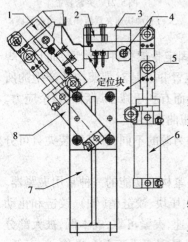

图 5-23 复合气动杠杆铰链夹紧器
1、3-压杆；2-压块；4-铰链轴；5-支撑板；6-汽缸1；7-L板；8-汽缸2

精度。也可采用反面补焊胎具进行反面补焊，防止组焊部件产生过大的变形。

2）立式组焊胎具

为了减少胎具占地面积，组焊胎具采用立式倾斜放置，骨架构件放置在胎具的一侧，在胎具的侧面对位于不同高度的焊缝进行施焊。胎具底架采用桁架结构，以便对焊缝进行双面施焊。为了保证高处骨架构件在装夹时的稳定性，避免构件滑落，应采用气动或液压夹紧方式，

实现低位操作。一般左、右侧围骨架组焊胎具多采用立式组焊胎具形式。为了最大程度的减少胎具占地面积，常将两个立式胎具进行组合，形成龙门式结构。

3) 升降翻转式组焊胎具

升降翻转式组焊胎具的胎具本体在动力装置的驱动下可以沿胎具两端的支座轨道升降，并可绕联轴装置翻转轴转动，实现组焊胎具的高度和角度调整。动力驱动装置可采用电动、液压等多种形式。图5-24所示的升降翻转式组焊胎具主要由胎具本体、夹紧定位装置、固定支座、移动支座、滑道联轴装置、电动机、减速机及轨道等组成。

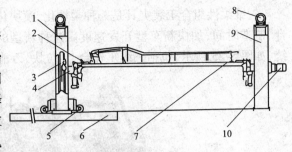

图5-24 升降翻转式组焊胎具
1-移动支座；2-夹紧装置；3-同步滑轮；4-滑道联轴装置；5-行走轮；6-轨道；7-胎具本体；8-电动机；9-固定支座；10-减速机

升降翻转式组焊胎具的主要优点是可以提高组焊部件的一次性焊接率，有利于保证部件的组焊质量。旋转胎具本体，可以对焊缝实施平焊，并且一次焊接完成部件的组焊，减少了组焊部件脱胎后因补焊产生的变形。但升降旋转机构结构复杂，成本高，骨架组焊胎具较少采用。升降翻转式组焊胎具多用于车架的组焊。

2. 按车型的适应性分类

1) 专用组焊胎具

这种骨架组焊胎具只适用一种车型。其定位装置和夹紧装置不能根据骨架构件位置的变化进行调整，只能满足一种车型的生产需要。专用组焊胎具结构比较简单，制造容易，重复精度高，操作方便，单台夹具成本低，是普遍使用的一种骨架组焊胎具。主要缺点是通用程度差，适合生产量大的客车企业。对于多品种的企业由于车型过多，则需要很多套夹具，不仅占用面积大，而且综合成本提高。

2) 组合式组焊胎具

这种组焊胎具的定位装置、夹紧装置以及其他元件，可以根据骨架结构，在组焊胎具本体上迅速组合成新的组焊胎具，具有很大的灵活性。其夹紧装置的支承梁位置可以在胎具底架上移动，夹紧装置的位置也可以根据组焊要求在支承梁上移动，能进行不同跨度和间距的调整，骨架构件的支承定位块可以根据车型需要进行更换。所以，组合式组焊胎具可以适应不同外型轮廓、跨度、间距车型的需要，具有良好的适用性。试制车型的骨架也可以在这种组焊胎具上组焊，对开发新产品十分有利。

3) 子母式组焊胎具

子母式组焊胎具包括若干个小组焊胎具和一个通用组焊架。将骨架的各大片划分为若干个小组焊件，小组焊件在小组焊胎具上进行组焊，如侧窗组焊、轮胎过桥框组焊等，然后采用通用组焊架，把小组焊件和骨架构件组焊成整片骨架总成。当小组焊胎具不同时，就能组焊成不同车型的骨架总成。所以子母式组焊胎具能满足生产系列车型的需要，并且具有骨架组焊后变形小，胎具制造简单，调整系列车型方便等优点。

4) 系列通用组焊胎具

按照产品的系列和生产车型，每一系列车型都有一套固定的系列部件，它可以解决骨架构件的支承定位。当生产某一种车型时，按照其所属系列在胎架上安装一套"系列部件"，组成一种车型的组焊胎具。整个胎面和定位、夹紧等装置具有通用性，对于同一个产品系列内的车型,只需调整骨架构件的平面尺寸定位。所以通用化程度较好,调整新车型简单。

三、三维柔性组合工装夹具

三维柔性组合工装夹具是一种柔性化、模块化的三维组合工装,可大量缩短工装夹具的设计、制造时间,加快新车型开发速度。这种新型的组合工装夹具系统是一种平面孔系夹紧系统,如图5-25所示,包括三维工作台、定位块、万能挡块、万能夹紧和定位角模、连接销等部件。

图 5-25 三维柔性组合工装夹具

三维柔性组合工装夹具是以多种形式的工作台为基础,配备多种形状、多种规格的标准结构模块,相互间用定位连接销栓连接,可采用手动、气动、液压等多种夹紧形式对装配的构件夹紧。这种组合式的工装夹具具有组合形式灵活、构件定位精确和耐用性强的特点,不仅适用于新车型的研制,且能满足多品种、小批量生产的需要。

1) 工作台面

工作台的5个工作面设有100mm×100mm 或50mm×50mm 带有网格标注的孔。基础台面的尺寸有 1.0m×1.0m~4.0m×2.0m 多种尺寸。为了保证组合夹具满足使用精度要求,5个工作面的平面、平行、垂直公差以及孔与孔的位置公差必须具有足够的高精度。

2) 模块

标准模块有定位和夹紧直角块、L形定位块、U形定位块、通用挡块、通用夹紧和定位角模(0~225°任意调节)、V形块和V形角模。模块上每间隔50mm或25mm 均有标准孔($\phi 28mm$ 或 $\phi 16mm$),实现模块与工作台面的连接,满足构件定位夹紧位置要求。

3) 定位连接销

定位连接销是实现孔系夹紧系统的基础零件,以实现夹具连接部件快速的定位和夹紧。定位连接销前端有5个钢珠,插入定位孔后顺时针旋转销栓(或扳动快速手柄),5个钢珠弹出并锁紧在孔的斜面上,完成夹具连接部件定位和夹紧;反向旋转销栓便可松开,拔出定位连接销。每个销栓的锁紧力可达50kN,剪切力250kN。销栓的形状和长度有多种规格可供选择。

4) 夹紧器

夹紧器按照夹紧方向有平面、垂直和45°夹紧器;按照操作方式有螺栓夹紧、快速夹紧、手柄螺旋夹紧;按照夹紧动力源形式有手工、气动和液压夹紧形式。带补偿作用的螺旋夹紧器在其悬臂中增加了弹性伸缩,可抵消夹紧时的侧向分力,补偿夹具本身的变形和夹紧构件与夹紧器之间的间隙,保证夹紧力与构件受力面垂直。

三维柔性组合工装夹具是一种可以自由组合的焊接工装,可以使用多个工作平台或各种模块进行连接和组合,延伸工作区域,以适合组焊部件的三维外形尺寸。三维柔性组合工装夹具组焊客车车身骨架如图5-26所示。焊接工装的所有模块加工精度均较高,在2.0m的范围内工作平台定位孔的位置误差在±0.1mm以内,以满足焊接加工的需要。在装配或焊接过程中,使用定位块、连接块、夹紧器和支撑块,能够对构件精确定位,并固定在各定位点或定位面上。工作平台和模块的表面经过特殊处理,焊接时产生的金属飞溅容易清除。定位和夹紧销栓表面经过淬火处理,提高了组合工装夹具使用寿命。

图5-26　三维柔性组合工装夹具组焊客车车身骨架

第六章 大客车车身外蒙皮制造工艺

随着客车各种性能的提高和完善,人们越来越重视客车车身蒙皮的外观质量,要求外蒙皮挺拔、平整和光顺。车身外蒙皮的制造方法直接影响车身表面质量,而客车车身外蒙皮的制造主要包括侧围蒙皮的制造、前后围蒙皮的制造和顶盖蒙皮的制造。

客车因其品种多、批量小、车身尺寸大,车身外蒙皮采用特点显著的制造方法。本章主要介绍客车车身侧围蒙皮的张拉工艺、侧围蒙皮粘接工艺、顶盖蒙皮的滚压成形工艺、蒙皮的张拉弯曲成形工艺和前后围蒙皮制造工艺。这些工艺对提高整车车身表面质量有着十分明显的作用。

第一节 侧围蒙皮张拉工艺

侧围蒙皮采用材料为冷轧钢板、镀锌钢板和不锈钢板时,采用滚压和张拉工艺进行加工。侧围蒙皮张拉工艺是采用机械拉伸形式或加热形式,使侧围蒙皮产生 $0.05\% \sim 0.1\%$ 的相对伸长量,并与侧围骨架连接的一种蒙皮加工方法。张拉后的侧围蒙皮称为预应力蒙皮或张拉蒙皮。张拉蒙皮在其残余拉应力的作用下,能有效地减小侧围蒙皮的平面外变形和行车振动噪声。

侧围蒙皮张拉工艺形式有两种:一种是机械张拉形式(也称冷张拉);另一种是加热张拉形式(也称热张拉)。机械张拉是利用机械拉伸装置对侧围蒙皮进行张拉,使侧围蒙皮产生一定的伸长量。加热张拉是利用电流加热装置使侧围蒙皮受热膨胀,产生一定的伸长量,冷却后侧围蒙皮收缩产生拉应力。

侧围蒙皮采用开卷校平机组对卷钢板进行下料,其一般工艺过程为开卷、校平、下料。

一、机械张拉工艺

机械张拉是利用机械拉伸装置(液压缸)对侧围蒙皮进行张拉,使其产生 $0.05\% \sim 0.1\%$ 的相对伸长量。机械拉伸设备也称为液压拉伸设备,有分体式和联体式两种。分体式机械拉伸设备的拉伸机构设在车身的前后端,中部完全敞开,便于布置各种焊接工具和焊接等操作,因此使用较多。

分体式机械拉伸设备主要由基础轨道、拉伸框架、夹紧机构、拉伸机构、推移装置、液压与电气部分组成,如图 6-1 所示。四个拉伸框架沿车身两侧布置,左、右两侧蒙皮可同时拉伸。每侧拉伸框架一端固定,另一端可沿基础轨道移动,用调整锁紧机构锁紧,以适应不同长度侧围蒙皮的拉伸。蒙皮夹紧、推靠、角度微调等机构设置在拉伸框架的拉伸头上,在工艺过程中,蒙皮的夹紧、推靠、高度调整等由操作按钮控制液压或电气系统来实现。

机械张拉工艺过程是将剪切校平好的侧围蒙皮在张拉框架上夹紧拉伸,侧围蒙皮拉伸到规定值,利用拉伸头上的蒙皮位置调整机构,使张拉蒙皮与侧围骨架贴合,沿张拉蒙皮四边与骨架焊接或铆接。

机械张拉的工艺参数包括侧围蒙皮的伸长量和拉伸力。侧围蒙皮的拉伸是在材料弹性范围内的拉伸,其最大相对伸长量可由下式确定

$$K_{\max} = \varepsilon_{\max} = \frac{\sigma_p}{E} \tag{6-1}$$

式中:$K_{\max}$——材料弹性范围内最大相对伸长量;
　　$\varepsilon_{\max}$——材料弹性范围内最大线应变;
　　σ_p——材料的比例限;
　　E——材料的弹性模量。

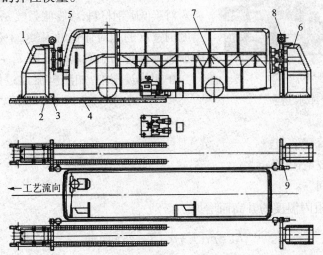

图6-1　客车侧蒙皮液压拉伸设备
1-移动拉伸框架;2-锁紧螺栓;3-行走滚轮;4-基础轨道;5-拉伸头;6-固定拉伸框架;7-蒙皮;8-高度调整电动机;9-拉伸液压缸

对于Q235钢,比例限$\sigma_p = 200$MPa,弹性模量$E = 200$GPa,由公式(6-1)可得$K_{\max} = 0.1\%$。所以侧围蒙皮的相对伸长量K应控制在0.1%以下。

侧围蒙皮的伸长量ΔL,由下式计算

$$\Delta L = KL \tag{6-2}$$

式中:L——侧围蒙皮长度,mm。

对ΔL的计算值化整,确定为侧围蒙皮的伸长量值。一般情况下,相对伸长量K多在0.08% ~ 0.1%范围内取值。

侧围蒙皮所需拉伸力F,由下式计算

$$F = KEtb \tag{6-3}$$

式中:t——侧围蒙皮厚度;
　　b——侧围蒙皮宽度。

侧围蒙皮一般厚1mm,宽700mm左右,材料为Q235钢板,所需拉伸力在100 ~ 200kN之间。

二、电加热张拉工艺

电加热张拉是利用加热电流通过侧围蒙皮时产生的电阻热加热侧围蒙皮,使其受热膨胀产生0.08% ~ 0.1%的相对伸长量。电加热张拉装置(图6-2)是由电流加热装置、夹紧机构、蒙皮挂具、绷紧机构、绝缘隔热板和操纵台等组成。

1. 电加热张拉的工艺参数

电加热张拉的工艺参数有加热电流、加热电压、加热时间和加热温度等参数。

图6-2 电加热张拉设备

侧围蒙皮的最终加热温度 T_S 可由下式确定

$$T_S = T_0 + \frac{K}{\alpha_1} \tag{6-4}$$

式中：T_0——侧围蒙皮的初始温度，°K；

K——侧围蒙皮相对伸长量；

α_1——材料的线膨胀，1/°K。

对于低碳钢材料，线膨胀系数 $\alpha_1 = 12.2 \times 10^{-6}$ 1/°K。当侧围蒙皮的相对伸长量 $K \leq 0.1\%$ 时，侧围蒙皮的最终加热温度与初始温度之差即 $T_S - T_0 \leq 82°K$。

在加热过程中，加热电流通过侧围蒙皮所产生的热量 Q，可由电热定律求得：

$$Q = I^2 R_b t_S \tag{6-5}$$

式中：I——加热电流，A；

R_b——侧围蒙皮电阻，Ω；

t_S——加热时间，s。

侧围蒙皮的电阻因温度的升高而增加。

$$R_b = \rho_1 [1 + \alpha_2 (T - 293)] \frac{L}{S} \tag{6-6}$$

式中：ρ_1——293°K 温度时电阻系数，Ωm²/m；

α_2——电阻温度系数，1/°K；

T——侧围蒙皮的加热温度，°K；

L——侧围蒙皮长度，m；

S——侧围蒙皮断面面积，m²。

对于碳钢材料，293°K 温度时电阻系数 $\rho_1 = 0.13 \times 10^{-6}$ Ωm²/m；电阻温度系数 $\alpha_2 = 0.0061$/°K。

加热电流通过侧围蒙皮时产生的电阻热，使侧围蒙皮温度不断升高，其中一部分热量因对流换热和辐射换热而损失掉了。

用于加热侧围蒙皮的热量 Q_1 可由下式求得：

$$Q_1 = C\rho_2 SL(T_S - T_0) \tag{6-7}$$

式中：C——比热，J/kg°K；

ρ_2——材料密度，kg/m³；

L——侧围蒙皮的长度，m。

对于碳钢，比热 $C = 465$ J/kg°K，密度 $\rho_2 = 7840$ kg/m³。

在加热过程中，侧围蒙皮与周围空气对流换热损失 Q_2，可由下式求得：

$$Q_2 = \int_0^{t_S} \alpha_3 (T - T_0) A dt \tag{6-8}$$

式中：A——换热面积，m²；

α_3——平均对流换热系数，J/Sm²°K，对于侧围蒙皮可近似取 $\alpha_3 = 1.14 \Delta T^{\frac{1}{3}}$ J/Sm²°K。

侧围蒙皮的辐射换热损失 Q_3 可由下式求得：

$$Q_3 = \int_0^{ts} C_n \left[\left(\frac{T}{100}\right)^4 - \left(\frac{T}{100}\right)^4 \right] A dt \tag{6-9}$$

式中:C_n——当量辐射系数,$J/Sm^2 \cdot K^4$。

当量辐射系数 C_n 可由下式近似求得:

$$C_n = 2.438\varepsilon$$

式中:ε——材料的黑度,对于压轧钢板 $\varepsilon = 0.675$,对于镀锌钢板 $\varepsilon = 0.23$。

根据能量守恒原理,加热电流通过侧围蒙皮所产生的热量等于加热侧围蒙皮的热量、对流换热损失、辐射换热损失三者之和,即

$$Q = Q_1 + Q_2 + Q_3 \tag{6-10}$$

在电加热张拉工艺参数中,加热电流、加热电压和加热时间的选择受到侧围蒙皮尺寸等因素的影响。有资料介绍一家客车制造企业采用电加热张拉工艺参数:加热电流为400A,加热电压30V,加热时间3~4min,最高加热温度为80~90℃。在侧围蒙皮尺寸和最终加热温度不变的条件下,缩短加热时间,加热电流必须增大,加热电压也必然增加。电加热张拉设备可对加热时间和加热温度进行调节控制。

2.电加热张拉工艺过程

(1)将绝缘塑料制成的绝缘隔热板悬挂在侧窗下纵梁上,防止侧围蒙皮除后端外接触侧围骨架,造成加热电流短路。绝缘隔热板有两种规格,一种宽150mm,另一种宽500mm。宽者用于首末骨架立柱处。

(2)将剪切校平的侧围蒙皮,用蒙皮挂具定位悬挂在侧围骨架上。用单面点焊机点焊侧围蒙皮一端。

(3)将两个电源电极固定在侧围蒙皮两端,用绷紧机构拉紧侧围蒙皮。接通电源,对侧围蒙皮进行加热。

(4)待侧围蒙皮加热到80~90℃,伸长量达到规定值,切断电流。用单面点焊机点焊侧围蒙皮的另一端。

(5)取下蒙皮挂具,抽出绝缘隔热板,点焊或拉铆侧围蒙皮上下两端。

由于绝缘隔热板是在侧围蒙两端点焊后抽出,所以热态点焊时侧围蒙皮实际长度比蒙皮两端点焊距离要大一些。

第二节 侧围蒙皮粘接工艺

客车侧围蒙皮采用冷轧钢板、镀锌钢板、不锈钢板和铝合金板时,蒙皮与车身骨架的连接形式有焊接、铆接或粘接等形式。采用焊接、铆接工艺时,蒙皮与车身骨架连接部位易产生变形,表面质量难以保证,需要用不饱和聚酯腻子修补,而侧围蒙皮采用粘接工艺能较好地解决这些问题。

侧围蒙皮粘接工艺是采用聚氨酯胶粘剂、双面粘接胶带等粘接剂,使蒙皮与车身骨架牢固地连接在一起的方法。蒙皮与骨架的粘接是一种结构型粘接,粘接剂在蒙皮与骨架之间形成粘接力大、弹性强、具有缓冲、减振功能的软—硬过渡层,可以减小行车时蒙皮产生的振动和噪声。粘接工艺不仅工艺速度快,工艺简便,而且外观平整美观。冷轧钢板、镀锌钢板、不锈钢板、铝合金板和玻璃钢等蒙皮与骨架的连接均可采用粘接工艺。

一、聚氨酯胶粘接侧围蒙皮工艺

聚氨酯胶粘剂是指在分子链中含有氨基甲酸酯基团（-NHCOO-）或异氰酸酯基（-NCO）的胶粘剂，分为多异氰酸酯和聚氨酯两大类。聚氨酯胶粘剂具有优异的抗剪切强度、抗冲击特性和耐低温性能，以及优良的稳定性，能适应不同热膨胀系数基材的粘合，与金属、玻璃、橡胶、塑料等表面光洁的材料都有优良的化学粘接力。

侧围蒙皮与骨架的粘接多采用无溶剂、双组分、结构型聚氨酯胶粘剂。聚氨酯胶与空气中的水分子发生化学交联反应，而固化形成高强度弹性粘接密封层，粘接强度大，且具有良好的抗变形、防振、防水效果。

1. 粘接剂性能及辅助材料的选择

聚氨酯胶粘剂必须具有足够的抗拉、抗剪强度和伸展性能，其物理性能见表6-1。粘接剂涂至垂直表面（胶三角断面底宽8~10mm、高10~15mm）时，无完全倒伏和流挂。聚氨酯胶与空气中的水分子发生反应化学交联而固化，因此气候因素影响很大。通常空气温度越低，相对湿度越小，表干和固化时间越长。因此，选定胶的配比达到表干时间30min、3mm固化时间24h较合适。如果气候太干燥，对施工现场进行加湿处理。粘接剂的耐化学性和残胶的可清理性根据工艺环境、车辆使用环境等因素进行分析评估，以保证具有良好的工艺性和环保性能。因此，粘接剂的选择需要根据具体的生产条件、使用条件（如材料、气候、工具、路面状况等）进行必要的试验。

聚氨酯胶粘剂物理性能（胶层厚2mm） 表6-1

抗剪强度（MPa）	拉伸强度（MPa）	密度（23℃）（g/mm³）	邵尔硬度
>4	>5	1.1~1.2	55

聚氨酯胶的粘接必须根据工艺要求选用特定的清洗剂和底涂剂。清洗剂可去除被粘接表面的油污及其他影响粘接的物质，底涂剂起到活化被粘接表面、增强和保障粘接力的作用。不同的粘接表面选用不同的清洗剂和底涂剂的。因此，要根据粘接剂和被粘接材料选择清洗剂和底涂剂，以满足使用要求。

2. 施工条件要求

侧围立柱、侧窗下纵梁、地板腰梁是侧围蒙皮的主粘接面，其宽度应>50mm，保证能涂两条胶。其余骨架梁为辅助粘接面，涂一条胶，宽度≮25mm。保证骨架设计图纸尺寸与实际尺寸误差在0.5‰以内，直线度误差≤2mm，便于蒙皮粘接部位定位，保证基本胶厚3~5mm。

蒙皮的上下止口折边时，弯曲内圆角为板厚的1.5~2倍，内外圆角部位不产生弯曲裂纹。蒙皮的成形后两端宽度尺寸误差≤0.5mm，对角线误差≤1mm。

施工环境空气温度5~40℃，湿度40%~80%。

3. 粘接工艺过程

聚氨酯胶粘工艺主要包括骨架与蒙皮被粘接表面清洗并晾干、骨架与蒙皮被粘接表面涂漆并晾干、骨架被粘接面施胶、蒙皮张拉（采用张拉蒙皮时）、粘接蒙皮、蒙皮前后端焊接（蒙皮前后端采用焊接时）、蒙皮粘接部位夹紧固定、胶粘剂固化后取下夹紧器及拆除张拉装置。

1) 侧围蒙皮安装定位

在侧窗下纵梁前后端安装定位块，确定侧围蒙皮粘接位置。侧围骨架被粘接面打磨平整，处于裸金状态，粘接面中间粘好纸胶带（两条或一条），其余部位涂好防锈漆。

侧围蒙皮定位后，在蒙皮的内表面相对应车身骨架（即需要粘接的表面）的位置划线标记,或按照骨架设计图纸标记蒙皮粘接位置并与骨架实际尺寸进行核对,标记蒙皮安装位置。

2) 粘接表面处理

在蒙皮表面清洗之前,均匀打磨蒙皮表面,将表面附着的镀层、氧化层或防锈底漆打磨干净,增加表面粗糙度,提高粘接力。打磨后将表面浮尘清理干净。

清洗粘接表面,保证粘接面干燥、无尘、无油脂、无细微颗粒。使用合适的清洗剂按一定的方向对车身骨架粘接部分及蒙皮内表面上标记好的被粘接部位进行清洗,室温晾干时间为 5~30min。

为了保证粘接效果,粘接面必须涂底漆。使用合适的底漆按一定的方向均匀涂抹清洗过的待粘部位(包括车身骨架粘接部位及蒙皮内表面上标记的被粘接部位),底漆涂刷均匀、致密,完全覆盖待粘接表面。室温晾干时间为 5min 至数小时。

3) 施胶

底漆晾干后(晾干时间根据气候条件和底漆等因素确定),即开始在骨架粘接部位施胶。施胶要均匀、快速,在 30min 内完成,并在 30min 内进行侧围蒙皮粘接,避免因胶面表干降低粘接强度。

4) 修整、校平

用压板对蒙皮进行压紧、校平,压紧时用力均匀,力度适当。按要求次序全部压紧粘接后,用小压板细致调整蒙皮边缘的平面度,保证接边平整,弧边整齐一致。

粘接剂固化 24h 后进行清洗等后续操作。

5) 残胶清理

用刮刀或刮片清理粘接边缘。如果粘接件被粘胶污染,使用少许清洗剂清理残留胶体,对于已固化的胶体可用刮刀切割或进行打磨。

二、强力双面胶带粘接侧围蒙皮工艺

采用 3M 强力双面胶带粘接侧围蒙皮,蒙皮表面平整,具有工艺简便、减振降噪等特点。

1. 双面粘接胶带的性能

3MTM VHB 的 4951 型双面粘接胶带是白色闭孔丙烯酸泡绵基材,厚度 1.1m,可在 0℃ 左右的低温下操作,其性能如表 6-2 所示。

3MTM VHB 的 4951 型双面粘接胶带性能　　　　表 6-2

剥离强度(N/100mm)	正拉强度(kPa)	动态剪切强度(kPa)	耐高温性
315	760	550	短期 149℃,长期 93℃

注:短期是在指定温度下 4h 后回至室温而无变化,长期是指胶带能承受 250g 静态剪切力 10000min 的最高温度。

2. 粘接工艺过程

采用 3M 强力双面胶带粘接侧围蒙皮,其工艺过程主要包括车身骨架粘接部位的表面处理、粘接部位的清洁及涂刷底涂剂、粘贴胶带和粘接蒙皮。

1) 粘接部位表面处理

车身骨架粘接部位保持金属本色,使用角向磨光机打磨表面锈蚀及氧化皮,吹净或揩净打磨灰尘。

2) 粘接部位的清洁及涂刷底涂剂

使用 50% 异丙醇(IPA)清洁剂,沿一个方向清洁并活化需要粘接部分的表面。对于较重的油污可以采用 MEK 或其他溶剂,再使用 50% 异丙醇清洗,保证车身骨架和蒙皮粘接部分表面清洁。

室温晾干 10min 时间后,在粘接面上沿一个方向连续、均匀地涂刷薄薄一层底涂剂。检查底漆涂刷质量,在没有涂到底涂的地方补匀底涂。车身骨架和蒙皮粘接部分均需涂底涂。

3) 粘接部位粘胶带

将胶带起卷,一端贴附在起点处,然后边贴边用刮板加压。贴胶带时,胶带粘贴平整,中间不得有贯穿气泡。侧围蒙皮两端点焊部位不贴胶带。胶带两端的隔离纸撕开 80～100mm,隔离纸端头用一般的透明胶带纸粘住固定,待蒙皮张拉后,将隔离纸撕去。

4) 调整、粘接及点焊

调整蒙皮粘接位置,使用 F 夹夹紧蒙皮上部。防止粘胶带局部压薄,应在 F 夹下加垫板。点焊蒙皮一端,使用张拉装置张拉侧围蒙皮,沿蒙皮缝隙撕去胶带上的隔离纸,使用滚压轮滚压蒙皮粘接部位,点焊蒙皮张拉端及中门部位。保持1h 后,拆除张拉装置,使用直条钢板压住端头,翻边点焊蒙皮张拉端及相应部位。

使用 3M 强力双面胶带粘接侧围蒙皮时,粘接表面的处理是工艺关键。粘接表面清洁,并点焊侧围蒙皮两端,可有效地保证蒙皮粘接的可靠性。

粘接技术不仅能实现相同或不同材料(如金属和非金属、复合材料)之间的连接,达到降低能耗、简化组装工序的效果,而且还能够代替某些部件的焊接、铆接等传统工艺,提高结构的韧性、耐疲劳性、抗冲击性和耐腐蚀性。侧围蒙皮粘接工艺不仅效率高、工艺简便、外观平整美观,而且可以减小行车时蒙皮产生的振动和噪声。

第三节　顶盖蒙皮制造工艺

顶盖蒙皮通常由三块冷轧钢板组焊而成,其结构如图 6-3 所示。采用的焊接方法有 CO_2 气体保护焊、点焊和滚焊。CO_2 气体保护焊和滚焊能形成连续焊缝,焊缝的水密性和气密性良好;采用点焊时,接头搭接处应涂有导电密封胶。顶盖蒙皮的焊缝上涂有密封胶,防止顶盖蒙皮漏水。

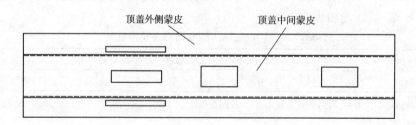

图 6-3　顶盖蒙皮结构示意图

本节主要介绍当顶盖蒙皮分为顶盖中间蒙皮和顶盖外侧蒙皮时,顶盖外侧蒙皮的滚压成形和顶盖蒙皮的组焊。

一、顶盖外侧蒙皮滚压成形工艺

顶盖外侧蒙皮的滚压成形是将金属材料经过前后直排的数组成形辊轮滚压,在向前送进的同时依次进行弯曲加工,形成所需断面形状的加工方法。顶盖外侧蒙皮的滚压成形如图6-4 所示,五组辊轮对钢板进行滚压,加工成顶盖外侧蒙皮。

1. 滚压成形原理

钢板进入辊轮后,在辊轮成形力和摩擦力的作用下,一面受到弯曲,一面向前运动,在辊轮中心断面处成形完毕,并从辊轮中穿出。滚压成形后的断面形状决定于最后一组辊轮中心断面处的形状,即最后一组辊轮的孔型。辊轮的成形力和摩擦力在辊轮中心处达到最大值,顶盖外侧蒙皮滚压成形过程如图6-5所示。辊轮驱动的方式有上下辊轮等速驱动、变速驱动和下辊轮驱动等方式。

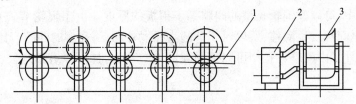

图6-4 顶盖外侧蒙皮的滚压成形
1-顶盖外侧蒙皮;2-驱动机构;3-辊轮

在滚压成形时,钢板发生纵向和横向两个方向上的变形。在横向出现与模具弯曲形状相同的弯曲变形,变形区的外侧金属产生伸长变形,变形区的内侧金属产生压缩变形。在纵向上,钢板弯曲变形量大的一侧边缘部分产生了一定的伸长变形,如果此伸长变形状态被保留下来,就会使制件产生翘曲变形,滚压加工难以进行。而且,边缘部分进入辊轮后,随着与辊轮中心靠近而受到压缩作用,如果边缘部分伸长变形过大就会产生失稳起皱。因此,在钢板滚压成形时,应通过合理确定辊轮组数和辊轮间距,控制每组辊轮的弯曲变形量,防止边缘部分产生过大的伸长变形。

2. 顶盖外侧蒙皮滚压成形工艺的设计

1)弯曲方法

顶盖外侧蒙皮滚压成形可采用边缘成形法和圆形成形法两种弯曲方法。边缘成形法(图6-6)是一种弯曲半径一定、逐渐增加弯曲弧长度的工艺方法。圆形成形法(图6-7)是一种保持弯曲弧的弧长一定、逐渐加大弯曲角度(减小弯曲半径)的工艺方法。

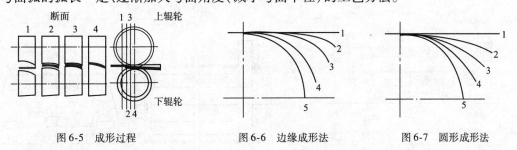

图6-5 成形过程　　图6-6 边缘成形法　　图6-7 圆形成形法

2)绘制断面展开图

绘制顶盖外侧蒙皮断面逐渐展开至平板的展开图。图6-6和图6-7是两种形式的断面展开图。从整体上去考查从一个辊轮孔型移至下一个辊轮孔型的时候,高度方向和宽度方向的弯曲加工有无不合理的地方。

3)确定水平导向线

为使钢板从平板状态向前移动直至成形出所需断面形状,需要有水平导向线。水平导向线从第一组辊轮开始到最后一组辊轮为止,始终保持在同一水平面上。它是确定成形辊轮节圆直径的基准。

4) 辊轮节圆直径

上下辊轮直径相等处的直径称为辊轮的节圆直径。一般情况下,节圆直径与水平导向线相一致。为了防止顶盖外侧蒙皮产生翘曲和扭转变形,每一组辊轮的节圆直径都要增加 0.5%~1%。钢板的输送速度决定于节圆直径处的切线速度。在节圆上,辊轮和材料之间不发生滑移;在节圆以外的辊径上,都要发生滑移。

5) 辊轮孔型的间隙

在滚压成形中,可以取辊轮孔型的间隙等于钢板的厚度。由于辊轮节圆直径以外的辊径上,辊轮与材料之间都发生滑移,所以对于节圆直径以外的点,孔型的间隙应比板厚略大一些。除最后一组辊轮外各中间辊轮孔型可以把间隙取大一些,这样可以有效地防止外侧蒙皮表面产生伤痕。

二、顶盖蒙皮组焊工艺

1. 顶盖蒙皮组焊设备

顶盖蒙皮电阻滚焊设备(图6-8)是一种完成顶盖低位作业的关键设备。电阻滚焊设备可以完成顶盖中间蒙皮的张拉成形及顶盖蒙皮自动焊接(滚焊)作业,并且焊接变形小、蒙皮表面平整、焊缝密封性好,能有效地提高顶盖蒙皮组焊质量。

顶盖蒙皮电阻滚焊设备主要由运行轨道、蒙皮定位工作台、拉伸系统、固定系统、龙门架及焊接、冷却、控制等系统组成。顶盖中间蒙皮和外侧蒙皮在设备的工作台上完成定位、拉伸和电阻滚焊,形成顶盖蒙皮总成。焊接采用单面双滚电阻焊、工作台行走的运行方式,由焊接机组对中间张拉蒙皮两侧搭接处施焊。顶盖蒙皮组焊时,两组双滚电极压紧蒙皮并连续施焊,形成两条连续的焊缝,完成顶盖蒙皮的组焊。

顶盖蒙皮自动点焊设备(图6-9)是用于组焊顶盖蒙皮的大型自动化设备,采用低位置作业的方式,在固定工作台完成顶盖骨架及蒙皮的定位、中间蒙皮张拉及顶盖蒙皮与骨架自动点焊焊接,生产效率,组焊质量好。焊接系统采用双面单点和单面双点两种焊接方式,并设置了手动焊接方式。

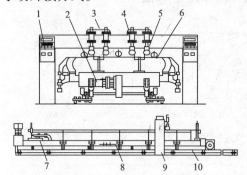

图6-8 顶盖蒙皮电阻滚焊设备
1-控制箱;2-工作台驱动电动机;3-焊接系统;4-焊接滚轮;5-导电滚轮;6-顶盖蒙皮;7-蒙皮拉伸机构;8-工作台;9-龙门架;10-运行轨道

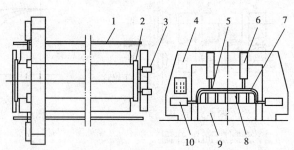

图6-9 顶盖蒙皮自动点焊设备
1-导轨;2-拉伸夹具;3-拉伸油缸;4-桁架式点焊设备;5-顶盖蒙皮;6-电焊钳;7-顶盖骨架;8-组焊胎具;9-固定工作台;10-电焊钳

顶盖蒙皮自动点焊设备主要由运行轨道、龙门架、骨架与蒙皮定位系统、焊接系统、拉伸系统、冷却系统及电控系统等组成。龙门架行走采用两台伺服电动机双面驱动;上下焊极系统的横向移动分别由伺服电动机驱动,用于调整焊缝的间距;焊接动作由气缸推动焊极来实现;蒙皮张拉由液压系统来完成。

2. 顶盖蒙皮组焊工艺过程

采用顶盖蒙皮自动点焊设备(图6-9)对顶盖蒙皮进行组焊时,工艺过程如下:

将顶盖骨架放置在固定工作台上,工作台两侧的夹紧器将顶盖外侧蒙皮压紧在顶盖骨架上,进行点焊。带有4个点焊钳的桁架式点焊设备在导轨上移动,同时完成点焊顶盖两侧蒙皮作业。外侧蒙皮与顶盖骨架点焊完毕后,在外侧蒙皮的边缘涂布点焊密封胶。这时将中间蒙皮放置在顶盖骨架,蒙皮的两端由夹紧机构夹紧,在液压缸的作用下,对中间蒙皮进行拉伸。拉伸到一定程度后,点焊机将中间蒙皮点焊在顶盖骨架上。

在顶盖蒙皮点焊之前,应打磨掉蒙皮的锈蚀及防锈底漆,涂布点焊密封胶。点焊密封胶具有良好的导电性,不影响点焊强度,点焊时不会分解出有毒气体或能引起金属锈蚀的物质。并且点焊密封胶可以保证组焊后的顶盖蒙皮密封性能,防止顶盖蒙皮点焊部位出现漏雨现象,提高蒙皮的抗腐蚀能力。常用的点焊密封胶是以丁苯橡胶、丁基橡胶为基体或以聚酯树脂为基体配制的。

第四节 蒙皮张拉弯曲成形工艺

蒙皮张拉弯曲成形工艺是薄板张拉成形加工中的一种形式,适用于相对弯曲半径很大、加工面积也较大的薄板制件加工成形。这种加工方法可使蒙皮成形为单曲面或复合曲面。由于在张拉弯曲成形过程中,对蒙皮材料即施加弯曲力矩,也施加张拉力,因此加工的制件在卸载后,弹复变形极小,并能在很大程度上防止折皱的产生,制件的抗拉刚度增大,使加工后的制件表面平滑、挺拔、弧度准确、外观质量好。采用这种工艺加工车身前后围外蒙皮,可有效地保证前后围外蒙皮的外观质量。

一、张拉弯曲成形时的应力状态和分布

张拉弯曲成形的方法基本上可以分为两大类:

(1)蒙皮弯曲后再施加张拉力的张拉弯曲成形,如图6-10a)所示(用M-F简略表示)。

(2)蒙皮在施加张拉力的状态下弯曲,并在弯曲过程中进一步增加张拉力的张拉弯曲成形,如图6-10b)所示(用F_A-M-F_B简略表示)。

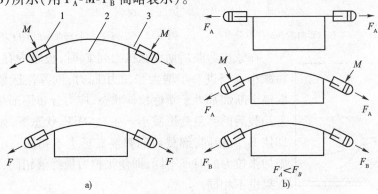

图6-10 蒙皮张拉弯曲成形
a) M-F 张拉弯曲成形; b) F_A-M-F_B 张拉弯曲成形
1-夹头;2-成形模;3-薄板

施加张拉力和弯曲力矩的顺序不同,板厚内的应力状态和分布以及卸载后的弹复值也略有不同。

1. M-F 张拉弯曲成形

蒙皮在张拉弯曲成形的开始阶段,由于只承受弯曲力矩 M 的作用,其板厚内的应力分布是一侧为拉伸,而另一侧为压缩,产生弯曲变形。在一般情况下,利用张拉弯曲成形的制件,其相对弯曲半径很大,在产生的弯曲变形中,弹性变形所占比例很大。在弯曲力矩 M 的基础上,再施加张拉力 F,由于张拉力 F 大于材料的屈服强度,则可以认为板料在整个断面上的伸长变形量相等。拉伸一侧的金属全都处于拉伸状态,而压缩一侧的金属也转变为拉应力,处于拉伸状态。在张拉力小时,板厚内存在着弹性区域;而张拉力大时,板厚内的弹性区域就转变成塑性区域,并且板厚的两侧应力分布形状接近相同,如图 6-11 所示。所以可以看出,张拉力越大,板厚内的应力分布越接近均匀,卸载后制件的弹复变形越小。

2. F_A-M-F_B 张拉弯曲成形

在张拉弯曲成形时,蒙皮首先在张拉力 F_A 的作用下,板厚内产生均匀的应力 σ_A 和应变 ε_A。这时,张拉力 F_A 稍大于材料的屈服强度。随后在弯曲力矩 M 的作用下,制件又产生弯曲变形,在应力中性层以外的金属产生拉应力和伸长变形,应力中性层以内的金属,由于拉伸后又受到压缩,因此产生压应力和压缩变形。张拉力 F_A 越大,应力中性层越接近于板厚的内表面,因而压缩变形区域越小,直至完全消失。但是无论如何增大张拉力 F_A,在板厚内总有一层金属处于弹性变形范围内,如图 6-12 所示,因此,F_A-M 状态下板厚内的应力梯度比 M-P 的应力梯度大,卸载后的弹复变形也大,如图 6-13 所示。

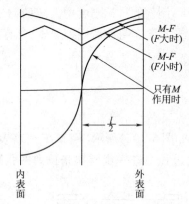

图 6-11 M-F 张拉弯曲断面的应力分布

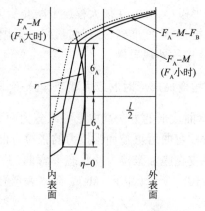

图 6-12 F_A-M-F_B 张拉弯曲断面的应力分布

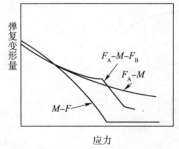

图 6-13 张拉力和弯曲力矩的顺序对弹复变形的影响

在蒙皮弯曲后增大张拉力到 F_B 时,板厚内存在的弹性区域将减小。当进一步增大张拉力 F_B 时,则弹性区域将消失,蒙皮的整个断面都处于塑性拉伸状态,应力分布逐渐接近于均匀,而且卸载后的弹复变形减小。在 F_A-M-F_B 状态下,如果 F_A 值不同,即使 F_B 值相同,卸载后的弹复变形也不相同。由此可见,如果施加张拉力的时期不同,即使张拉力最终值相同,张拉弯曲成形效果也不相同。

二、张拉弯曲成形的影响因素

蒙皮张拉弯曲成形时,除了考虑张拉力和弯曲精度以外,还要考虑材料、摩擦条件及张拉成形装置等实际成形时的各种条件。

(1)在蒙皮下料时,除了保证有必要的供夹持的余量外,还必须把模具和夹头之间的自由变形部分估计在内。为了防止因夹紧引起的应力集中影响到成形部分和在弯曲过程中夹头和成形模的边缘接触,应避免过分缩短自由变形部分。

(2)由于蒙皮薄板具有各向异性,应使板的轧制方向与张拉方向相一致。在下料时如果使轧制方向与张拉方向一致有困难,应尽量减小两个方面所构成的夹角。

(3)板宽与板厚或板的自由变形部分长度相比,板宽越大则板的变形状态越接近平面应变条件。在张拉弯曲成形时,由于存在着蒙皮与成形模的摩擦影响和弯曲影响,张拉弯曲成形的均匀延伸率和应力应变关系,与通常的薄板拉伸试验所得到的结果有所不同。因此,要预先求出所使用薄板的延伸率和应力应变的大致数据以及它们之间的关系,来选定张拉力或伸长量,并估算张拉用液压缸的行程,确定蒙皮的正确下料尺寸等。普通蒙皮张拉成形时的均匀延伸率,比通常的拉伸试验低50%～70%。

(4)在一般情况下,如果预先将板料拉伸到屈服强度以上,即采用F_A-M 或 F_A-M-F_B 的成形条件,能防止产生拉伸滑移。

(5)在弯曲后施加张拉力时,板料和模具之间存在摩擦,一部分张拉力被用于克服摩擦力,而且越接近成形制件中间部分,用于克服摩擦力的张拉力越大,作用于制件的有效张拉力越小,因而在成形制件中间部分的断面上产生的拉应力就越小。因此,必须通过改善润滑条件等途径尽量减小摩擦系数,使板的宽度和弯曲精度趋于一致。

(6)通过对 M-F 和 F_A-M-F_B 张拉弯曲成形的分析,F_A-M-F_B 的张拉力附加方式最适合于张拉弯曲成形。如果按单位面积来考虑,F_A 值应比材料屈服强度稍微高一些,F_B 值原则上位于屈服强度和抗拉强度的中点左右,但在重点保证弯曲精度时,F_B 值略高上述值。但是,F_B 值如果达到材料的抗拉强度,会使成形的制件抗拉刚性下降。

(7)原则上张拉弯曲成形的成形模具的形状与制件形状相同,这是这种加工方法的一个特征。但成形弹复变形量较大的大型制件时,必须研究弹复变形对制件形状变化的影响,根据影响情况进行成形模具形状的设计。设计模具形状时除考虑弹复变形的影响外,还要考虑成形后的后续工序加工可能引起的形状变化。

张拉弯曲成形工艺非常适合于相对弯曲半径很大,而形状比较简单的蒙皮加工。加工后的蒙皮质量优良,所使用的模具简单,原则上只需采用凸模。由于模具承受的单位压力比较小,因而对模具的硬度和耐磨性要求不高,可采用廉价的轻质材料制造模具。张拉弯曲成形工艺的缺点是材料利用率低,生产效率低,很难加工成形复杂的复合曲面制件。但这种加工方法对于客车前后围外蒙皮等薄板制件来说,仍是一种适宜的成形方法。

第五节 前后围蒙皮制造工艺

前后围蒙皮是覆盖在客车前后围骨架外表面的板件,是由多种复杂的空间曲面构成的制件。由于前后围蒙皮分布着风窗、灯具等多种零部件,与顶盖和侧围蒙皮要光顺过渡,并且需要设置浮雕结构满足造型要求,所以前后围蒙皮几何形状比较复杂,制造难度较大。

前后围蒙皮主要有钢制蒙皮和玻璃钢蒙皮两种。钢制蒙皮通常采用板厚为1mm 的冷轧钢板,玻璃钢蒙皮的厚度通常为2～3mm。前后围蒙皮与骨架的连接采用焊接、粘接和铆接方法。

一、钢制蒙皮制造工艺

钢制蒙皮制造工艺分为手工敲模制造工艺和冲压成形制造工艺两种。由于前后围蒙皮是一个形状复杂的空间板件,且尺寸较大,通常是采取分块成形、整体组焊的方式。

1. 手工敲模制造工艺

采用敲模制作前后围蒙皮工艺是先制作前后围蒙皮的敲模,即外蒙皮敲模和前后风窗框内止口敲模。敲模制作好后,根据确定的分块方案制作外蒙皮和前后风窗框内止口。如图6-14所示的前围蒙皮分成六块,先分块成形,然后采用CO_2气体保护焊将各块蒙皮组焊成前围蒙皮。其通常的工艺过程是计算坯料近似尺寸、备料、划线下料、采用敲模冷作成形和修边、组焊、整修、打磨修边、磷化和涂漆、检验。

手工敲模制造工艺的特点是工装设备简单、成本低、易于产品改型,但生产效率低、制造周期长、产品质量不易保证,在生产上已较少采用,只适用于一些产品试制或单件小批量生产。

2. 冲压成形制造工艺

冲压成形工艺是大型客车企业成形前后围蒙皮采用的主要制造工艺。该工艺根据前后围蒙皮工艺性分析,确定蒙皮分块制造的原则。如图6-15所示的前围蒙皮分成四块,即前顶蒙皮、两条对称的侧蒙皮和前围中蒙皮。分块蒙皮采用冲压工艺成形,在组焊胎具上或直接在前后围骨架上完成整体蒙皮的组焊。

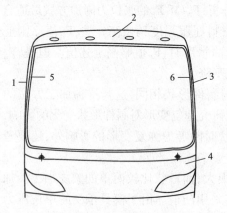

图6-14 前围外蒙皮分块示意图

1-前风窗右侧外蒙皮;2-前顶蒙皮;3-前风窗左侧外蒙皮;4-前围中蒙皮;5-前风窗右侧内蒙皮;6-前风窗左侧内蒙皮

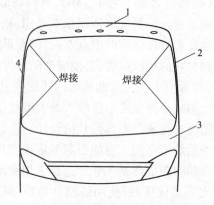

图6-15 前围蒙皮分块示意图

1-前顶蒙皮;2-前风窗左侧蒙皮;3-前围中蒙皮;4-前风窗右侧蒙皮

分块蒙皮冲压成形工艺流程为薄板下料(开卷校平剪切机组)、落料(剪板机)、拉延成形(双动压力机)、整形(单动压力机)、切割去边(等离子切割机)、修整和校验、表面处理。

蒙皮整体组焊是将已成形各块蒙皮在组焊胎具上定位,使形面贴胎,并修配侧蒙皮与上下蒙皮的对接处,保证接缝间隙符合要求,采用CO_2气体保护焊焊接,焊后打磨焊缝和修整,完成整体蒙皮的组焊。在前围或后围骨架的焊装胎具上,完成蒙皮与前围或后围骨架的焊接,采用检验样板及检验模具对前围或后围蒙皮进行检验和必要的修整。

前后围蒙皮冲压成形工艺不仅生产效率高,而且零件的形状、尺寸精度高,表面质量好等优点,是车身前后围总成组焊实现低位作业的基础。该工艺需要大型冲压设备和模具,资金投入多,且对前后围骨架结构尺寸精度要求较高,适用于大批量成熟车型的生产。

二、玻璃钢蒙皮制造工艺

玻璃钢学名玻璃纤维增强塑料,是一种以玻璃纤维及其制品(玻璃布、带、毡、纱等)作为增强材料、合成树脂作为基体材料(粘结剂)的复合材料。玻璃钢质量轻、强度高,比强度(强度与质量密度的比值)可优于钢材,具有良好的绝缘性和防锈蚀性,其质量密度、拉伸强度和比强度见表6-3。

玻璃钢和钢质量密度、拉伸强度、比强度的比较　　　　　　　　表6-3

材料名称	质量密度(g/cm³)	拉伸强度(MPa)	比强度(MPa)
玻璃钢	1.5~2.1	100~400	70~200
钢	7.8	300~700	40~90

前后围玻璃钢蒙皮制造工艺是指采用玻璃树脂胶与玻璃纤维在前后围模具上涂敷成形的一种方法。根据玻璃钢蒙皮成形时前后围骨架总成是否置于前后围成形模具中,玻璃钢蒙皮制造工艺可分为分体式成形和整体式成形两种形式。整体式成形是将前后围骨架总成置于前后围成形模具中,采用玻璃树脂胶与玻璃纤维直接与玻璃钢蒙皮一起成形。分体式成形是指在前后围模具上直接成形玻璃钢蒙皮,然后采用铆接或粘接方式将成形后的玻璃钢蒙皮与前后围骨架连接。

玻璃钢蒙皮分体式成形工艺过程如下:

(1)清理凹模表面,在凹模表面上均匀涂一层脱模剂并涂装胶衣层。胶衣是一种聚酯涂料,它是玻璃钢表面的保护层,并使外表面具有持久的颜色,起到遮盖玻璃纤维纹路的作用,涂层厚度应在0.5~0.8mm之间。

(2)当胶衣层凝结后,铺设第一层玻璃纤维,刷涂玻璃树脂胶并进行滚压,再开始铺设第二层玻璃纤维和刷涂玻璃树脂胶,重复以上步骤直至达到玻璃钢蒙皮要求的厚度为止。

(3)自然干燥或采用烘干设备进行烘干,玻璃钢蒙皮脱模后进行必要的清理和修整。

玻璃钢蒙皮成形模具为凹模,成形凹模通常是在与前后围蒙皮相符的凸模上翻制而成。凸模骨架制造方法与前围骨架制造方法相同,凸模外表面尺寸根据玻璃钢蒙皮外表面尺寸确定,并通过刮腻子、抛光机打磨等工序,保证凸模外表面光顺,用检验样板对其检验时的不贴合间隙不大于0.5mm。玻璃钢蒙皮成形凹模制造工艺过程与玻璃钢蒙皮制造工艺过程相近,不同之处在于成形凹模需制作凹模胎架。

玻璃钢制件不仅质量轻、强度高、耐腐蚀、易成形,而且成本低、效率高、工艺简单,具有良好的吸振性能,在客车内、外部装饰结构件上已得到广泛应用。

第七章　涂装前金属表面处理

车身金属构件在制造加工、运输、储存等过程中,其表面会附着上油污、锈蚀、氧化皮、灰尘等脏物。在涂装前必须将金属表面上的油污、锈蚀、氧化皮、灰尘等脏物去除掉,否则会降低涂层与基本金属的附着力,影响涂层寿命。特别是锈层,如果带锈涂装,锈蚀仍然在涂层下蔓延,使涂装失去意义。所以金属表面在涂装前要进行除油、除锈和磷化处理。我们把金属表面除油、除锈和磷化处理称为涂装前金属表面处理,简称为前处理。

在生产中常用的除油、除锈和磷化处理工序为:除油→水洗→酸洗→冷水洗→碱液中和→冷水洗→磷化处理→冷水洗→热水洗→干燥。

前处理是整个涂装过程非常重要的环节。金属表面前处理的质量将直接影响涂层的寿命,尤其是涂装前的磷化处理,对解决车身的锈蚀,延长车身使用寿命,有十分重要的意义。

第一节　碱液脱脂法

碱液脱脂使用的碱液清洗剂是由多种成分的碱类和几种表面活性剂所共同组成的复合碱液清洗剂。

碱液脱脂清洗法主要通过皂化作用去除掉金属表面的油脂,当清洗不能皂化的矿物油时,通过表面活性剂的作用,帮助乳化脱脂。碱液脱脂清洗法应用十分广泛,不但脱脂效果好,而且又比较经济。

一、碱液中各种碱的作用

1. 氢氧化钠(NaOH)

在同浓度的碱中,氢氧化钠(NaOH)pH 值最大,是最稳定的碱。皂化作用大,是碱液清洗剂中的主要成分。

2. 碳酸钠(Na_2CO_3)

碳酸钠(Na_2CO_3)是一种中等强度的碱,几乎没有皂化作用,但有浸润油脂、调节 pH 值的作用。与 NaOH 相比有一定的乳化作用,并可以软化硬水。

3. 正硅酸钠(Na_4SiO_4)

同浓度的碱中正硅酸钠(Na_4SiO_4)pH 值仅次于 NaOH,皂化作用、乳化作用、分散作用大,清洗力强,即使是单一的水溶液也可以作为很好的清洗剂。

4. 偏硅酸钠($Na_2SiO_3 \cdot 5H_2O$)

偏硅酸钠($Na_2SiO_3 \cdot 5H_2O$)具有良好的分散作用和乳化作用,有一定的皂化性。水解后生成的硅酸盐呈胶体状的悬浮状态,能机械地磨擦掉油污,加速油污的去除,因而被配合使用。

5. 磷酸三钠($Na_3PO_4 \cdot 12H_2O$)、焦磷酸钠($Na_4P_2O_7 \cdot 10H_2O$)

这两种碱具有显著的分散作用,可将大颗粒油污分散成近似胶体粒子的小颗粒,并有极佳的可冲性。这两种碱具有软化硬水的作用,其中磷酸钠有表面活性剂的作用。

一般使用的碱液清洗剂,根据金属的材质或附着的油污种类多少而选定适合的配方。在用碱液清洗时,由于以皂化反应为主要目的,所以槽液温度高时为好,一般采用70~90℃。

二、碱液中的表面活性剂

凡是溶于水或水溶液可降低两液相或液相和固相之间表面张力的物质,称为表面活性剂。表面活性剂是一种有机化合物,有亲水基和亲油基。表面活性剂具有乳化、分散、去垢和湿润等作用。根据其作用表面活性剂可分为乳化剂、去垢剂和湿润剂。表面活性剂主要可分为阳离子型、阴离子型、非离子型。通常在碱液清洗剂中用得较多的是后两者。

三、碱液清洗剂的脱脂原理

碱液清洗剂主要通过皂化作用、乳化作用和分散作用去除油污。

1. 皂化作用

油脂的主要成分是高级脂肪酸和丙三醇(甘油)生成的脂肪酸甘油脂又称脂肪酸丙三酯。当有碱类存在时,这些酯类与水共热发生水解反应,生成的高级脂肪酸与 $NaOH$ 反应,生成溶于水的脂肪酸钠和甘油,完成脱脂过程。

提高皂化反应时的溶液温度,加强机械摩擦和振荡等有利于金属表面的脱脂。

2. 乳化作用

两种互不相溶的液体(如油脂和水)形成稳定乳蚀液的过程称为乳化。能促使这种过程进行的物质称为乳化剂。乳化剂能促使一种液体以微小颗粒的状态分散在另一种不相溶的液体中,并且能降低分散微滴的表面张力,阻止这些分散的微滴相互凝结。碱液清洗剂在遇到不能皂化的矿物油时,通过乳化作用,使油污形成油在水中的乳浊液,以达到去除矿物油的目的。

3. 分散作用

油污中有许多属于微小颗粒的固体污垢。分散作用是使这些微小颗粒悬浮在清洗剂中,阻止它们凝结或重新沉积在构件表面上。

四、碱液脱脂方法的分类

碱液脱脂的方法分为电解法、喷射法、旋转法和浸渍法(煮沸法)四种。

1. 电解法

电解法是将被清洗物浸入碱液,然后通电,通过电解作用而清洗脱脂的方法。电解法去除油污速度快,能同时去除金属表面的尘垢、残渣等机械杂质,适用于中、小型构件的除油。

2. 喷射法

喷射法是将一定压力和温度的碱液喷射到被洗物表面,进行清洗的方法。喷射法适用于大量生产和流水作业。

3. 旋转法

旋转法是将被洗物放入碱液容器内,使之旋转的脱脂方法。此法适用于形状小、油污多的构件。

4. 浸渍法(煮沸法)

浸渍法是将被洗物放入加热的碱液清洗剂中浸渍而脱脂的方法。浸渍法是应用十分广泛、效果良好的脱脂方法。

五、影响脱脂效果的因素

采用浸渍法脱脂时，影响脱脂效果的因素除碱液清洗剂的配方外，还有浸渍时间、浸液温度、pH 值和槽液的管理及水洗。

1. 浸渍时间

根据油污的程度，一般 10～30min 即可。

2. 浸液温度

浸液温度高，对脱脂有利。液温高时，油脂被软化，液体的对流能促使脱脂，有利于皂化反应的进行。液温高能降低矿物油的粘度，去除油污更容易。一般碱液脱脂温度在 60～100℃ 之间。经验认为在 50℃ 以上，温度每增加 10℃，清洗效率提高一倍。

3. pH 值

由于 pH 值越大，油与液之间的表面张力低，容易形成乳浊液，对脱脂有利，要求碱液的 pH 值应在 9 以上。但 pH 值过高会对一些非铁金属引起腐蚀，如当 pH 值超过 10 时，会引起铝和锌的腐蚀。如果 pH 值在 8 以下，碱液几乎没有脱脂效果。

4. 槽液的管理

碱液使用一段时间后，脱脂能力逐渐减弱，脱脂时间变长。为了保持良好的除油效果，应经常调整槽液。

5. 水洗

碱液清洗后，被洗物要用流动水充分洗净，并用热水冲洗，否则碱液中的硅酸钠附着在被洗物上，带入洗槽后会生成二氧化硅胶体，给磷化处理带来恶劣的影响。

第二节　酸洗法除锈

通常把在金属表面生成的氧化物和氢氧化物称为锈。铁锈是氧化铁的水合物，具有较高的电位，容易使铁不断地被腐蚀。即使在涂层下，由于他的多孔性、吸水性和存在含水基因，也能促使铁不断地腐蚀。

酸洗法除锈就是把金属浸入各种酸的溶液中，使金属表面附着的氧化物和氢氧化物经过化学反应，溶解于酸溶液中，从而除去锈蚀的方法。酸洗法除锈效果好，工作效率比较高，特别适用于形状复杂的零件。但酸洗后处理不当时，会使金属受到腐蚀。

一、酸洗除锈原理

酸洗除锈是利用酸与铁锈（氧化铁和氢氧化铁）起化学反应，生成这种酸的盐类，将铁锈除去。以盐酸除锈为例：

$$Fe_2O_3 + 6HCl \rightarrow 2FeCl_3 + 3H_2O$$
$$Fe(OH)_3 + 3HCl \rightarrow FeCl_3 + 3H_2O$$
$$FeO + 2HCl \rightarrow FeCl_2 + H_2O$$
$$Fe(OH)_2 + 2HCl \rightarrow FeCl_2 + 2H_2O$$

另外，铁在酸中也参与反应，产生氢气：

$$Fe + 2HCl \rightarrow FeCl_2 + H_2 \uparrow$$

以上是酸除锈蚀的原理。利用酸除去钢铁表面氧化皮的原理与酸除锈蚀的原理略有差异。钢铁表面的氧化皮由三氧化二铁、四氧化三铁和氧化亚铁组成。其中三氧化二铁(Fe_2O_3)层最容易与酸起反应而被溶解,酸液便可从氧化皮的裂缝处渗透到基体,与铁发生化学反应,产生氢气。在氢气的作用下,氧化皮从钢铁表面上剥落。

二、酸液中抑制剂和湿润剂的作用

在利用酸洗法除锈时,酸液中需要加入适量的抑制剂和湿润剂。

在利用酸除锈的过程中,铁与酸发生化学反应产生氢气(H_2),一部分氢气容易被铁吸收,腐蚀金属晶格,引起铁脆化,减弱材料的机械性能;另一部分氧气从酸液中逸出形成酸雾,造成环境的污染。所以必须在酸液中加入一定量的抑制剂,抑制铁与酸的反应。

抑制剂也称为缓蚀剂,它能在金属基体表面上形成一层分子膜,以阻碍酸对基体金属的作用。抑制剂不会减弱酸除锈或除氧化皮的能力,只抑制铁与酸的反应,而且能提高酸的除锈能力。

抑制剂分无机和有机两类。后者抑制效果和稳定性好,如苯胺、明胶、甲醛、吡啶、哇林、硫酸等。抑制剂用量在1%以下。

酸液中的湿润剂可以提高酸洗效果和缩短除锈时间。湿润剂是一些表面活性剂,有烷基或丙烯基磺酸盐、烷基萘磺酸盐、高级醇硫酸酯等,用量为0.1%~0.5%。

三、盐酸和硫酸特性

生产中一般多使用盐酸除锈。盐酸(HCl)对氧化物的溶解力大,除锈能力很强,酸腐蚀作用易于控制,且价格便宜,处理简单。但温度高时,易产生气体蒸发,使成分变稀,所以必须在40℃以下使用。盐酸的浓度根据锈层的厚度、种类、工作温度而定。通常在常温下采用10%~15%盐酸溶液。硫酸在常温时与氧化皮作用较迟缓,所以工作温度多数控制在40~70℃,溶液浓度为6%~10%。无论哪一种酸,当浓度或工作温度高时,酸洗时间要缩短,且对钢铁的腐蚀也加剧,所以必须适当地选择酸液的浓度、工作温度、工作时间等参数。

四、酸洗后处理

从酸洗槽中取出的金属,由于附着酸液,必须用温水充分冲洗,把酸除去,否则又会马上生锈,仍需要再次进行酸洗。为了彻底把酸除去,往往采用碱液(碳酸钠液等)中合处理,并应立即进行磷化处理。

第三节 金属表面的磷化处理

利用磷酸盐溶液,使金属表面生成一层不溶性的、磷化的复盐保护膜的方法称为磷化处理。钢铁、铝、锌等金属均能进行磷化处理,其中以钢铁表面的磷化处理最为普遍。磷化处理后,钢铁表面形成一层钢灰色或浅灰色的保护性薄膜。磷化液一般含有磷酸、一种以上的磷酸二氢盐(如$Zn(H_2PO_4)_2$)和促进剂等,主要成分是锌、钙、铁的磷酸盐。采用的磷化液有磷酸锌磷化液、磷酸锌—钙磷化液和磷酸铁磷化液。在客车车身生产中,使用较多的是磷酸锌磷化液。

一、磷化膜的作用和特点

钢铁表面磷化处理后,生成一层致密、平滑的磷化膜。车身骨架构件的磷化膜厚度为

$2\sim5\mu m$。

一般涂膜由于会透过微量的水分和氧气,水分和氧气会与金属作用,引起金属腐蚀,使涂层破坏,影响涂层的保护作用。并且涂层只能防止腐蚀的开始,而不能阻止腐蚀的扩展。金属表面磷化处理后,能提高金属耐腐蚀的能力,阻止锈蚀在涂层下或涂层被破坏部位的扩展,增加涂层与金属表面之间的附着力。一般情况下,钢铁表面磷化处理后,涂层的保护年限提高2~4倍,涂层与金属表面之间的附着力提高近十倍。

磷化膜是一种具有保护性的绝缘层,能阻止离子的移动和电子的流动(转移),具有一定的防腐性。磷化膜呈结晶状,表面积大,附着性好。并且耐热性能强,在涂膜烘烤时也不会受影响。但磷化膜不耐强酸、强碱,弯曲强度弱,钢铁表面磷化处理后,最好不要进行变形加工。磷化膜不易长期暴露,否则磷化膜受到损坏或破坏,使耐蚀性能降低。

二、磷化膜生成过程

以磷酸锌磷化液为例,说明磷化膜生成过程。磷酸锌磷化液的主要成分是磷酸二氢锌和硝酸锌,在水溶液中反应的原理大致如下:

$$Zn(H_2PO_4)_2 \leftrightarrow 2H_2PO_4^- + Zn^{2+}$$
$$H_2PO_4^- \leftrightarrow H^+ + HPO_4^{2-}$$
$$HPO_4^{2-} \leftrightarrow H^+ + PO_4^{3-}$$
$$Zn^{2+} + HPO_4^{2-} \leftrightarrow ZnHPO_4$$
$$3Zn^{2+} + 2PO_4^{3-} \leftrightarrow Zn_3(PO_4)_2 \downarrow$$

磷酸二氢锌离解生成的磷酸氢锌和磷酸锌是难溶的和不溶性的。如果没有游离的磷酸存在,反应向右进行,磷酸氢锌和磷酸锌作为沉淀从磷化液中析出。为了避免有效成分的损失,磷化液中应有适当的游离酸存在。

当钢铁浸入磷酸锌磷化液时,铁与磷化液中的 H^+ 发生氧化还原反应:

$$Fe + 2H^+ \rightarrow Fe^{2+} + H_2 \uparrow$$

由于钢铁表面附近磷化液中 H^+ 浓度的减少,相界面处的 pH 值升高,Zn^{2+} 和 PO_4^{3-} 的浓度不断增加,当达到饱和时,即结晶沉积于钢铁表面上,生成一层不溶于水的磷化膜:

$$3Zn^{2+} + 2PO_4^{3-} + 4H_2O \leftrightarrow Zn_3(PO_4)_2 \cdot 4H_2O$$
$$2Zn^{2+} + Fe^{2+} + 2PO_4^{3-} + 4H_2O \leftrightarrow Zn_2Fe(PO_4)_2 \cdot 4H_2O$$

磷酸锌磷化液处理生成的磷化膜主要成分是锌磷化膜($Zn_3(H_2PO_4)_2 \cdot 4H_2O$)和锌铁磷化膜($Zn_2Fe(H_2PO_4)_2 \cdot 4H_2O$)。它们的比例因磷化处理方法、溶液的组成、温度、磷化时间等不同而有差异。一般情况下,锌铁磷化膜所占比例大的磷化膜,涂装后的防腐性能较好。

三、影响磷化处理的因素

影响磷化处理的因素有促进剂、补助促进剂、酸比等因素。

1. 促进剂

为了加速磷化膜的生成,缩短磷化时间,需要使用各种氧化剂和离子化倾向低的金属盐。常用的氧化剂是硝酸锌和亚硝酸钠。离子化倾向低的金属盐是可以水溶的铜盐和镍盐。

在磷化过程中,反应产生的氢气停留在金属表面上,阻碍磷化反应的进一步进行。加入氧化剂如硝酸锌,可以使氢气氧化而被除去。从而加速了磷化膜的生成,同时也增加了溶液中

Zn^{2+}浓度。

$$2NO_3^- + 12H^+ + 5Fe \rightarrow 5Fe^{2+} + 6H_2O + N_2\uparrow$$

离子化倾向低的金属盐,由于它是比铁稳定的金属离子,可以在钢铁表面析出,加速了铁的溶解,使磷化反应加快。

2. 酸比

所谓酸比是总酸度与游离酸度之比。总酸度是处理液中所含有的酸性成份总量,来源于磷酸盐和硝酸盐。游离酸度是处理液中存在的游离磷酸的浓度,来源于磷酸盐。

酸比大时,磷化反应太快,不能形成磷化膜,只在金属表面产生粉末状的残渣。酸比小时,游离酸度过高,在钢铁表面形成膜,不仅成膜困难,即使已形成的磷化膜也能被溶解。

$$Zn_3(PO_4)_2 + 4H^+ \leftrightarrow Zn(H_2PO_4)_2 + 2Zn^{2+}$$

所以磷化液要保持适当的酸比,以获得良好的磷化膜。

另外,浓度和酸比一样,也是影响磷化工艺的重要因素之一。浓度过低,生成的磷化膜薄而不均匀;浓度过高,生成的磷化膜粗糙多孔;适宜的浓度能生成致密平滑的磷化膜。

3. 补助促进剂

补助促进剂是用于调节游离酸值的各种碱类。当磷化液中游离酸值大时,磷化速度慢;游离酸值太小,又会使有效成分沉淀,因此磷化液必须保持一定的游离酸值。为此要添加各种各样的碱,调节游离酸值,使槽液稳定。

四、磷化方法

金属表面的磷化处理一般采用喷射法和浸渍法。喷射法是指磷化液借助喷嘴以一定的压力射向构件表面来实现磷化处理的方法,适用于大型的连续生产的构件。对于复杂的金属构件,采用浸渍法更好,而且生成的磷化膜致密平滑。

根据磷化液温度,磷化处理分为低温磷化(25℃以下)、中温磷化(60~70℃)和高温磷化(90℃以上)。一般以中温磷化比较常用,其优点是溶液稳定,磷化时间短,生产效率高,磷化膜的质量也比较好。

近年来,低温磷化受到重视。低温磷化不需要加热,磷化膜均匀细密,与金属附着性好,缺点是耐蚀性比中温磷化差。

五、磷化膜的检验

磷化膜首先进行外观检验。磷化膜应结晶均匀、细密、完整,表面不应有粉末状残渣和磷化不到的空白点与锈迹。抗腐蚀性能检验可以用30%的NaCl溶液浸泡,在室温下保持15min,取出洗净,在空气中干燥30min,如不出现锈点,即为合格。

第八章 大客车车身涂装工艺

涂装工艺是指对客车车身及其零部件表面进行的防腐蚀处理工艺。客车在使用过程中，因为有害物质和环境因素的侵蚀以及机械损伤等原因，容易引起车身制件腐蚀破坏，造成材料和能源的浪费以及环境污染。涂装可以在车身及其金属零部件表面上形成具有保护性和装饰性的涂层，提高车身的耐腐蚀性和装饰性。

客车车身涂装是客车制造的主要工艺之一。涂料、涂装设备、涂装工艺、涂装环境、涂装管理是涂装工艺的主要因素。车身涂装工艺一般由涂装前表面处理、涂布涂料和干燥三个基本工序组成。客车车身表面涂装工艺主要包括金属表面前处理、底漆涂装、涂刮腻子、中间漆涂、面漆涂装、车身隔热保温处理等工艺。车身表面涂装后，要求在各种气候条件下，车身不发生涂膜劣化和锈蚀，涂层外观漂亮、色泽鲜艳柔和、镜物清晰。

客车车身腐蚀直接影响车身的使用寿命和外观质量，一般以均匀腐蚀、点腐蚀、缝隙腐蚀、电偶腐蚀、垢下腐蚀等最为常见。车身耐腐蚀性与车身涂料的选择、涂装工艺方法和涂装质量密切相关。

第一节 车身涂料概述

涂料是指涂装在物体表面上能形成具有保护、装饰或特殊性能（如绝缘、防腐、标志等）的固态涂膜的一类液体或固体材料的总称。早期的涂料大多以植物油为主要原料，称为油漆。现在合成树脂已大部分或全部取代了植物油，称为涂料。车身涂料是指涂装在车身及其零部件表面的一种成膜物质，一般由成膜物质（树脂）、助剂、颜料、溶剂等组成。涂料的特性包括遮盖力、附着力、黏度和细度等。

一、车身涂料的作用

车身及其零部件表面通过一定的涂装工艺所形成的涂膜称为涂层。涂层性能由涂料的组成和结构决定，并受外界条件的影响。车身涂层具有保护作用、装饰作用和特殊标识作用。涂层的保护性能包括涂层耐腐蚀性、耐候性等，装饰性能包括涂层的光泽、鲜映性和耐久性等。涂层的厚度直接影响涂层的保护性能和装饰性能。

1. 保护作用

车身涂层具有一定的防锈、防腐、耐酸、耐潮湿、耐高温等多种功能，能有效阻止或减缓车身金属材料与其周围介质发生化学或电化学反应，阻止车身锈蚀的发生，减缓锈蚀的扩展，延长车身的使用寿命。车身涂层的保护作用是车身涂料最重要、最基本的功能，采用优质的涂料和先进的涂装工艺进行车身涂装，可以显著的提高车身的耐腐蚀性能。

2. 装饰作用

车身涂装可以使车身表面具有一定的色彩、光泽、图案、标志等，起到美化车身作用，产生相应的艺术效果。车身涂料可以使车身颜色与车内颜色、环境颜色相协调，与人们的爱好、时代感相适应,给人们以赏心悦目的舒适感受。涂层的装饰性取决于色彩的选择和搭配,涂膜的光泽、鲜映性、丰满度和外观等方面。

3. 特殊标识作用

涂料的标识作用是通过涂料的色彩和图案来体现的。利用涂料色彩和图标在客车车身适当部位标示出告知、警示、危险等信息。涂料的特殊标识作用也体现在用特定的颜色标明特定用途的车辆,这种作用在特种车辆上非常普遍,并已标准化。

二、车身涂料的要求

涂料基本性能一般来说包括物理性能和化学性能,物理性能包括附着力、硬度、柔韧性、粗糙度、光泽度等,化学性能包括耐腐蚀性、耐化学性、耐水性、耐久性等。车身涂料应具有优良的耐腐蚀性、耐候性、装饰性、配套性,良好的工艺性、环保性和经济性等,满足客车车身涂装工艺和使用的要求。

(1)优良的耐腐蚀性。涂料的耐腐蚀性一般是指被涂物在一定涂层厚度下所具有的抵抗周围介质腐蚀破坏作用的能力。耐腐蚀性能是涂层的一项重要指标,与涂料的附着力、耐化学性、耐水性等物理和化学性能密切相关。车身涂料应具有优良的耐腐蚀性能,阴极电泳底漆涂层的耐盐雾性能在1000h以上,溶剂性底漆涂层的耐盐雾性能在500h以上。

(2)优良的耐候性。耐候性是指涂料在自然条件下,经受太阳光直射、风吹雨淋、酸雨、风沙等自然条件,在涂料的性能及外观上的保持性。在各种恶劣的气候条件下,客车车身涂层不出现开裂、起泡、粉化、脱落、锈蚀现象,要求车身涂料应具有优良的耐候性。

(3)优良的装饰性。构成涂料装饰性的因素包括粗糙度、光泽度、丰满度、鲜映性等多项指标。客车对车身表面涂层的光泽、鲜映性、丰满度以及色彩的选择和搭配等方面要求很高,要求涂层丰满、色彩鲜丽柔和、鲜映性好,车身涂料必须具有优良的装饰性。

(4)优良的机械性能。要求车身涂料的附着力好,涂层具有适当的硬度和弹性,抗石击、耐弯曲、耐划伤、耐摩擦等性能优越。

(5)良好的耐擦洗性和耐污性。要求车身表面涂层耐毛刷、肥皂、清洗剂清洗,与常见的污渍接触后不留或少留痕迹。

(6)优良的配套性。配套性是指涂装基材和涂料以及各层涂料之间的适应性。客车车身采用多涂层涂装体系,车身底漆、中间漆和面漆应具有优良的配套性,涂层之间附着力好,不引起渗色、开裂等涂膜弊病。

(7)良好的工艺性。车身涂料应与自动喷涂、浸涂、静电喷涂或电泳涂装等涂装工艺方法相适应,同时要求涂层干燥迅速,涂层的烘干时间以不超过30~40min为宜。

(8)良好的可修补性。车身在与其他物体发生刮擦或碰撞时,容易造成涂层表面产生划伤或涂层破坏,要求车身涂料具有良好的可修补性,以便恢复涂层的保护性能和装饰效果。

(9)良好的环保性。普通涂料的溶剂挥发后会产生有毒物质,损害施工人员的身心健康,污染环境,所以要求车身涂料应更多的采用环保型高固体分的涂料、水性涂料和粉末涂料,同时应缩短喷涂时间,减少能源的消耗和废气、废液、废料的排放。

(10)良好的经济性。由于车身涂料用量大,要求涂料价格适中、货源广,应具有良好的经济性。

与其他车型相比较,客车车身不但涂装面积大、车身材料种类多,而且发动机、底盘和电器部件有时会进入涂装工序,要求车身涂料应具有优良的吸收性、材料适应性和低温固化性。

三、涂料的组成

涂料一般是由成膜物质、颜料、助剂、溶剂等组成。按组成涂料的各种物质在涂膜形成中的作用，涂料又是由主要成膜物质、次要成膜物质和辅助成膜物质三部分组成。

1. 主要成膜物质

主要成膜物质是涂料的主要成分和涂膜的主要物质，决定着涂料和涂膜的基本性能，具有粘结涂料中其他组分形成涂膜的功能。主要成膜物质是构成涂料的基础，因此又称为基料，分为油料和树脂两大类。以油料为主要成膜物质的涂料称为油性涂料，以油料和某些天然树脂为主要成膜物质的涂料又称为油基涂料；以树脂为主要成膜物质的涂料称为树脂涂料，例如以酚醛树脂或改性酚醛树脂为主要树脂的涂料称为酚醛树脂涂料。车身涂装对涂料要求比较高，采用的主要成膜物质是各种优质的合成树脂。

2. 次要成膜物质

次要成膜物质主要是指构成涂膜组成部分的颜料。颜料是一种不溶于水、溶剂或涂料基料的微细粉末状有色物质，均匀地分散在涂料介质中，能与主要成膜物质共同构成涂膜，但不能单独构成涂膜。颜料在涂料分别起着着色、防锈、遮盖等作用，按其着色功能可分为着色颜料和体质颜料。着色颜料使涂料具有了一定的色彩和遮盖力；体质颜料又称为填充颜料，是一些白色固体粉末物质，可增加涂膜厚度。颜料不但赋予了涂膜一定的色彩和遮盖力，而且增加了涂膜的厚度，提高了涂膜的耐磨性和耐久性，改善了涂料流动性和涂装性能，增多了涂料品种。

3. 辅助成膜物质

辅助成膜物质是指有助于改善涂料的施工、成膜及使用等性能，在涂料中起辅助作用的物质。辅助成膜物质包括稀料和辅助材料两大类。稀料是指涂料中易于挥发使树脂成膜的物质，包括溶剂、稀释剂和助溶剂。稀料的主要作用是能够充分溶解漆膜中的树脂，使涂料具有一定粘度，满足施工工艺要求。辅助材料包括固化剂、催干剂、增韧剂、乳化剂等，用量很少（用量<5%），但起着各种重要作用。

各种涂料的组成和各种组成物质见表 8-1。

涂 料 的 组 成　　　　　　　　　表 8-1

涂料的组成	材料名称	类　别	品　种　名　称
主要成膜物质	油料	干性油	桐油、亚麻油等
		半干性油	豆油、葵花籽油、棉子油等
		不干性油	蓖麻油、椰子油等
	树脂	天然树脂	虫胶、松香、天然沥青等
		合成树脂	酚醛、醇酸、丙稀酸、环氧、丙烯酸等
辅助成膜物质	颜料	着色颜料	环氧铁红、铬黄、氧化锌、钛白等
		体质颜料	钛白粉、滑石粉、重晶石粉等
		防锈颜料	红丹、锌铬黄、偏硼酸钡等
次要成膜物质	溶剂	助溶剂	二甲苯、松节油、乙醇、丁醇等
		稀释剂	烃类、醇类、酯类溶剂等
	辅助材料	添加剂	固化剂、催干剂、增韧剂、乳化剂、稳定剂等

四、涂料的分类

涂料的分类方法繁多,按主要成膜物质进行分类应用最广泛。涂料按主要成膜物质的分类见表8-2,将涂料分为18大类,辅助材料的分类见表8-3。

涂料分类表　　　　　　　　　　　　　表8-2

序号	代号字母	成膜物质类别	主要成膜物质
1	Y	油脂漆类	天然植物油、清油(熟油)、合成油
2	T	天然树脂漆类	松香及衍生物,虫胶、乳酪素、大漆及衍生物
3	F	酚醛树脂漆类	改性酚醛树脂、纯酚醛树脂
4	L	沥青漆类	天然沥青、石油沥青、煤焦沥青
5	C	醇酸树脂漆	甘油醇酸树脂、季戊四醇醇酸树脂
6	A	氨基树脂漆	脲醛树脂、三聚氰胺甲醛树脂
7	Q	硝基漆类	硝基纤维素脂
8	M	纤维素漆类	乙基纤维,羟甲基纤维、醋酸纤维
9	G	过氯乙烯漆类	过氯乙烯树脂
10	X	乙烯漆类	氯乙烯共聚树脂、聚乙烯醇等
11	B	丙烯酸漆类	丙烯酸酯树脂,丙烯酸共聚物
12	Z	聚酯漆类	饱和聚酯树脂,不饱和聚醇树脂
13	H	环氧树脂漆类	环氧树脂,改性环氧树脂
14	S	聚氨酯漆类	聚氨基甲酸酯
15	W	有机元素漆类	有机硅、有机钛,有机铝等元素有机聚合物
16	J	橡胶漆类	天然橡胶、合成橡胶及其二者的衍生物
17	E	其他漆类	未包括在以上所列的其他成膜物质
18		辅助材料	稀释剂、防潮剂、催干剂,脱漆剂,固化剂

辅助材料分类表　　　　　　　　　　　表8-3

代号字母	X	F	G	T	H
名称	稀释剂	防潮剂	催干剂	脱漆剂	固化剂

涂料按涂料的形态分为水性涂料、溶剂性涂料、粉末涂料、高固体分涂料等;按涂料的成膜过程分为热塑性和热固性涂料两大类;按涂料的成膜温度分为自干型和烘干型涂料;按涂装方法分为刷涂涂料、喷涂涂料、辊涂涂料、浸涂涂料、电泳涂料等;按涂装工序分为底漆、中涂漆(二道底漆)、面漆、罩光清漆等。

第二节　车身涂料的选择

客车车身涂料主要包括底漆、中间漆和面漆涂料等。涂料性能直接影响车身的耐腐蚀性和使用寿命。为了满足不同层次客车对车身涂料保护和装饰功能的要求,适应车身材质多样性的涂装,必须合理的选择车身的底漆、中间漆和面漆涂料。

一、底漆涂料的选择

底漆涂料是直接涂装在经过表面处理的车身表面上的第一道涂料,是车身的基础涂层,具有防止车身表面产生锈蚀、增强车身表面与涂层之间附着力的作用。底漆的耐腐蚀性、与车身表面的附着力、底漆的厚度和均匀度等直接影响车身的耐腐蚀性和涂层的耐久性。因此,要求底漆涂料必须具有以下特点:

(1)具有优良的耐腐蚀性、耐油性、耐化学性和耐水性;

(2)与车身表面有很好的附着力,底漆涂层应具有适当的硬度、光泽、柔韧性和抗石击性等机械性能;

(3)与中间涂层或面漆涂层的配套性良好,不被中间层涂料或面漆涂料所含溶剂咬起;

(4)具有良好的施工性能,适应车身表面涂装工艺的特点。

底漆涂料主要分溶剂性底漆涂料、电泳底漆涂料、粉末涂料等。

1. 溶剂性底漆涂料

溶剂性底漆涂料主要包括环氧聚酰胺底漆、环氧酯底漆、环氧聚氨酯底漆等,要求耐盐雾性能在500h以上。

1)环氧聚酰胺底漆

环氧聚酰胺底漆是以环氧树脂为主要成膜物质、聚酰胺树脂为固化剂的一类涂料,属于聚酰胺固化环氧涂料。该底漆是双组分涂料,一组分为环氧树脂、氧化铁红等防锈颜料、助剂和溶剂组成的基料;另一组分为聚酰胺树脂固化剂。在客车制造企业,环氧聚酰胺底漆多采用空气喷涂方式进行涂装。

环氧聚酰胺底漆与金属和非金属结合均能形成良好的附着力,适用于冷轧钢板、镀锌钢板、铝板、玻璃钢表面的涂装。涂层致密坚硬、耐化学腐蚀性能和热稳定性好,良好的附着力和耐候性,耐水性和施工性能好,与多种涂料有极好的配套性,具有优良的综合性能,可以在不完全除锈或潮湿的钢铁表面进行涂装,适合作为底漆使用,但涂层装饰性较差。环氧聚酰胺底漆主要用于客车舱体内侧、车架及车内型材等不再进行后续涂装的部位。

2)环氧酯底漆

环氧酯底漆是由环氧树脂植物油酸酯化后,分别与氧化铁红、氧化铁黑、锌黄等颜料和体质颜料研磨,并加入催干剂,以二甲苯、丁醇调制而成。环氧酯底漆有铁红环氧酯底漆和锌黄环氧酯底漆两类。铁红环氧酯底漆适用于涂装黑色金属表面,锌黄环氧酯底漆适用于涂装有色金属表面。氧化铁红(Fe_2O_3)遮盖力和着色力很强,分散性好,具有优异的耐光、耐高温、耐酸、耐碱、防锈性。

环氧酯底漆涂层坚韧耐久,附着力大,防锈性能好,良好的耐水性和机械性能。环氧酯底漆与磷化底漆配套使用时,可进一步提高涂层的耐腐蚀性能。

客车车身主要采用单组分烘烤型环氧酯底漆。与双组分环氧底漆相比,环氧酯底漆具有施工简便、干燥快的特点,适用于车身表面各种金属和非金属基材的涂装。由于环氧酯类底漆不含固化剂,不会自然固化,不仅用于车身表面的涂装,还广泛用于客车半成品件的浸渍涂漆。在车身表面涂装时,可采用静电喷涂、空气辅助无气喷涂等方式进行环氧酯底漆涂装。

3)磷化底漆

磷化底漆是由聚乙烯醇缩丁醛树脂、环氧树脂等为主要成膜物质的基料和磷化液两部分组成的涂料,分为单组分与双组分。磷化底漆涂料种类众多,常见的双组分磷化底漆由聚乙烯醇缩丁醛树脂、醇类溶剂、防锈颜料、助剂组成的基料(甲组分)和磷化液(乙组分)组成;单组分磷化底漆由聚乙烯醇缩丁醛、磷酸、锌铬黄及助剂组成。双组分磷化底漆使用时按规定比例混合,充分搅拌均匀后在规定时间内使用,其磷化效果一般好于单组分的品种。

乙烯磷化底漆的主要成膜物质为聚乙烯醇缩丁醛树脂。聚乙烯醇缩丁醛树脂是聚乙烯醇和丁醛的缩合物,可溶于甲醇、乙醇、酮类、芳烃类等溶剂,与酚醛树脂、环氧树脂等树脂有良好的相溶性,具有防锈能力强、附着力和耐水性好的特点,可用于金属底层涂料和防寒涂料的制造。在乙烯磷化底漆中,聚乙烯醇缩丁醛树脂的附着性能通过加入的磷酸可得到进一步提高。

乙烯磷化底漆干燥快,在金属表面可形成一层致密的磷化膜;对有色及黑色金属有良好的附着力;涂层具有良好的力学性能和耐冲击性;与大部分涂料具有优良的配套性能;不影响焊接和切割;但不具备特别优异的防腐性能,保护时间短,不能单独作为底漆使用,必须与其他底漆配套使用。乙烯磷化底漆作为预处理底漆,是一种高效的金属表面处理剂,可代替金属表面的磷化处理,起到磷化作用,增加防锈底漆与金属表面的附着力。

由于底漆中的磷酸对金属底材有轻微的侵蚀作用,对于氧化速度极快的铝材等活泼金属,磷化底漆具有其他底漆无可比拟的附着性能。但磷化底漆与环氧漆之间配套性不好,一般要在磷化底漆上,采用"湿碰湿"方式喷涂聚氨酯底漆,并且一些磷化底漆与不饱和聚酯腻子之间的配套性也存在问题。乙烯磷化底漆适用于冷轧钢板、镀锌钢板、铝板等金属表面的预处理,漆膜厚度为 $10\sim15\mu m$,可采用高压无气喷涂、空气喷涂、刷涂和辊涂方法进行涂装。

2. 电泳底漆涂料

电泳涂料是以水溶性(或水乳型)树脂为主要成膜物质,采用电泳法进行涂装的专用水溶性涂料。电泳涂料按被涂制件电极可分为阳极电泳涂料和阴极电泳涂料;按主要成膜基料在水中存在的离子形态可分为阴离子电泳涂料和阳离子电泳涂料;按水分散状态可分为单组分电泳涂料和双组分电泳涂料;按涂膜厚度分为薄膜型(膜厚 $20\mu m$ 以下)、中厚膜型(膜厚 $20\sim30\mu m$)和厚膜(膜厚 $30\mu m$ 以上)型电泳涂料。电泳涂料主要应用于车身及其零部件的底漆涂装。

阴极电泳涂料具有优异的耐腐蚀性能、高泳透率和高库仑效率的特点,被广泛应用于车身底漆的涂装。目前,客车主要采用双组分、中厚膜型阴极电泳涂料用于车身及其零部件的底漆涂装,涂层的耐盐雾能力可以达到 1000h 以上。

电泳涂料是一种环保型水性涂料,阴极电泳涂料与溶剂性底漆相比,具有以下特点:

(1)具有优异的抗腐蚀性能,涂层的防腐蚀能力强,与中间漆、面漆的配套性好;

(2)涂层致密均匀,具有出色的附着力、耐水性和耐冲击性能,烘干时间较短;

(3)在水中完全溶解或乳化,泳透率高,容易浸透到车身内腔表面及缝隙中,涂装效果好;

(4)涂料利用率高,损失小,利用率可以达到95%以上;

(5)以水作为溶剂,有机溶剂含量低,低挥发、低污染,具有突出的环保优势;

(6)容易实现自动化涂装,适用于大批量流水线生产,可大幅度提高生产效率。

当然,电泳涂料也存在着一些局限性。不适用于不具有导电性的车身制件涂装;对于采用多种导电特性不一样的金属材料的车身,不适宜采用电泳涂料进行涂装;由于电泳槽底更新期在6个月以内,对于小批量生产不适宜采用电泳涂装。

常见的阴极电泳涂料有环氧阴极电泳涂料、丙烯酸阴极电泳涂料、聚氨酯阴极电泳涂料。以阳离子环氧树脂为基料的环氧阴极电泳涂料,具有很好的附着力和防腐蚀性能,常作为车身、车架或底架等的底漆,但涂料的耐候性和柔韧性较差。以阳离子丙烯酸树脂为基料的丙烯酸酯阴极电泳涂料,具有优良的耐候性、柔韧性和热稳定性,但耐腐蚀性能欠佳。

由于单一的阳离子树脂难以使阴极电泳涂料具备优异的综合性能,所以阴极电泳涂料主体树脂通常选择多种单体加以组合。利用环氧树脂与丙烯酸酯类单体的接枝共聚物—环氧丙烯酸酯树脂制备的阴极电泳涂料,既具有环氧树脂涂料的优异附着力和防腐蚀性能,又兼有丙烯酸树脂涂料的光泽、丰满度、耐候性好等特点。而通过在环氧体系中添加一定量的聚酰胺树脂,将环氧树脂嵌段共聚于聚氨酯分子的主链之中,对环氧树脂进行增韧改性,可以提高涂层的厚度,增加涂层的耐冲击性、柔韧性和丰满度。因此,采用多种阳离子型树脂共溶或通过化学改性制备阳离子树脂,可以综合利用环氧树脂、丙烯酸树脂和聚氨酯树脂等的特点,制成理想的、能够满足各方面要求的涂料。

耐候性阴极电泳涂料是以阳离子环氧树脂(多为双酚 A 型)和阳离子丙烯酸树脂的混合物为基料,以异氰酸酯等为交联剂的底漆涂料。涂装时利用两种相容性低的树脂表面张力的差异,表面张力大的环氧树脂沉于底层,表面张力小的丙烯酸树脂浮于表层,形成了底层以环氧树脂为主、表层以丙烯酸树脂为主的涂层,从而保证涂料具有优良的耐腐蚀性和耐候性。客车车架、底架等位于车身底部部件,要求涂层具有优良的耐腐蚀性、耐冲击性和耐候性,适合于选用耐候性阴极电泳涂料作为电泳涂料。

中厚膜和厚膜型阴极电泳涂料主要是由具有不同玻璃化温度的几种树脂相配合,并添加高沸点的助溶剂等制成。涂层可在 $20 \sim 40 \mu m$ 范围内自由选择,不仅外观平整、光滑、致密、无缩孔、无颗粒,而且具有优异的机械性能和防腐蚀性能以及良好的耐候性能,是汽车及其零部件广泛应用的涂装材料。但在客车制造企业,由于客车车身尺寸大、车身材料种类多、车型品种多和批量小以及阴极电泳投资大等原因,国内只有少数大型客车制造企业采用车身和车架阴极电泳涂装工艺。

3. 自泳底漆涂料

自泳涂料又称为自动沉积涂料,是一种通过化学反应使涂料自动覆盖在金属表面的水性乳胶涂料。自泳涂料主要由合成树脂乳液、金属活化剂、氟化氢、过氧化氢等氧化剂和颜料的水分散物等组成。涂装时,通过酸性溶液的浸蚀作用,在金属表面形成微电池化学反应,使自泳涂料溶液中的乳胶粒子析出而沉积在金属表面上,形成一层自沉积涂层。自泳涂料能够在未经磷化处理的金属表面上,形成一层具有优异附着力和良好耐腐蚀性的涂层。

自泳涂料是以水为分散剂的底漆涂料,不含有机溶剂,涂层质量好,涂料利用率高,成本低,与原子灰、中涂涂料配套性好,是一种低成本、高效率、环保型的涂料。与其他底漆涂料相比较,自泳涂料具有以下主要特点:

(1)自泳涂料防锈能力强,涂层具有优异的附着力和良好的耐腐蚀性。自泳涂料在自泳沉积过程中,化学转化处理与涂膜沉积同时进行,金属表面始终保持活化状态,涂膜附着力强,涂层耐盐雾性能一般介于阳极电泳和阴极电泳之间。

(2)与电泳涂料相比,自泳涂装不存在泳透力问题。对复杂形状的制件表面均能涂覆一层十分均匀的涂膜,厚度误差不超过 $\pm 2\mu m$,涂膜的均匀性好于电泳涂料。特别是在制件的棱角、内腔表面,涂料有同样的沉积能力和耐防腐性能。

(3)自泳涂料具有更好的抗冲击性和柔韧性。由于金属表面不需要磷化处理,自泳底漆涂层具有更好的抗冲击性和柔韧性等机械性能。

(4)自泳涂料涂装的生产效率较高。自泳涂装的金属表面只需进行除锈、除油处理,不需要进行磷化处理和磷化后的水洗等工序,工序少,自泳涂装线短,并且自泳沉积时间一般在

2min左右,与电泳涂装和水性浸渍涂装等相比,自泳涂装具有更高的生产效率。

(5)自泳涂料成本低,涂料利用率高。自泳涂料成本是阴极电泳涂料的30%左右,槽液固体含量低,在5%~10%之间,与其他几种水性涂料相比较,一次性投入涂料数量少。自泳涂料在金属表面上形成的湿膜仍有很高的渗透性和化学反应特性,继续发生化学作用而沉积,水洗冲掉的涂料极少,涂料利用率高,可以达到98%以上。

(6)自泳涂料涂装时能耗低,涂层烘干温度在100℃左右,烘干温度较低,与电泳涂装相比较,可节省能耗40%~50%,运行成本低。自泳涂装工艺简单,设备投资少,设备投资比电泳涂装减少30%~40%,占地面积节省20%~50%。

(7)自泳涂料不含任何挥发性有机溶剂,无有毒性废液排放,并且自泳涂装时能耗低、用水量少,对环境的污染小,是一种环境友好型环保涂料。

自泳涂料也存在着明显的不足,涂层耐腐蚀性低于阴极电泳涂料,颜色单一,目前颜色只有黑色和灰色两种;仅适用于钢铁制件表面的涂装,应用范围受到限制。

自泳底漆涂料主要以丙烯酸酯类、聚偏二氯乙烯(PVDC)和环氧基聚合物为主要成膜物质,包括丙烯酸酯类自泳涂料、聚偏二氯乙烯类自泳涂料和环氧树脂类自泳涂料。涂层厚度主要取决于自泳时间和槽液温度。

丙烯酸酯类自泳涂料以丙烯酸酯类共聚物为主要成膜物质,可以添加少量的或不添加成膜助剂。丙烯酸酯类共聚物由多种功能性单体、乳化剂、引发剂、交联剂和水等进行种子乳液聚合。功能性单体包括丙烯酸丁酯、丙烯腈、苯乙烯、甲基丙烯酸、丙烯酸乙酯等,引发剂为过硫酸铵,不饱和交联剂采用三羟甲基丙烷三丙烯酸酯、乙二醇二丙烯酸酯等。交联剂可以提高聚合物的相对分子质量,改善涂层的附着力和耐腐蚀性,对涂层的性能有着较大的影响。

丙烯酸酯类自泳涂料具有良好的耐腐蚀性、耐水性、耐汽油性和热稳定性,外观平整、光滑,涂层的性能主要取决于涂料中各种单体的比例,耐盐雾性能可以达到600h以上。

聚偏二氯乙烯类自泳涂料由聚偏二氯乙烯聚合物作为基料的自泳涂料。聚偏二氯乙烯(PVDC),是偏二氯乙烯(VDC)与其他单体二元或三元共聚物的总称,其共聚的单体主要有氯乙烯、丙烯腈、丙烯酸和甲基丙烯酸酯类。自乳化聚偏二氯乙烯类共聚物的合成是将偏二氯乙烯、带有离子基团的单体乳化剂和丙烯酸酯类单体进行共聚合。对于采用外乳化法合成的聚偏二氯乙烯类共聚物,由于外加乳化剂的存在,会增加涂膜的亲水性,涂膜的耐腐蚀性能较自乳化体系差。

与丙烯酸酯类、环氧树脂类自泳涂料相比较,聚偏二氯乙烯类自泳涂料可在低温下(固化温度为20~120℃)固化,不需要含铬化合物(Cr^{6+}或Cr^{6+}与Cr^{3+}的混合物)后处理,涂层具有良好的附着力、耐盐雾性、硬度、耐水性和耐溶剂性,通过自乳化或外加乳化剂法合成聚偏二氯乙烯类自泳涂料具有优良的耐腐蚀性能,耐盐雾性能可达600h以上。

环氧树脂类自泳涂料是以环氧树脂为基料的自泳涂料。环氧树脂乳液采用环氧树脂、三苯基膦催化剂、壬基酚聚氧乙烯醚磺酸铵乳化剂和异氰酸酯交联剂等制备。由于环氧树脂含有环氧基和羟基两种活泼官能团,易与多元胺、聚酰胺树脂、酚醛树脂、氨基树脂、多异氰酸等反应固化成膜。由环氧乳液制备的自泳涂料具有优良的附着力和耐腐蚀性,可用于单道涂层或底层。目前热固性环氧树脂基自泳涂料已成为自泳涂料家族的最新产品。

二、中间层涂料的选择

中间层涂料是指介于底漆涂层与面漆涂层之间的涂层所采用的涂料。中间层涂料的主要作用是改善车身表面和底漆涂层的平整度,为面漆涂层创造良好的基底,并通过增加涂层厚度,提高车身涂层的装饰性、耐水性和抗石击性。

1. 中间层涂料的特点

作为介于底漆与面漆之间的过渡层—车身中间层涂料应具有以下特点:

(1)与底漆和面漆涂层的配套性良好。中间层涂料与底漆和面漆具有良好的附着力、结合力和抗面漆下渗性,硬度配套适中,并通过增加涂层厚度,提高车身涂层的抗石击性和耐水性。

(2)良好的填平性。中间层涂料主要用于消除底漆涂层表面的缺陷和改善底漆涂层的平整度,通过填平和覆盖原子灰、底漆涂层表面的针孔、麻点、打磨痕迹和划纹等缺陷,提高车身涂层的平整性和丰满度。

(3)良好的流平性。涂料流平性好,橘皮少,涂层表面均匀平滑,平整光洁,颗粒粗糙极少,可以为面漆涂层打下良好的基础。

(4)打磨性能好,干燥速度快。中间层涂料打磨时不沾砂纸,打磨后能得到平整、光滑的涂层表面,并且干燥时间短、速度快。

(5)耐水性好,不会引起涂层起泡。

2. 中间层涂料的选料

车身中间层涂料的选料以保证涂层物理机械性能为主,涂层的主要性能为抗石击性、柔韧性、耐水性和表面平整度。为了保证涂层间具有牢固的结合力和良好的配套性,中间层涂料基料的选择应与底漆和面漆所用的基料相同或相近,并逐步由底向面过渡。选择屏蔽型的颜料,如云母氧化铁、铝粉、滑石粉等,使中间层涂料具有较好的屏蔽阻挡作用。选择固体成分含量高的涂料,有利于保证涂层具有足够的厚度和良好的抗石击性。中间层涂料的颜填料含量少于底漆,而略高于面漆。适量的滑石粉可以改善中间层涂料的打磨性。添加适量的流平剂可以改善中间层涂料的流平性,有利于车身涂层的装饰效果。

客车车身广泛采用物理机械性能好、干燥速度快的丙烯酸树脂为主要成膜物质的双组分丙烯酸聚氨酯涂料作为中间层涂料。A组分由丙烯酸树脂、颜料、填料、助剂和有机溶剂等组成,B组分为多异氰酸酯固化剂。

丙烯酸树脂根据结构和成膜机理的差异又可分为热塑性和热固性丙烯酸树脂。热固性丙烯酸树脂是以丙烯酸系单体(丙烯酸甲酯、丙烯酸乙酯、丙烯酸正丁酯和甲基丙烯酸甲酯、甲基丙烯酸正丁酯等)为基本成分,经交联成网络结构的不溶丙烯酸系聚合物。丙烯酸聚氨酯涂料具有优异的耐腐蚀性、耐溶剂性、耐候性;涂层具有良好的附着力、柔韧性、耐磨性;涂层表面具有优异的丰满度和光泽;能在高温下烘干,也能在低温下固化,在高温烘烤时不变色、不返黄。丙烯酸聚氨酯涂料是一种具有多种优异性能、应用广泛的涂料。

三、面漆涂料的选择

面漆涂料是客车车身多层涂层中最后涂层用的涂料。车身面漆在整个涂层中发挥着主要的装饰和保护作用,直接影响车身涂层的装饰性、耐候性、耐湿性、耐化学品性、耐污性、耐划伤性和耐腐蚀性等。面漆分为本色漆、金属闪光漆和珠光漆等几种。随着对车身面漆装饰性的要求越来越高,金属闪光漆和珠光漆的使用也逐年增多。为了满足环保要求,减少面漆溶剂的挥发量,车身面漆已开始由溶剂型向水性涂料发展。

1. 面漆涂料的特点

客车对车身面漆的装饰和保护作用要求非常高,与底层涂料相比,面漆涂层应具有更完善的性能。因此,要求面漆应具有以下特点:

(1)优良的颜料性能。面漆的颜料对保证涂料的高装饰性和高耐久性有着十分重要的作用。面漆涂料在分散状态下,颜料具有优良的颜色、色相和饱和度,不透明的颜料具有较高的遮盖力,透明的颜料具有很好的透明性。不同批次、同一牌号的颜料的主色、色相、着色力等颜色指标具有优良的重现性。

(2)高质量的外观装饰性。涂层外观饱满、光泽,表面平整、流平性好、无橘皮、花纹清晰,色彩美观大方,主色和辅助色对衬明朗,色调性强,从视觉上能使人"有深度的透明感"和"赏心悦目"的效果。

(3)优异的耐候性。耐候性是面漆的一项重要指标,对于聚氨酯面漆,决定耐候性的关键因素是异氰酸酯指数和树脂选择。不同树脂对光的敏感性不同,因而耐候性也有差异。面漆要求涂料树脂具有优异的光稳定性,使面漆在极端温变、湿变、风雪雨雹的气候条件下不变色、不失光、不起泡和不开裂。

(4)优良的耐湿性。露水、雨水及高湿度是引起车身涂层产生潮湿危害的主要原因。车身涂层长时间在露水、雨水及高湿度的作用下,水气会渗入涂层,产生严重的潮湿吸收,消弱不同涂层间的附着力或整体涂层对其底材的附着力,造成车身涂层起泡,破坏了涂层的完整性,引起车身涂层失光、褪色、黄变、粉化,甚至锈蚀。涂层的耐水性与涂料的树脂结构和所用的填料有关。车身面漆的细度≤10μm,涂层的致密性好,可以有效地防止水分渗透,降低涂层的吸水率,提高涂层的耐湿性。

(5)良好的耐划伤性。面漆的耐划伤性是指涂层表面抵御由于硬度适中的物体(金属、木材或碎石)刮擦其表面而造成的划痕或形成的其他缺陷的性能。车身擦洗、面漆的抛光、硬物冲击和刮擦等都可以造成涂层表面的划伤或磨损。涂层硬度、柔韧性和光滑性直接影响涂层的耐划伤性。对于高装饰性的车身面漆,即使很稍微的划痕和磨损也容易被观察到。因此,车身涂层应具有良好的耐划伤性。

(6)优良的耐化学性。耐化学性是指面漆涂料抵抗酸、碱、盐及其他化学品损害作用的性能。最常见的酸、碱腐蚀会严重损害涂料的保护性能。涂层耐化学性决定于涂料的颜基比、树脂的分子量大小、树脂的交联密度、颜料在树脂中的分散均匀性。对耐候性要求很高的面漆应具有出色的耐化学性,与各类化学品接触后,接触面不应变色、失光或产生斑印。

(7)优良的耐污性。耐污性是指涂料抵抗灰尘、污水和油污等污染物污染的性能。灰尘、污水和油污等污染物长时间粘附在车身面漆上,容易使涂层受到破坏,常用洗涤剂去污。提高涂层的耐污性主要是通过改善涂层的表面性能和致密性,使污染物难以吸附和渗入,并容易清洗掉。

(8)良好的工艺性。面漆的涂装方法多采用自动喷涂或静电喷涂,金属闪光漆与清漆普遍采用"湿碰湿"工艺,低温烘干固化。面漆必须具有良好的工艺性才能实现其优异的装饰性和保护性。在车身装饰性要求高时,面漆涂层应具有优良的抛光性能,较好的重涂性(即在不打磨面漆的情况下,再涂面漆,涂层附着力良好)和修补性。

2. 面漆涂料的选择

车身面漆对涂料的装饰性和耐候性要求非常高,要求面漆具有高光泽、高饱满度、高鲜映性,在极端气候条件下不变色、不失光、不起泡和不开裂。虽然对面漆的耐腐蚀性要求不像底漆那样高,但面漆涂层应需具有良好耐腐蚀性,与底漆和中间漆涂层组合后,增加整个涂层的耐腐蚀性。面漆涂层还应具有足够的硬度、抗石击性、耐化学性、耐污性等性能。

客车车身面漆主要采用羟基丙烯酸树脂、聚酯树脂为基料,选用色彩鲜艳、耐候性好的钛白粉、酞菁颜料系列、有机大红等为颜料,添加紫外吸收剂、分散剂、流平剂、催化剂等助剂使面漆具有更满意的性能,并加入二甲苯、醋酸丁酯、环己酮等溶剂;固化剂选择耐候性高的脂肪族或脂环族异氰酸酯的化合物。

客车车身主要采用双组分低温烘干丙烯酸聚氨酯面漆。丙烯酸聚氨酯面漆是以羟基丙烯酸树脂或改性丙烯酸树脂为主要成膜物质的涂料。与底漆和中间漆相比较,除涂料配方不同外,面漆对涂料细度、颜色、光泽、耐候性等方面的要求更高。

通常丙烯酸聚氨酯面漆的 A 组分是由羟基丙烯酸树脂、颜料、助剂和溶剂等组成的羟基组份,B 组分为脂肪族异氰酸酯固化剂。在热烘烤的条件下,羟基丙烯酸树脂与多异氰酸酯经反应而交联固化成膜。丙烯酸树脂对光的主吸收峰处于太阳光谱范围之外,所以丙烯酸树脂的耐候性优异,具有较聚酯树脂更好的保光、保色性能。

含羟基丙烯酸树脂的面漆是一种优良的装饰性涂料,具有优良的色泽,保色、保光性能优异,耐磨性、耐水性、耐化学品性和耐污染性好,涂层的硬度、附着力高,外观平整光滑,具有优良的抛光性能,但涂层的耐冲击性差。丙烯酸聚氨酯面漆可与环氧酯底漆、富锌环氧防锈底漆、各色聚氨酯防锈底漆及云铁环氧中间漆、各色丙烯酸聚氨酯中间漆配套使用。

采用聚酯改性丙烯酸树脂可配制性能更加优异的丙烯酸聚氨酯车身面漆。双组分聚酯改性丙烯酸聚氨酯面漆是以羟基丙烯酸树脂和聚酯树脂为主要成膜物质、脂肪族异氰酸酯为固化剂的涂料。聚酯树脂为饱和聚酯树脂,由多元醇、多元酸等聚合而成,其涂层具有优异的耐溶剂性、耐磨性、耐划伤性以及较好的柔韧性和弹性等。与丙烯酸树脂相比,聚酯树脂具有分子量低、固体份高、聚酯结构韧性好的特点,对颜填料的润湿性好。聚酯改性丙烯酸聚氨酯面漆既可具有羟基丙烯酸树脂的耐候性、耐久性优异的特性,又可利用聚酯树脂的分子量低、固体份高、韧性好的特点,改善了丙烯酸树脂的脆性,增加了一次涂装的涂层厚度,提高了面漆丰满度、光泽和抗石击性等性能。

金属闪光漆简称金属漆,是指在漆基中含有特制的鳞片状金属粉(如铝粉、青铜粉等)的面漆。常用金属漆的颜料为金属粉和各色透明有机或无机颜料,如透明的炭黑、氧化铁红、酞菁蓝、耐晒紫红等。金属漆形成涂膜后,金属粉在不同层次中定向排列,通过各种有规律的光线反射、透射或干涉,鲜艳的金属光泽呈现随角度变光、变色的闪光效果。但白色、黑色、大红色和黄色等几种颜色面漆添加金属粉后,白色将变成珍珠白、黑色将变成带亮光的"炭黑"、红色将变成所谓的"酒红",而黄色将变成"金黄",而失去原本的正色,因此,白色、黑色、大红色和黄色等几种不添加金属粉的面漆称为素色漆。

常用的金属颜料有铝粉、青铜粉及铝合金粉等。金属颜料的鳞片粒、形状、表面性能和在漆基中的排列方向对其金属闪光效果有着决定性的影响。金属粉的粒径一般为 $15\sim30\mu m$,粒度分布越窄,闪光越均匀、柔和,遮盖力和效果越佳。在细金属粉中加入部分粗粉,可以增加涂层的明亮程度和立体闪光效果。金属粉的加入量决定于涂层的厚度、透明度和遮盖力,一般用量为 $6\%\sim12\%$,以保证金属粉具有优良的定向排列能力,避免造成涂层光泽的损失。

珠光漆是指在漆基中含有云母颜料的面漆,也称为云母漆。云母颜料(也称为珠光颜料)是在片状云母上涂覆有二氧化钛、氧化铁等金属氧化物的物质。云母的颜色随化学成分的不同而产生变化,主要随铁含量的增多而变深。在光线的照射下,云母颗粒中发生复杂的光线折射和干涉,呈现出具有透明感的、独特颜色的闪光。涂覆在云母表面上的二氧化钛、氧化铁,可以在片状云母表面上形成一层透明的多晶膜,对入射光产生多重反射和透射,使涂层产生柔和的珍珠光泽和色彩。

喷涂珠光漆时,云母颜料按照漆的流动方向自行排列成行。云母颜料粒径的大小直接影响涂层的光泽、遮盖力和外观,一般为 10～60μm。粒径大,云母颜料的闪光度大,"金属闪光效应"增强,涂层的遮盖力弱;粒径小,云母颜料的闪光减弱,"珠光效应"增强,珍珠光泽更细腻、柔和,涂层的遮盖力强。云母颜料一般用量为1%～6%,过大的用量会影响云母颜料定向排列能力,降低珠光漆的光学效果,并且底色越深,云母颜料的用量应越少。云母颜料性质稳定,耐腐蚀性好,分散性良好,可以与普通颜料结合使用,配制各种色品纯度高的涂料,但加入遮盖力高的或不透明的颜料会降低云母颜料的珠光效果。

金属闪光漆和珠光漆的涂层不能过厚(一般为 10～15μm),否则将影响面漆的闪光效果。因此,在金属闪光漆和珠光漆表面采用喷涂透明清漆方法,增加涂层的厚度。金属闪光漆和珠光漆多采用丙烯酸聚氨酯漆作为罩光清漆。罩光清漆是指采用透明性树脂、不添加任何体质颜料或着色颜料的面漆。罩光清漆的主要作用:一是增加面漆的光泽度和丰满度;二是增加面漆的耐候性和耐腐蚀性等性能。烘烤型金属闪光漆、珠光漆与罩光清漆采用"湿碰湿"涂装工艺,要求金属闪光漆和珠光漆不应被罩光清漆中的溶剂所溶解,否则,将导致效应颜料(金属粉、云母片)的重新取向。

第三节 车身涂装工艺流程

车身涂装工艺是指将涂料涂敷于车身及其零部件表面,经过干燥形成涂膜的工艺方法。车身涂装工艺是一个完整的工艺过程,一般由表面前处理、涂布涂料、烘干三个基本工序和刮涂腻子、打磨等辅助工序组成。工序数量和工序作业内容取决于对车身涂层保护性和装饰性的要求。客车车身表面涂装采用低温涂装工艺,涂层总厚度一般在 100μm 以上。

一、车身涂装主要工序

客车车身涂装主要工序除表面前处理外,还包括涂底漆、底部涂抗石击涂料、蒙皮内表面隔热处理、涂焊缝密封胶、刮涂腻子、打磨、涂中间漆、涂面漆、涂彩条漆及烘干等工序。各种主要工序往往包含多项作业内容,并构成一个连续的工艺过程。

1. 底漆涂装工序

底漆和磷化处理是车身涂层的基础,直接影响车身的耐腐蚀性和使用寿命,要求底漆必需具有优良附着力和耐蚀性。车身底漆有适用于多种板材的多功能底漆和仅适用于一种或两种板材的单功能底漆两种。客车车身外蒙皮是由冷轧钢板、镀锌钢板、玻璃钢、铝板和铝型材等多种材料制件构成,所以客车车身多选用多功能型低温型双组分环氧底漆,但对铝板要进行充分打磨粗化,才能保证环氧底漆具有优良的附着性。环氧底漆附着力强、耐腐蚀性好。对于铝板制件(如舱门、乘客门、型材等)可选用磷化底漆,磷化底漆含有的酸性成分可与铝板表面发生缓蚀反应,对打磨粗化要求较低,涂层附着力较好。

车身骨架与蒙皮的焊接接触面喷涂环氧富锌底漆。环氧富锌底漆是以锌粉为防锈颜料,环氧树脂为基料,聚酰胺树脂或胺加成物为固化剂,加以适当的混合溶剂配制而成的环氧底漆。通常锌粉含量在 85% 以上,以保证涂层中的锌粉与被涂金属表面紧密结合,起到导电的作用,使钢铁制件受到阴极保护。环氧富锌底漆具有优异的防腐性能,干燥快,附着力强,抗冲击和耐磨性良好,很好的可焊接性,主要用于钢铁表面临时保护防腐。但富锌涂料对钢铁表面的预处理要求很严格,即使是很小的金属表面锈蚀也会阻止电位接触,使得富锌涂料起不到阴极保护作用。

底漆涂料的涂布方式有喷涂、浸涂、电泳涂装、粉末涂装等。空气喷涂、静电喷涂、空气辅助无气喷涂是客车制造企业主要采用的底漆喷涂方式。空气喷涂涂料利用率低(40%左右),环境污染比较严重,因此,静电喷涂、空气辅助喷涂在客车企业的应用越来越广泛。一部分客车企业采用阴极电泳涂装底漆,阴极电泳的泳透力高,涂膜厚度达到 $25\mu m$,涂层的耐蚀性好,在制件的内腔也可形成很好的底漆涂层。浸涂和自泳底漆在客车企业也有应用。阴极电泳底漆耐盐雾性能在 1000h 以上,喷涂底漆涂层的耐盐雾性能在 500h 以上。

底漆的致密性、均匀性、涂层的厚度是涂装质量控制的关键环节。为了保证底漆涂层均匀性和外观质量,避免出现涂层厚度不匀、橘皮、颗粒、发粗等缺陷,必须合理选择底漆喷涂工艺参数。对于空气喷涂底漆,合理控制走枪速度、压枪重叠、枪距、气压、出漆量、施工粘度等工艺参数。

普通客车底漆干膜厚度一般为 $30\sim40\mu m$,高档客车干膜厚度为 $35\sim45\mu m$,施工黏度一般为 $16\sim22s$。底漆过薄或漏底直接影响车身涂层的耐腐蚀性,底漆过厚又会影响整个涂层的附着力。

2. 刮涂腻子工序

客车车身蒙皮多采用焊接工艺装配,蒙皮表面存在凹陷、焊缝处不平整等一些缺陷。在车身蒙皮涂装底漆后,通常采用各种腻子进行刮涂填平,以弥补车身蒙皮表面缺陷,提高车身表面的平整度。根据车身上的不同缺陷,客车车身使用的腻子主要包括原子灰、钣金原子灰、金属原子灰、纤维腻子和红灰等。

原子灰又称不饱和聚酯腻子,是一种由不饱和聚酯腻子、改性树脂、颜料、填料、防沉降材料、助剂和固化剂组成的双组分填平材料。原子灰与传统腻子相比较,具有腻子层光滑致密,灰质细腻;易刮涂、易填平、易打磨、收缩小、干燥速度快且可调节;附着力强、耐腐蚀性好;硬度高、不易划伤、耐抗冲击性和柔韧性好;耐温变性好、不易开裂起泡;施工周期短等优点,但不足之处是烘烤时易开裂。

钣金原子灰是一种比原子灰柔韧性更好、强度更高的填补材料,是原子灰的升级产品。与原子灰相比较,钣金原子灰干燥速度快、强度大、柔韧性好、收缩率低、胶连密度高,对车身焊点等局部大缺陷有很好的填补性,但不足之处是不易打磨、价格较高。在车身刮灰量较小的情况下,钣金原子灰可以全面替代普通原子灰。

金属原子灰是一种类似金属填补剂的材料,由于在树脂中添加了金属粉,其坚硬程度几乎接近金属本身,可以直接涂刮至裸露的金属表面上。该原子灰收缩率很低,应用于填补焊缝部位局部深度大于 2mm 的缺陷,可以避免出现因腻子固化收缩所造成的表面凹陷现象。金属原子灰硬度高,打磨困难,一般需要在其表面上刮涂其他原子灰进行覆盖。

纤维腻子是在不饱和树脂中加入了玻璃纤维,以提高腻子的机械强度和降低腻子的固化收缩率。该腻子与玻璃钢和车身蒙皮都具有良好的附着力,一次涂刮厚度较大,可以用于车身前、后围玻璃钢制件与车身侧围蒙皮之间缝隙的填补,同时其具有的良好抗拉伸性能,可以保证客车车身刮涂区域不开裂、脱落。

红灰是一种硝基腻子,是将硝基纤维素和醇酸树脂作为展色料,加入锌白、高岭土、变性顺丁烯二酸等调和而成,其耐候性及附着力稍差,丰满度也不太好,但干燥快,层面加工平滑,能很方便地使用,适用于填补0.2mm以下的浅痕,常用来填补原子灰等形成的麻眼。为了增强研磨性,常向腻子里加入铝粉,但是添加过量,容易出现气泡现象。

刮涂腻子一般使用刮板或刮刀,根据刮涂面积的形状、大小等因素选择木刮板、橡胶刮板、金属刮板或塑料刮板。大刮板用于车身两侧蒙皮或舱门等大面积部位的腻子刮涂,橡胶刮板用于车身曲面部位的腻子刮涂。较大面积的刮涂腻子称为全面刮腻子(在车身较大的面积上连续刮涂一定厚度的腻子);车身局部填补腻子称为局部刮腻子;使用刮刀在车身小的伤痕上填充腻子称为压填腻子。刮涂腻子时,刮板或刮刀要从多个方向反复进行刮涂,以使车身的缺陷处得到密实的填充。

客车车身采用多次刮涂腻子的方式,才能达到预定的厚度,满足车身表面平整、光顺的要求。如果一次刮涂腻子厚度过厚,腻子层容易开裂脱落。刮涂头道腻子时,要求腻子层粘接牢固,腻子要充分浸润刮涂表面。刮涂二道腻子时,二道腻子的厚度应大于头道腻子,要求刮涂表面的缺陷被完全覆盖,腻子层表面基本平整,允许腻子表面稍有针眼,但不应有气泡。刮涂三道腻子时,要求用力均匀,填实针眼,腻子层表面平滑,不出现明显的粗糙面。涂中间漆后的补涂腻子用于填补涂层的沙眼、针孔、砂痕。

原子灰是客车车身涂装中最常使用的腻子,选择原子灰时要考虑原子灰与底漆、中间漆的配套性,以及原子灰的刮涂性、固化后的打磨性、气孔的多少、粉料细度等指标。为了提高原子灰的附着性,刮涂表面的底漆要进行手工打磨,保证表面粗糙。涂刮质量可采用目视、手摸、样板比靠等方法进行检验。

腻子作为一种涂装材料,一方面可以消除车身表面的缺陷,改善车身的平整度;但另一方面车身腻子的使用将影响车身涂层的耐水性、耐冲击性、耐候性和丰满度等性能,腻子的大量使用会使车身涂层出现早期开裂、脱落、起泡等质量问题,并且刮涂腻子是一种工作效率低、劳动强度大、作业环境差的工序作业。因此,控制车身腻子的使用量有利于提高客车的涂装质量和生产效率。

3. 中间漆涂装工序

在车身涂装中,中间漆起着承上启下的作用,用于消除底层缺陷(如腻子微孔、砂眼、打磨痕迹等),改善涂层的平整度,为面漆涂层提供细腻、光滑的涂装面,提高车身涂层的抗石击性和耐水性。客车车身广泛采用物理机械性能好、干燥速度快的双组分丙烯酸聚氨酯涂料作为中间层涂料。

中间漆的喷涂采用空气喷涂、空气辅助无气喷涂、大流量低压力(HVLP)喷涂和静电喷涂。喷涂顺序为自上而下,涂层厚度一般为$30\sim40\mu m$,通常"湿碰湿"喷涂2~3遍。采用双中涂"湿碰湿"工艺时,第一道中间漆采用以柔韧性好、含体质颜料多的涂料,涂层厚度为$40\sim45\mu m$;第二道中间漆采用外观装饰性好、含体质颜料少的涂料,涂层厚度为$30\sim35\mu m$,并且两道中间漆喷涂间隔时间为5~10min。喷涂时,合理调整气压、扇面和出漆量,喷枪嘴垂直被涂面,匀速平稳地进行涂装,不应出现流挂或喷涂不均匀现象。为了防止涂装接口部位的涂层产生粗糙现象,每遍接口应错开或采用横竖交叉法喷涂。

丙烯酸聚氨酯涂料施工黏度根据施工条件确定,一般控制在18~22s,可比面漆稍高2~5s。控制好施工黏度,可以有效地避免涂料出现流挂或橘皮现象。涂料主剂与固化剂有足够的反应期(熟化期),熟化期一般为30~60min;配制的涂料应在活化期内(一般为8h)使用,并且采用100~180目的滤网进行过滤,去除掉涂料中的粗粒和杂质。为了提高中间涂层的平整性、光滑性和致密性,中间漆的细度≤30μm,涂层硬度≥B。涂料的颜色和光泽与面漆相同或相近,以减少面漆的使用量。中间涂层打磨后,涂层厚度一般会减小10μm左右。

4. 面漆涂装工序

面漆涂装包括本色漆、金属闪光漆、珠光漆和清漆以及彩条漆的涂装。客车车身主要采用双组分低温烘干丙烯酸聚氨酯面漆,面漆涂装工艺类型大体可分为单层面涂装工艺、双层面涂装工艺、三层面涂装工艺三种。主色面漆喷涂形式包括渐变喷涂、色块组合喷涂和主面漆单色喷涂。

1)单层面涂装工艺

单层面涂装工艺是指车身面漆只涂装一种本色漆涂料的工艺,因此,面漆的单层面涂装工艺也称为单层面本色漆涂装工艺。车身采用"湿碰湿"喷涂工艺,喷涂两遍本色漆,涂层厚度一般为50~60μm。通常在喷涂第二遍本色漆时,在面漆中加入一定量的清漆,以增加面漆的光泽度,使车身面漆达到一般装饰性要求,面漆涂层的颜色比较单调,适用于普通公路客车和城市客车的面漆涂装。

2)双层面涂装工艺

面漆的双层面涂装工艺是指在车身本色漆或金属闪光漆的涂层上,再喷涂清漆的工艺。面漆涂层由两种不同涂料的涂层组成,底色漆(本色漆或金属闪光漆)为面漆的第一层,清漆为面漆的第二层。清漆可以显著地增加车身涂层的厚度以及涂层的光泽度和耐候性。双层面涂装工艺适用于中、高档公路客车和城市客车的面漆涂装,是一种客车车身面漆涂装的主要形式。

本色漆双层面涂装工艺是在车身喷涂本色漆和彩条漆后,经干燥和整体湿打磨,再"湿碰湿"喷涂两遍清漆。本色漆和彩条漆的打磨作业可以减少涂层表面的颗粒、橘皮等缺陷,同时也消除了彩条漆与本色漆搭接处存在着的明显"台阶"缺陷,提高了面漆的光滑度和平整度。本色漆涂层厚度一般为40~50μm,清漆厚度一般为40μm。

金属闪光漆双层面涂装工艺有两种形式。

第一种工艺形式:在车身喷涂金属闪光漆和彩条漆后,再"湿碰湿"喷涂罩光清漆。金属闪光漆涂层厚度一般为15μm左右,清漆厚度一般为45~50μm。为了避免彩条漆出现"台阶"问题,金属闪光漆喷涂结束后,可喷涂单组分丙烯酸彩条漆,涂层干燥后,再"湿碰湿"喷涂罩光清漆。

第二种工艺形式:在车身喷涂金属闪光漆30min后,"湿碰湿"喷涂两遍罩光清漆,清漆经过干燥和湿打磨工序,再喷涂两遍罩光清漆。采用两次喷涂清漆(或高固体分清漆),可以获得较厚的清漆涂层,增强金属闪光的立体感和涂层的丰满度。湿打磨工序可以减少清漆的橘皮纹,提高清漆涂层的镜面效果。金属闪光漆涂层厚度一般为15μm左右,清漆厚度一般为50~55μm。该工艺形式适用于高档公路客车金属漆的涂装。

3)三层面涂装工艺

三层面涂装工艺是一种适用于涂装珠光漆的涂装工艺形式。面漆涂层的第一层为底色漆,第二层为珠光漆,第三层为清漆。由于珠光漆透明度较高,中间漆上必须喷涂一层均匀的底色漆。底色漆一般为纯色漆(也称为素色漆),颜色与珠光漆相一致,表面不应有颗粒或打磨痕迹。珠光漆喷涂应采取偏湿喷涂操作,喷涂2~3遍,喷涂黏度控制在15~19s,涂层厚度一般为15~20μm。珠光漆喷涂结束15~20min后,即可喷涂罩光清漆。三层面涂装工艺工序多,面漆装饰效果好。

与底漆和中间漆相比,面漆对涂料的细度、颜色、光泽、耐候性等方面的要求非常高。面漆的细度≤10μm,涂层硬度≥H,施工固体分≥48%,光泽(20°)≥85%。面漆喷涂方式与中间漆相近,但对涂装技能、作业环境、喷涂设备等方面的要求更高。

5. 涂料的固化工序

被涂物表面上涂装的涂料形成固态涂膜的过程称为涂料的固化,也称为涂料的干燥。涂料的固化过程可以分为表干、半干和完全干燥三个阶段。涂料在常温条件下的固化称为自然干燥(简称自干),在加热条件下的固化称为烘干。根据涂料的成膜机理,涂料的干燥可分为物理性干燥和化学性干燥两类。物理性干燥是指以溶剂的挥发、聚合物粒子的溶胀凝聚(熔融)等物理过程为主的干燥过程;化学性干燥是指以成膜物质的各类化学反应为主,也含有溶剂挥发的干燥过程。

热塑性涂料的成膜过程是以溶剂的挥发、聚合物粒子的溶胀凝聚(熔融)等物理作用为主,没有化学转化。以物理性干燥为主的溶剂型涂料一般称为挥发型涂料,影响挥发型涂料固化的主要因素是溶剂挥发的速度。以熔融物理作用(物理性干燥机理)成膜为主的粉末涂料一般称为热塑性粉末涂料,影响热塑性粉末涂料固化的主要因素是涂层的固化温度。由于热塑性涂料所形成的涂膜可以被溶剂再溶解或受热再融化,所以,热塑性涂料也称为非转化型涂料。热塑性车身涂料主要有硝基涂料、过氯乙烯涂料、热塑性丙烯酸涂料、热塑性粉末涂料和PVC型车身底部涂料及密封胶等。

溶剂型热固性涂料在干燥成膜过程中,除存在着溶剂挥发外,主要成膜物质还存在着缩合或聚合等化学反应。热固性粉末性涂料在干燥成膜过程中,除存在着粉末的熔融物理过程外,主要成膜物质还存在着催化聚合或各类游离基聚合或缩合的化学过程。所以,热固性涂料的干燥过程为物理-化学的混合干燥过程,属于化学性干燥。由于热固性涂料的涂膜不能通过溶剂的作用被重新溶解或不能再一次受热而恢复为熔融状态,因此,热固性涂料又称为转化型涂料。环氧树脂涂料、氨基醇酸涂料、聚酯涂料、丙烯酸聚氨酯涂料和热固性粉末涂料等主要车身涂料均为热固型涂料。

根据涂料的烘干温度不同,烘干分为低温(100℃以下)、中温(100~150℃)和高温(150℃以上)烘干三种。低温烘干适用于环氧聚酰胺底漆、双组分丙烯酸聚氨酯涂料(一般在80~90℃下烘干30min)等涂膜的烘干,也适用于易受热变形的塑料(包括玻璃钢)制件的涂装烘干。中温烘干适用于热固性的合成树脂如环氧树脂、氨基聚酯和丙烯酸树脂涂料等涂膜的烘干,高温环氧酯底漆、水性涂料等的烘干温度在140℃左右。高温烘干主要用于电泳漆和粉末涂料的烘干,电泳漆、粉末涂料的烘干温度在160℃以上。客车车身涂料主要采用低温烘干型,由于各客车制造企业涂装工艺条件相差较大,要求涂料应有较宽的烘干温度范围,烘干时间一般为20~40min。

影响涂层烘干固化的主要因素除涂料类型、涂料组成和涂层厚度外,还包括烘干温度、升温和保温时间、空气流速等因素。

烘干温度的高低对大多数涂料涂层干燥速度起决定性作用。当烘干温度过低时,溶剂挥发及化学反应迟缓,涂层难以固化。提高烘干温度,能加速溶剂的挥发和水分蒸发,加快涂料氧化反应和热化学反应,涂层干燥速度加快。由于涂层的干燥速度与烘干温度并不成正比的关系,所以过高的烘干温度并不能使干燥速度明显的提高,反而会使漆膜发黄或色泽变暗。因此,烘干温度都设定在一个比较窄的范围内。

在涂层烘干过程中,涂层的温度变化通常分为升温、保温和冷却三个阶段。烘干时间包括升温时间和保温时间。升温时间是指被涂物的温度从室温升至到规定温度所需的时间。对于溶剂型涂料和较厚的涂层,升温是一个缓升的过程,急剧的升温有可能导致漆膜产生针孔或流平性不好等缺陷。保温时间是指被烘物的温度升至到规定温度后所持续的时间。如果保温时间过短,将导致漆膜不能完全交联和充分固化,无法保证涂膜的各种物化性能。而如果保温时间过长,将导致漆膜过度交联,涂层产生过度烘烤甚至焦化现象,使涂膜的部分物化性能指标降低。因此,各种涂料的烘干时间都有比较严格的规定,以保证涂料的各种性能满足要求。

空气流速也影响到漆膜的干燥速度,特别是对流烘干室的空气流速,其影响尤为重要。增大空气速度,有利于热量传递和漆膜溶剂的挥发,烘干温度更加均匀,涂层的干燥速度加快,干燥时间缩短。烘干室内的气流速度一般为 $0.5\sim 5\mathrm{m/s}$,温度为 $30\sim 50℃$。

涂料的固化是车身涂装工艺中耗能较大的工序之一。而且与车身及输送部件所消耗的热量相比,涂膜固化所需的热量很小(一般 $<1\%$)。因此,采用低温烘干、快速固化、"湿碰湿"工艺以及紫外线(UV)固化等工艺措施,缩短烘干时间、降低烘干温度和减少烘干次数,可以大幅度降低车身涂装的能耗量。

6. 打磨工序

涂装工艺中的打磨工序是利用各种打磨方法将被涂物表面打磨平整的工序。采用砂纸、砂布、打磨机等工具打磨底材、打磨腻子和打磨涂层。打磨工序的主要作用:

(1)清除底材表面上的毛刺及杂物;
(2)消除腻子的刮涂痕迹,获得平整的表面;
(3)消除涂层表面的橘皮、颗粒等缺陷,提高涂层表面的光滑程度;
(4)增强涂层的附着力。

使用钢丝刷、砂布、打磨机等工具,对底材表面进行人工打磨,可以清除掉底材表面上的锈蚀和毛刺。车身刮涂的腻子干燥后,表面粗糙、不平整,通过打磨作业可以消除腻子的刮痕、边印等缺陷,获得平整的表面。打磨底漆和中间漆的目的是为了消除涂层表面的橘皮、麻点、颗粒等缺陷,消除粗糙表面。中间漆的平整度对面漆质量的影响显著,所以中间漆干燥之后,要进行一次彻底的打磨和清洁作业,以获得平整、光滑、细腻的涂层表面。对铝板的打磨和涂装彩条漆部位的面漆打磨,可以提高底漆和彩条漆的附着性能。

按打磨方法的不同,打磨可分为干打磨和湿打磨两种。

干打磨是指在打磨时不采用水或其他润湿剂的一种打磨方法。干打磨作业时,作业地面干爽,生产效率高,适用于硬度较高、较致密涂层的打磨,但打磨表面的光滑性较低。干打磨会产生严重的粉尘污染,因此,干打磨必须在专门的打磨室中进行。利用打磨室的除尘和通风设备减少飘浮在空气中的粉尘,改善打磨作业环境。

湿打磨是指在打磨涂层的同时,采用水或其他湿润剂对打磨表面进行润滑的一种打磨方法,以获得更平滑的表面并冲洗掉打磨灰尘。湿打磨涂层的光滑性较高,并且较好地解决了粉尘污染问题,但打磨作业地面湿滑,需要采用良好的排水措施。同时,湿打磨涂层容易产生起泡、光亮度不佳等缺陷,需要十分重视打磨后的处理,消除水分对涂层质量的不利影响。

按打磨作业方式的不同,打磨又可分为手工打磨和机械打磨两种。

手工打磨是指手握砂布或砂纸进行打磨作业的方式。手工打磨时,手掌用力应均匀,轻磨慢打,避免出现明显的打磨痕迹。采用木制或橡胶制垫板可以提高打磨的平整性,木制垫板适用于腻子层和二道底漆的打磨,橡胶垫板适用于中间漆和面漆的打磨。

机械打磨采用打磨机进行打磨作业,适用于打磨底材、打磨腻子和打磨中间漆,打磨效率高,有电动和气动两种。电动打磨机多用于底材的除锈、除杂质打磨作业,缺点是质量大,湿打磨时有漏电的危险。气动打磨机质量轻,效果好,转速可调,使用方便、安全。与手工精细打磨相比较,机械打磨表面比较粗糙,特别是一些边角、圆弧、曲面部位较难打磨平滑,并且容易产生过磨现象。因此,当车身机械打磨后,往往需要采用手工进行细致打磨,保证涂层打磨细腻、光滑。

客车常用的打磨机有盘式打磨机和轨道打磨机。盘式偏心振动打磨机的偏心距分别为3mm、5mm和7mm。偏心距越大,打磨效率越高;偏心距越小,打磨效率越低,打磨痕迹越细密。原子灰的打磨一般采用7mm偏心磨机,中间漆的打磨一般采用3mm或5mm偏心磨机,面漆的修补或抛光前的精细打磨一般采用3mm偏心或纯圆周运动的磨机。轨道式打磨机仅进行偏心振动,砂粒运行轨迹相对单一,但打磨面积大,长度上可以达到30cm以上,一般用于原子灰粗磨。

机械干打磨工艺生产效率高,避免了水中的各种盐类等有害物质对车身金属材料的腐蚀和对涂层质量的影响,有利于保证涂装质量,但涂层的外观质量较低,特别是对涂层橘皮的打磨效果不理想。多数打磨机配置有吸尘装置,可以有效地减少粉尘污染,改善作业环境。

机械湿打磨工艺可以显著地降低涂层橘皮、颗粒对涂装外观质量的影响,涂层表面更加细腻、光滑,有利于提高涂装外观质量。机械湿打磨时,生产效率较高,采用清洁水冲洗磨浆,可以减少颗粒对打磨质量的影响。湿打磨后,水分必须完全挥发才能涂装,否则涂层容易出现起泡、脱落等涂装缺陷。

涂层的打磨遵循着从粗到细的原则,根据涂层的平滑度逐步提高砂布或砂纸的型号,两道打磨之间选用的砂纸号码间隔一般不应超过100号,以保证消除前道打磨痕迹和打磨效率。底材表面选用120~180号粗砂布或砂纸开始进行打磨;粗糙的底漆、腻子涂层选用100~240号粗砂布或砂纸进行打磨;中间漆及补涂腻子部位选用320~400号水砂纸进行粗打磨,选用600号或800号水砂纸进行两遍整车通磨;面漆涂层选用600号或800号水砂纸进行两遍整车通磨。各涂层打磨常用砂布或砂纸型号见表8-4。采用触摸方式或研磨指示层的方法判别打磨程度是否合适,避免涂层打磨过度。

涂层打磨常用砂布或砂纸型号 表8-4

涂层名称	砂纸型号	涂层名称	砂纸型号
底材粗化	120~180	中间漆	粗磨:320~400,细磨:600或800
底漆、腻子	100~240	面漆	600或800

7. 车底涂料涂装工序

抗石击车底涂料是一类具有耐砂石冲击、密封和防腐蚀性能的涂料,主要有沥青系列抗石击车底涂料、PVC系列抗石击车底涂料、聚氨酯系列抗石击车底涂料和水性系列抗石击车底涂料等,目前常用的是PVC系列抗石击涂料和丙烯酸改性沥青抗石击涂料两种。车底涂料具有良好的抗石击、防水、耐腐蚀、防振、降噪和隔热等性能,主要用于车身底板、底板下底架梁、轮罩、挡泥板、车门踏板等下表面及裙围蒙皮外露内表面等的密封和抗石击保护。

沥青系列抗石击车底涂料是一种以沥青为主要成分、石棉为填料配制成的涂料,具有较高的防腐蚀性和耐水性能,并且成本低,但机械强度较低。与其他车底涂料相比,由于沥青抗石击车底涂料存在着容易起泡、脆裂、抗石击性低以及耐温性较差等缺陷,所以沥青防石击车底涂料作为车底涂料已经较少使用。

PVC(聚氯乙烯)系列抗石击涂料是由聚氯乙烯树脂和增塑剂、填充料及颜料、附着力增强剂、稳定剂、添加剂等配制而成的高固体份(固体分含量在95%以上)车底防护涂料。PVC抗石击车底涂料为单组分、热固化型塑溶胶,可分为常规型、低温型、低密度型、膨胀型和湿碰湿型,烘干温度一般为120~150℃,烘干时间为20~30min。熔融塑化后涂层具有优异的耐候性、耐盐雾性和良好的抗石击性能等特点。PVC系列抗石击车底涂料主要采用高压无气喷涂,涂层厚度为1~2mm,耐盐雾性能可以达到720h。PVC抗石击车底涂料固体份含量高(一般为95%~99%),有机溶剂含量少,喷涂时雾化效果好,不流挂,与底漆、中间漆和面漆具有良好的配套性,是一种优良的车底涂料,被广泛应用于各种乘用车和商用车上,但PVC树脂在低于800℃焚烧时极易产生致癌物质,对环境造成严重的污染。对于采用低温涂装体系的大客车而言,PVC抗石击车底涂料烘干温度偏高(一般为120~150℃),在一定程度上限制了其在大客车上的使用。

聚氨酯系列抗石击车底涂料是由带有封闭基团的聚氨酯树脂以及各种填料、颜料、助剂和有机溶剂组成的抗石击防护涂料。聚氨酯抗石击车底涂料是一种用于轿车前部、门下部及门槛等部位的车底保护性涂料,其抗石击性和耐腐蚀性与PVC抗石击车底涂料相当,硬度和附着力明显优于PVC抗石击车底涂料,并且涂层表面平整、细腻,消除了PVC抗石击车底涂料在涂层厚度大时表面粗糙的缺陷,能在PVC抗石击车底涂料与侧板中间漆、面漆的交接部位形成良好的过渡层,能够满足汽车裙边等部位的涂层具有较高装饰性的要求。聚氨酯抗石击车底涂料的施工条件和固化条件与PVC抗石击车底涂料相近,涂层厚度一般为100~150μm,能够进行打磨,但干燥后的硬度大、打磨困难,并且聚氨酯树脂价格相对昂贵。

丙烯酸改性沥青抗石击涂料是由丙烯酸乳液、水性分散沥青、填料(滑石粉、硅灰石粉、粉煤灰、云母粉等)和多种助剂(交联剂、偶联剂、增稠剂等)组成的车底涂料。丙烯酸改性沥青抗石击涂料具有稳定的物理、化学性质,固体含量≥65%,不含挥发性溶剂,无腐蚀性,是一种水性抗石击涂料。高弹性丙烯酸乳液的乳胶粒结构呈核-壳型层状结构,具有比普通共聚和共混乳液更好的粘接性和抗石击性,并且具有较好的阻尼作用。涂层固化后孔隙结构发达,柔韧性好,具有强度高、不变形、不粉化、不剥落、不燃烧的特点。丙烯酸改性沥青抗石击涂料有自干型和低温烘干型两种,采用高压无气喷涂,涂层厚度为1~3mm,耐盐雾性能达到120h,具有附着力强、耐候性和耐水性好、阻尼性能优良、施工方便、不污染环境等优点,比较适合作为大型客车的车底涂料。与PVC抗石击车底涂料相比,在耐腐蚀性、抗石击性上还有一定的差距。

8. 涂布焊缝密封胶工序

焊缝密封胶是一类用于封闭焊缝缝隙、具有密封和修饰等作用的密封材料。焊缝密封胶可以在车身内、外部焊缝上形成具有一定粘接强度的弹性体密封面,使焊缝处具有良好的密封性、耐腐蚀性、耐久性和装饰性。车身焊缝可以选用的密封胶包括PVC密封胶、氯丁橡胶密封胶、聚氨酯密封胶等。

(1)PVC密封胶是由聚氯乙烯树脂、邻苯二甲酸酯类增塑剂、稀释剂、附着力增强剂、触变剂、无机填料和颜料等组成的膏状密封胶。PVC密封胶综合性能优良,加热塑化后能形成具有一定粘接强度的弹性体,断裂伸长率在300%以上,外观细腻、平整,无裂纹及显著的变色现象,密封效果优异。PVC密封胶具有良好的触变性,堆积一定的厚度时能够保持棱角、不流淌,广泛用于车身内、外部缝隙的密封。PVC密封胶分为可上色型和非上色型两种。可上色型密封胶用于低温和高温烤漆工序中,涂布于车身外部可见的缝隙。非上色型密封胶质量轻,用于填补车身内部的缝隙,或者涂布于车身底部。PVC密封胶一般涂布在车身底漆上,PVC

胶的附着力增强剂(通常有低分子聚酰胺、聚氨酯、丙烯酸酯、环氧树脂等)要根据车身底漆的种类进行选择,如以丙烯酸酯为附着力增强剂的PVC密封胶在环氧聚酰胺底漆上附着力优异,而在阴极电泳底漆上的附着力较差。在车身涂装采用"湿碰湿"工艺,即在湿态(未预胶化)的PVC密封胶上直接喷涂中间漆或面漆工艺时,PVC密封胶应与中间漆或面漆涂料具有良好的配套性,避免涂层出现针孔、缩孔、流挂等现象。PVC密封胶预胶化烘干温度一般为120℃,烘干时间为15min。

(2)氯丁橡胶密封胶是一种以氯丁橡胶为基质的单组分溶剂型密封胶,固体分含量≥75%,耐水性和耐久性良好,对各种金属材料、涂装钢板及非金属材料具有良好的粘接性,施工方便,价格低廉,断裂伸长率在200%以上,密封效果好,工作温度范围为-40~90℃,并能在低温烘干室中进行烘干,与车身涂料的配套性好,是常用的车身焊缝密封胶之一。氯丁橡胶密封胶室温固化,因含有20%以上的溶剂,固化后体积收缩率比较大,焊缝密封处易产生凹陷现象,影响外观的平整性。溶剂型氯丁橡胶密封胶固化时,产生有毒、有害的溶剂挥发,污染环境,危害人体健康。水性氯丁橡胶密封胶不含有机溶剂,满足环保要求,是氯丁橡胶密封胶的发展方向。

(3)聚氨酯密封胶一般分为单组分和双组分两种基本类型,单组分为湿固化型,双组分为反应固化型。单组分湿固化聚氨酯密封胶是一种无溶剂、室温固化、综合性能优异的焊缝密封胶,一般由聚氨酯预聚体、填料、颜料、固化催化剂、增塑剂、触变剂、稳定剂等组成。与双组分聚氨酯密封胶相比较,单组分聚氨酯密封胶无需现场配制,使用方便。单组分湿固化聚氨酯密封胶的耐磨性、耐候性、耐冲击性、与涂料的配套性好,不腐蚀、污染基体材料,弹性好,断裂伸长率在300%以上,表面可以喷涂多种涂料,对磷化钢板、镀锌钢板、涂装钢板以及内饰材料具有优异的粘接性能,固化过程中不产生任何有害物质,广泛应用于车身焊缝以及蒙皮、舱门、行李舱等接缝处的粘接、密封。单组分湿固化聚氨酯密封胶依靠空气中的湿气固化,空气温度和含湿量等环境因素对其固化影响较大,工作温度范围为-45~90℃,施工温度为10~35℃,在温度为15~25℃、空气相对湿度为65%~75%条件下施工最佳。聚氨酯密封胶表干时间为15~60min,在密封胶表干后可以进行涂料涂装,并能在90℃以下的烘干室中进行烘干。单组分湿固化聚氨酯密封胶施工方便,触变性和抗下垂性好,易刮平,固化速度快,密封效果好,外观光滑、美观。

焊缝密封可分为粗密封和细密封两种。粗密封是指车身内部、顶盖、车底等缝隙的密封,对外观要求较低,一般涂布在底漆上。细密封是指对外观要求高的车身外部可见缝隙的密封,一般在涂装面漆前施工,要求外观粗细均匀、光滑、美观,需要对涂布的密封胶外观进行必要的修饰。焊缝密封胶可以采用涂胶机、手动挤胶枪涂布或刮板刮涂,涂胶厚度2~3mm,并根据焊缝结构和形状选用合适的枪嘴形状,以保证涂胶质量。对于外观要求高的车身外部焊缝的密封,先用压敏胶带遮蔽焊缝的两侧,中间留出规定的宽度(一般为20~40mm),然后将密封胶涂布在焊缝上,在表干前使用刮刀或橡胶刮板进行表面刮平、修饰等工作,撕掉两侧的保护胶带便可以获得良好的外观质量。

9. 防护蜡涂装工序

车辆防护蜡是一类由成膜物质、防锈剂、改进剂、添加剂和填料等组成的防锈涂料。主要成膜物质包括石蜡、微晶蜡、树脂、橡胶及一些高分子化合物,改进剂和添加剂包括高低温改进剂、树脂添加剂、助溶剂等。防护蜡能在防护表面形成致密、均匀的防护层,具有优良的耐腐蚀性、耐湿热性、耐盐雾性能和高低温适应性,以及防止涂层变色的作用,涂装性好,可常温固化和热风烘干。防护蜡也称为防锈蜡，可以显著提高客车易腐蚀部位的耐腐蚀性能和防止客车在储运过程中车身涂层出现变色或擦伤等缺陷的能力。

车辆防护蜡可分为溶剂稀释型防护蜡和水溶性防护蜡两种类型。溶剂稀释型防护蜡主要由石蜡、合成蜡、防锈剂、溶剂以及各种添加剂等组成，具有优良的综合性能。水溶性防护蜡主要由基础蜡、防锈剂、添加剂、乳化剂和水组成，环保性好，但防锈性能相对较低，多用于零部件制造过程中的工序间防护或车身和底盘已涂装的零部件表面防护。

防护蜡涂装工序一般由表面处理、喷涂防护蜡、蜡膜固化以及滴溅防锈蜡清理等基本工序组成。车辆防护蜡按用途可分为内腔防护蜡、底盘防护蜡、发动机防护蜡、车身表面防护蜡（面漆蜡）等。

(1) 内腔防护蜡用于车身骨架、底架梁及车门内板与外板的内表面（内腔）等不易涂布涂料保护层、易腐蚀部位的防锈处理，防止金属材料因湿气造成从内到外的锈蚀。要求蜡液喷雾性和缝隙渗透性好。内腔防护蜡固体分含量一般为38%～48%，滴点≥90℃，施工黏度可根据使用要求调节，一般为25～50s，涂膜厚度一般为40～80μm，未涂装底漆的内腔表面可以适当增加涂膜厚度，耐盐雾性在500h以上。内腔防护蜡一般是在涂装线上、车身涂装后进行涂装，底架梁外露喷蜡孔采用密封胶密封，行李仓内及车身骨架喷蜡孔采用粘贴密封胶垫进行密封。

(2) 底盘防护蜡用于底盘部件、车架或底架外露制件的防锈处理，要求蜡液透明度高、外观质量好，可根据需要调整颜色，具有优良的耐候性和抗石击性，能明显提高制件锐边、棱角、焊缝等特殊部位的耐腐蚀性和耐候性。底盘防护蜡固体分含量一般为38%～48%，滴点≥100℃，施工黏度一般为18～28s，涂膜厚度≥25μm，一般为30～50μm，固化时间(25±5)℃一般为2～4h，耐盐雾性在500h以上，耐湿热性在720h以上。底盘防护蜡在整车装配后进行喷涂，施工环境温度应在10℃以上，对未喷涂上防护蜡的管路和接头等部件进行补涂。

(3) 发动机保护蜡用于发动机各部件的防锈处理，防止发动机、变速器壳体等表面因泥水、湿气等侵入而产生的锈蚀。要求蜡液滴点高，耐热性好，附着力强，常温固化速度快，透明度高，耐水性、耐湿热性和耐高低温性能优良。发动机防护蜡固体份含量一般为25%～35%，滴点≥100℃，施工黏度一般为25～40s，涂膜厚度一般为30～50μm，耐盐雾性在500h以上，耐湿热性在720h以上。发动机保护蜡在整车装配后进行喷涂。

(4) 车身表面防护蜡是用于车身面漆临时防护的防锈涂料，具有优异耐候性和耐盐雾性，不影响涂层的光泽，可以防止客车在储运过程中面漆出现变色或擦伤等缺陷。车身表面防护蜡固体份含量一般为13%～17%，滴点≥90℃，施工黏度可根据使用要求调节，一般为12～18s，涂膜厚度一般为10～50μm，耐盐雾性在240h以上，耐湿热性在720h以上。车身表面防护蜡在整车装配后进行喷涂。在客车使用前，车身表面防护蜡采用去膜剂清除。

内腔防护蜡采用高压无气喷涂，底盘防护蜡、发动机保护蜡和车身表面防护蜡采用高压无气喷涂或空气喷涂。高压无气喷涂设备主要由蜡料桶、柱塞泵、高压液体加热器、液体过滤器、高压无气雾化枪等组成。

10. 车身蒙皮内表面聚氨酯发泡工序

聚氨酯发泡工艺是一种将聚氨酯发泡材料喷涂到车身蒙皮内表面，通过复杂的化学反应及物理变化而生成泡沫塑料，并牢固粘接在蒙皮内表面的工艺方法。聚氨酯发泡材料由A、B两种组分组成。A组分（俗称白料）由聚醚类多元醇、催化剂、泡沫稳定剂、发泡剂、阻燃剂等组成；B组分（俗称黑料）为多异氰酸酯。发泡喷涂设备按比例将两种组分输送至喷枪混合腔内,利用压缩空气均匀混合两种组分并喷涂至车身蒙皮内表面上,经数秒钟的化学反应形成均匀的聚氨酯泡沫塑料。

聚氨酯发泡材料使用的发泡剂基本上分为化学发泡剂和物理发泡剂两种类型。早期发泡剂大多为低沸点烃类化合物,对大气臭氧层有严重的破坏作用,目前已被环保型发泡剂所取代。环保型发泡剂是指臭氧消耗潜能(ODP)为零,温室效应潜能(GWP)较小,对环境友好的绿色发泡剂,主要有水、液态 CO_2、戊烷系列和 HFC 系列等发泡剂。

水基软质聚氨酯发泡材料是一种以水(H_2O)为发泡剂的新型环保聚氨酯发泡材料。水是聚氨酯泡沫塑料合成中的化学发泡剂,在发泡过程中利用水与异氰酸酯反应生成的 CO_2 起到发泡的作用。水基发泡与传统聚氨酯发泡材料的微观分子结构相差不大,但发泡结构与孔径大小有明显差异,发泡孔径大且为开孔结构,发泡膨胀系数大,缝隙处渗透性好,膨胀力小,柔软性好,阻燃性能优异,具有优良的隔热保温、防潮和憎水效果,在客车制造企业得到推广应用。

水基软质聚氨酯泡沫塑料为微黄的乳白色,发泡速度快,发泡量大,泡沫均匀,填充性能好,表面平整度高;材料的密度为 $8kg/m^3$,导热系数≤$0.04W/(m·K)$,憎水率≥95%,尺寸稳定性≤1%;阻燃性能不低于 B1 级,烟雾呈白色,无干扰性气味;长期使用表面不变色,不老化,隔热保温性能稳定。软质聚氨酯泡沫塑料具有良好的弹性变形能力,可随车身蒙皮的热胀冷缩而产生变形,不影响侧围蒙皮的平整度。但水基软质聚氨酯泡沫塑料的导热系数大于传统聚氨酯发泡材料[导热系数 $0.02\sim0.03W/(m·K)$],隔热性能相对稍差,需要增大聚氨酯发泡厚度,保证车身的隔热保温性能。水基软质聚氨酯泡沫塑料为开孔结构,具有透气排湿功能,不发生毛细管虹吸现象,可有效防止潮气渗透,但开孔结构易吸水,耐水性差,容易导致车身制件出现腐蚀现象,不能用于轮罩、梯步挡板等外表面的隔热保温处理。

水基软质聚氨酯发泡材料附着力强,基层面不需要进行特别处理,能够粘附于湿的基层表面;可以在高、低温和潮湿环境下施工,不影响发泡材料的隔热保温性能,但温度过低将影响发泡材料的附着性能。一次成型,施工工艺简单、快捷、安全,对发泡设备要求较低。

聚氨酯发泡设备一般由料流系统、计量系统、气路系统、加热系统、清洗系统、混合装置等组成。按照组分计量压力及混合系统分为低压发泡及高压发泡两大类。典型的高压空气型聚氨酯发泡设备如图 8-1 所示。

该设备配备有精确配比的双组分系统,A、B 两种组分原料以高压方式按比例输送至喷枪,在喷枪的混合腔内均匀混合并喷射到喷涂表面,快速发泡,生成聚氨酯泡沫材料。该设备配备自适应温度补偿温控器,可精确调控的多路恒温加热器,利用加热软管加热供料管路,实现聚氨酯发泡材料在不同环境温度下的最佳喷涂效果。

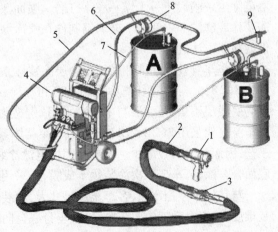

图 8-1 高压空气型聚氨酯发泡设备
1-喷枪;2-加热软管;3-流体温度传感器;4-配比器;5-供气管路;6-供料管路;7-回料管路;8-供料泵;9-空气过滤器

二、客车车身涂装工艺流程

典型的普通客车车身涂装工艺流程为白皮车身表面清理→表面前处理(包括脱脂、除锈、表调和磷化)→烘干→涂底漆→烘干→车身底部涂防声隔热抗石击涂料→骨架与蒙皮处发泡并清理→涂焊缝密封胶→刮涂金属原子灰→自干→刮涂钣金属灰→自干→刮涂原子灰→自干或烘干→原子灰及底漆打磨→车身表面清理→涂中间漆→自干或烘干→补涂腻子→自干或烘干→中间漆打磨→车身表面清理→涂二道或三道面漆→烘干→粘贴彩条→涂彩条漆→清理粘贴纸带、擦拭多余漆雾→烘干→漆面修饰、检查→送总装线。

与普通客车相比较,高档客车大量采用防腐能力强的车身材料(如耐候材料、复合材料、铝合金等),车身制造工艺先进,车身焊装质量高,蒙皮平整度好,刮涂腻子工序简单,面漆多选用金属漆,面漆涂装还包括整车罩清漆和烘干等工序。

7m以下的轻型客车车身壳体全部采用冲压成形,车身焊装质量和平整度高,车身涂装工艺与轿车工艺基本相同。

客车车架采用电泳、浸漆和喷涂方法涂装底漆,面漆采用喷涂方法进行涂装。其工艺流程为车架表面前处理(包括脱脂、除锈、表调和磷化)→烘干→涂底漆→烘干→涂面漆→烘干。车架如果采用电泳或浸漆涂装,则表面前处理后可以不进行烘干。

客车塑料件因表面特性的原因,其涂装工艺与金属件的涂装有一定的区别。客车塑料件大致可分为热塑性和热固性塑料两种。热塑性塑料一般包括聚乙烯塑料(PE)、聚丙烯塑料(PP)、改性聚丙烯塑料(改性PP)、工程塑料(ABS)、聚酰胺尼龙(PA)等;热固性塑料一般包括玻璃纤维增强塑料(玻璃钢、SMC)、注塑成型塑料-聚氨酯泡沫塑料(RIM-PU)等。一般来说,塑料件的表面能低,涂层附着力低;耐热性差,烘干温度较低;表面容易产生静电、吸附灰尘,内外表面残留有脱模剂,影响涂装质量;同一种塑料因结晶度、分子量和注塑成型条件不同,涂料附着力也有差异。因此,需要根据塑料件的种类合理选择涂料和涂装工艺。

塑料件的涂装前处理不能采用碱性的脱脂液进行脱脂,不能进行酸洗、磷化处理,只能采用中性脱脂液脱脂,并采用专用溶剂清除表面脱模剂,以及利用静电除尘器产生离子化压缩空气清除表面吸附的灰尘和杂质。所以,在客车塑料件涂装工艺流程中需要增加清除脱模剂和静电除尘工序。客车塑料件涂装工艺流程一般为中性清洗剂脱脂→循环水洗→表调→干燥→静电除尘→喷底漆→干燥→底漆打磨→喷面漆→干燥。对于大多数车外用硬性塑料件一般不需要涂装底漆和中间漆。玻璃钢制件在喷涂涂料之前应先涂刮腻子并进行打磨,再按照金属件的涂装方法进行涂装。

客车车身及其零部件采用多涂层涂装体系,按涂层及烘干次数分类,主要有三涂二烘(简称为3C2B)、三涂三烘(简称为3C3B)和二涂二烘(简称为2C2B)等涂装体系。3C2B涂装体系为底漆层不烘干,底漆与中间漆采用"湿碰湿"工艺,因而烘干次数由三次减为二次。车架与车身底架采用2C2B、2C1B或1C1B涂装体系。2C1B涂装体系为底漆与面漆采用"湿碰湿"工艺,因而烘干次数减少一次。在阴极电泳涂装线或自泳涂装线上进行车架涂装时,可以采用底面合一涂料,车架一次涂装烘干成膜,即采用1C1B涂装体系,以节省能源。

与其他车型相比较,客车车身尺寸大,涂装时间长,涂装工序多,并且车身材料种类多,涂装难度大,车身骨架内腔防腐涂装、车身底盘防腐涂装和车身装饰性涂装是客车涂装的重点。对车身骨架内腔涂装空腔防护蜡、底盘涂装底盘防护蜡,可以保证客车的防腐性能。

客车采用雾影-光泽仪和橘皮仪对涂层表面的光泽、雾影和橘皮进行定量分析。雾影-光泽仪可以测定直接反射光和发散光,通过光泽和雾影测定可以间接地反映涂料中颜料的分散、润湿、絮凝情况及底材表面状况等,客观地评估表面质量。橘皮是评价涂层表面质量的一个重要指标,综合反映涂层丰满度、光滑度、光泽等指标的效果。橘皮仪可以显示涂层波纹结构的长波和短波数值,短波反映底材粗糙度的影响,长波反映涂料的流平特性及制件结构的影响。通过对涂层表面光泽、雾影和橘皮的分析,可以发现涂料及涂装工艺中存在的缺陷。

第四节 车身涂料涂装方法与设备

客车车身涂装采用多种涂装方法及其设备。车身底漆的涂装通常采用空气喷涂、静电喷涂、空气辅助无气喷涂方法,阴极电泳涂装底漆、浸涂和自泳底漆涂装方法在客车制造企业也有应用。车身中间漆和面漆的涂装通常采用空气喷涂、静电喷涂和空气辅助无气喷涂方法。高固体分涂料采用大流量低压力(HVLP)喷涂方法涂装。车身底部防腐涂料和车身骨架内腔蜡采用高压无气喷涂方法涂装。各种涂装方法及其设备在涂装效率、涂料利用率、涂装质量、环境保护、涂装成本以及涂料特性和类型方面都存在着很大的差异。

一、车身涂料涂装方法

客车车身涂料常用的涂装工艺方法有空气喷涂、高压无气喷涂、静电喷涂、电泳涂装和粉末涂装等。

1. 空气喷涂

空气喷涂能够喷涂各种液态涂料,广泛应用于车身底漆、中间漆和面漆涂料的涂布,是客车车身涂料主要涂装工艺方法之一。按涂料雾化方式的不同,空气喷涂可分为普通空气喷涂、高流量低压力空气喷涂(HVLP)。

普通空气喷涂是一种利用压缩空气将涂料雾化并喷涂到被涂物表面的涂装方法。压缩空气压力一般为 0.30~0.6MPa,利用压缩空气压力雾化涂料,所以又称为气压喷涂。普通空气喷涂涂料雾化效果好,涂膜均匀、细腻、光滑,涂层表面质量高,喷涂效率高,作业性好,喷涂设备简单,操作安全、容易,维修方便。但普通空气喷涂涂料飞散严重,涂料利用率低(手工喷涂为 30%~40%、自动喷涂为 40%~50%),环境污染严重,不适用于粘度太高的涂料涂装,消耗的涂料溶剂多,涂膜较薄,需要多次喷涂才能满足车身涂层厚度的要求。

高流量低压力空气喷涂(HVLP)是一种在喷枪空气帽处以极低的风帽雾化压力(雾化压力≤0.07MPa)雾化涂料的喷涂方法。与普通空气喷涂利用压缩空气的压力雾化涂料不同,HVLP 喷涂利用空气的高流量雾化涂料,从而减少了由于涂料反弹(过喷)所造成的涂料损耗及环境污染,涂料利用率(涂料传递效率)>65%。空气流量是 HVLP 喷涂的一个非常重要的技术参数,如果没有足够的空气流量,涂料雾化效果差,就无法获得细腻、均匀的喷涂表面质量。HVLP 喷涂的涂装质量好、成本低、操作容易、涂着效率高。

空气喷涂质量主要取决于涂料的黏度、工作压力、喷嘴与喷涂表面的距离以及喷涂操作技能的熟练程度等方面。为了获得光滑、平整、均匀一致的涂层,喷涂时必须掌握正确的操作方法和做好喷涂前的准备工作。涂料的黏度根据涂料的种类、空气压力、喷涂表面的尺寸大小和状态等因素确定,一般控制在 14~25s。夏季室温在 35℃以上时,溶剂容易挥发,漆膜的流平性差,涂料的黏度应低一些;冬季室内在 17℃左右时,溶剂挥发慢,涂料的黏度应高一些,否则涂料容易产生流挂。在空气喷涂时,压缩空气压力不能波动,一般在 0.30~0.6MPa 范围内。压力过低,涂料雾化不充分;压力过高,涂料雾化好,但涂料反弹严重,涂料利用率低。空气喷涂距离为 250~400mm,喷枪应尽量与喷涂表面垂直,并以 10~12m/min 的速度均匀移动,涂料喷涂重叠部分一般为喷涂幅度的 1/3~1/2,喷涂室风速应控制在 0.3~0.5m/s 范围内。

2. 高压无气喷涂

高压无气喷涂是一种利用增压泵使涂料增压至高压（一般为10~25MPa），当高压涂料通过喷枪喷嘴进入大气时迅速膨胀、雾化，并喷涂到被涂物表面的涂装方法。高压无气喷涂采用高压喷射雾化涂料，由于没有压缩空气参与涂料雾化，所以称为无气喷涂。与一般的空气喷涂相比，高压无气喷涂喷雾飞散少，涂料利用率较高（60%），特别适用于高黏度涂料喷涂和大型制件喷涂，能获得较厚的涂膜，涂装效率高，溶剂的挥发少。由于涂料里不混入空气，有利于表面质量的提高。高压无气喷涂的涂料输出量较大，但涂料雾化细度不够柔软，雾化效果不够理想，涂层厚度也不易控制，喷涂质量一般，并且喷涂设备成本较高，喷涂操作需要较高的技能。

为了改善高压无气喷涂涂料雾化效果，提高涂层的表面质量，产生了空气辅助高压无气喷涂方式。空气辅助高压无气喷涂（AA）是一种介于空气喷涂与无气喷涂之间的涂装方法。通过两个雾化过程完成涂料的雾化，首先涂料在4~6MPa压力的作用下，通过一种与无气喷涂相同的喷嘴进行预雾化，产生细小的涂料微粒；然后再利用进入空气帽的少量低压雾化空气（雾化压力在0.1MPa左右）进行辅助雾化，消除因涂料压力较低而产生的雾化不均匀缺点，同时辅助空气将喷涂界面包裹起来，抑制漆雾向空中飞散。

空气辅助高压无气喷涂以无气喷涂为主，但是降低了高压无气喷涂的涂料压力，减小了喷涂射流的前进速度，减少了涂料过喷现象，有效地提高了涂料的传递效率。空气辅助无气喷涂又称为混气喷涂，它集中了无气喷涂的高效、高传递效率和空气喷涂的优良喷涂效果的优点，克服了无气喷涂和空气喷涂的缺点，涂料雾化柔软、细腻，传递效率高（一般为70%~80%），涂料损失少，环境污染小，喷涂表面质量好，喷涂效率高于无气喷涂、低于空气喷涂。

3. 静电喷涂

静电喷涂是一种利用电晕放电原理使雾化涂料在高压直流电场作用下荷负电，并吸附于荷正电涂装表面放电的涂装方法。静电喷涂适用于车身中间漆、面漆涂料的自动涂装，可实现多支喷枪同时喷涂，具有涂装效率高、涂层均匀、环境污染小等特点，是客车车身涂料常用的涂装工艺方法之一。

静电喷涂时，在电源高电压作用下，喷枪（或旋杯、旋盘）的端部与涂装表面之间形成一个静电场，在喷枪（或旋杯、旋盘）的端部附近区域形成空气电离区，空气激烈地离子化和发热，产生强烈的电晕放电。当涂料经喷嘴雾化并喷出后，被雾化的涂料微粒通过喷枪的极针或旋杯、旋盘的边缘时因接触而带电，在经过电晕放电所产生的气体电离区时，将再一次增加其表面电荷密度。这些带负电荷的涂料微粒在静电场作用下，向极性相反的涂装表面运动，并吸附沉积在涂装表面上形成均匀的涂膜。静电喷涂示意图如图8-2所示。

静电喷涂采用喷枪极针、旋杯或旋盘为涂料颗粒充电。对于典型的静电喷枪，静电电极位于雾化器的顶部。按荷电方式不同，静电喷涂分为内部荷电和外部荷电两大类。按涂料性质的不同，静电喷涂可分为液体涂料静电喷涂和粉末涂料静电喷涂。按涂料雾化方式不同，静电喷涂分为空气雾化型、高压雾化型和旋杯雾化型等方式。

内部荷电高速旋杯式喷枪主要用于溶剂型涂料和高阻抗的水性涂料（中间漆）的喷涂，喷枪的旋杯直接与高压静电相接，涂料进入旋杯后被荷电，然后被旋杯雾化。外部荷电高速旋杯式喷枪主要用于低阻

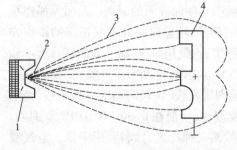

图8-2 静电喷涂示意图
1-静电喷枪；2-电力线；3-负高压电极；4-涂装制件

抗的水性面漆涂料的喷涂,这种荷电方法的旋杯周围均匀分布的荷电电极,利用电极与涂装制件之间形成的高压静电场离子束的作用,使雾化涂料颗粒带电。

对于空气雾化型和高压雾化型静电喷涂采用的静电喷枪,负高压直流电接通在喷枪的喷嘴和极针上,被雾化的涂料颗粒通过极针和静电场作用而带电,并在不均匀强静电场的分裂作用下,获得进一步的雾化(静电雾化),使涂料颗粒更高效、均衡地吸附在涂装表面上。

最常见的旋杯雾化型静电喷涂是采用高速旋杯式静电喷枪。它通过压缩空气驱动高速气电机,带动旋杯(雾化器)高速旋转(转速在20000r/min以上),涂料在离心力的作用下沿旋杯内表面向四周扩散形成均匀的薄膜,在旋杯边缘产生速度雾化和离心雾化,并在静电场中产生静电雾化。涂料在被雾化的同时,雾化颗粒吸附额外电子形成负电荷,并吸附沉积在涂装表面上,达到涂装效果。

与普通空气喷涂相比,静电喷涂可以大幅度地提高涂料的利用率,旋杯直接荷电涂着效率可以达到90%,各种静电喷涂方法的涂着效率见表8-5。高传递效率能有效地减少挥发性有机化合物(VOC)的排放量,改善作业环境,降低喷涂室的清理、维护和危险废物的处理费用。但由于静电场的尖端效应,静电涂装表面突出部位、尖端和锐边处的涂膜将较厚,而凹陷处的涂膜很薄,容易出现涂膜厚度不均匀现象,一般需要手工补喷。静电喷涂对涂料的电性能等方面有一定的特殊要求,并且涂装效果容易受到环境空气温度和湿度的影响。静电喷涂采用高压直流电,火灾危险性较大,对防火安全措施要求高。

静电喷涂涂着效率 表8-5

涂装方法	涂着效率(%)	涂装方法	涂着效率(%)
空气静电喷涂	45~60	高速旋杯外部荷电喷涂	65~85
无气静电喷涂	50~70	高速旋杯直接荷电喷涂	70~90
空气辅助无气静电喷涂	55~75		

静电喷涂适用于各类液体涂料和粉末涂料涂装,但对涂料的电性能等有一定的要求。涂料的电性能(电阻值、介电常数和电偶极子)直接影响涂料在静电涂装时荷电性能、静电雾化性能及涂着效率。为了保证静电涂装效果,涂料的电阻值要控制在一定范围(一般为35~120MΩ)内,并应与静电喷枪的电压相匹配。电阻值过高,涂料颗粒荷电困难。电阻值过低,在高压静电场中产生漏电现象,使静电喷枪的放电电压下降,电场强度低,涂料颗粒静电雾化效果差。

与溶剂型涂料相比,水性涂料电阻率小,导电性能好,必须采用电压闭锁装置、外部荷电方式或涂料输送系统绝缘隔离措施,防止涂料输送系统短路而造成电荷接地,使涂料颗粒无法负载静电。外部荷电方式需要在旋杯外设置高压放电针,而旋杯不带电,喷涂设备的其他装置与溶剂型涂料喷涂设备相同,静电喷涂实现容易,但涂着效率比直接荷电方式低10%左右。涂料输送系统绝缘隔离方式需要设置绝缘中转涂料罐,系统复杂,在向中转涂料罐补充涂料时必须停止喷涂作业,直接影响涂装效率。

静电场电场强度直接影响静电涂装的效果(静电效应、涂着效率和涂膜的均匀性等)。在一定范围(自动旋杯静电喷涂一般为0.3~0.4kV/mm)内,静电场的电场强度越强,静电雾化和吸引的效果就越好,涂装效率也越高;反之,电场强度过小,电晕放电变弱,涂料颗粒荷电少,静电雾化效果和涂着效率低。静电场的电场强度主要取决于静电喷枪电压和喷涂距离。内置手提式静电喷枪电压一般为20~25kV,外置手提式静电喷枪为50~60kV,自动旋杯静电喷涂为60~80kV。喷涂距离为250~300mm,并根据车身喷涂位置的不同,合理调整自动静电喷枪的喷涂距离。

空气静电喷涂的空气压力低于普通空气喷涂,一般为 0.40~0.55MPa。过高的空气压力将产生大量的涂料反弹,影响静电效果。在高转速旋杯式自动静电喷涂中,整形空气主要用于调整喷涂扇面的幅度,增大雾化涂料的前进速度,使其渗透到涂装表面的凹陷区域。整形空气流量为 50~500mL/min,整形气体流量越小,喷涂扇面越大。适当减少整形气体流量,有利于降低涂膜长波,但整形气体流量过小,易产生雾化涂料回返现象,涂料污染旋杯。在大型涂装线上,一般使用大型的循环供料系统,旋杯喷涂的空气压力与空气喷涂压力相配套。

静电涂装涂料的流量和黏度是影响涂层厚度和表面质量的重要因素。一般静电涂装涂料的粘度要比空气喷涂的黏度低一些,喷涂室温度为 25℃时,调粘度为 16s 较适宜,以获得较好的雾化效果,并防止涂膜橘皮过大。静电涂装要求涂料的固体含量和细度比普通涂料高,涂料的流量一般为 80~350mL/min。事实上,当涂料的流量达到流挂的临界状态时,可以获得最佳的涂层表面效果。静电喷涂的涂装效果容易受到环境空气温度和湿度的影响,要求喷涂室温度和湿度分别为 (25±5)℃ 和 50%~70%。一般喷涂室温度可以控制在 18~36℃ 范围内,为了保证涂装质量,需要根据温度的不同,确定不同的喷涂参数。喷涂室风速一般为 0.30~0.5m/s,降低空气流速有利于减少送风动力消耗和挥发性有机化合物的排放量。

4. 电泳涂装

电泳涂装是利用外加电场使悬浮于电泳涂料槽液中的颜料和树脂等微粒定向迁移并沉积于电极之一的涂装表面的涂装方法。根据被涂物的极性和电泳涂料的种类,电泳涂装法可分为阳极电泳涂装(AED)和阴极电泳涂装(CED)。客车车身采用阴极电泳涂装。

阴极电泳涂装采用水溶性阴极电泳涂料,成膜聚合物是阳离子型树脂。电泳涂装时,作为阴极的被涂物浸渍在浓度比较低的阴极电泳涂料槽中,在槽中另外设置与其相对应的阳极,两极间接通直流电后,经过一系列复杂的电化学过程,在被涂物表面形成了一层不溶于水的、均匀的涂膜。阴极电泳涂装是一个复杂的电化学过程,主要包括电解、电泳、电沉积、电渗等物理化学作用。其涂膜形成的电化学反应过程如下:

①电解:在电泳涂料槽液(具有离子导电性)中的阳极和阴极接通直流电后,阴极发生电解反应,生成氢气及氢氧根离子,化学方程式为 $2H_2O + 2e^- = H_2\uparrow + 2OH^-$。电解反应使阴极表面形成一层高碱性($OH^-$)边界层。

②电泳:在直流电场作用下,分散在液体中的阳离子树脂和颜料及 H^+ 向阴极(被涂物)移动,而阴离子向阳极移动。

③电沉积:由于 H^+ 在阴极放电,阴极和槽液界面处 OH^- 浓度升高,当 OH^- 浓度增加到一定数值时,阳离子树脂和颜料与 OH^- 中和而析出,沉积在被涂物(阴极)表面上形成涂膜。

④电渗:在涂膜沉积的初始阶段,涂膜结构疏松,为半渗透的膜,含水量相当高。在电场的持续作用下,阴极表面处的阴离子通过半渗透膜向阳极方向移动,水分从涂膜中渗析出来移向槽液,引起涂膜脱水,并且阳离子树脂在涂膜表面形成新的沉积,使涂膜致密化,最终形成致密的憎水涂膜,完成整个电泳过程。

阴极电泳涂装时,电沉积首先发生在靠近阳极的制件外表面,随着外表面电泳涂膜的形成和厚度的增加,涂膜的绝缘性逐渐屏蔽了制件外表面的导电性,电沉积逐渐移动到较远的制件内表面上,直至在制件内、外表面上涂覆一层完整的、均匀的涂膜为止。

在阴极电泳涂装中,泳透力和库仑效率是两个重要的电泳特性参数,直接影响电泳涂装的涂覆能力、槽液稳定性和涂装质量稳定性。

泳透力是指在电泳涂装过程中,电泳涂料对制件内腔、凹面、缝隙等背离阳极部位的涂覆能力。泳透力是表示电泳涂膜分布均匀程度的一个比较性参数,涂料泳透力高,制件内表面的涂装效果好,车身整体耐腐蚀性高。涂料的电导率越高,湿膜阻抗越大,涂料泳透力越高,涂膜均匀越好。影响泳透力的主要因素有电泳电压、电泳时间、槽液固体分、槽液温度、槽液导电率、槽液 pH 值等工艺参数。

电泳涂料电沉积时的库仑效率是指消耗单位库仑的电量沉积折出的涂膜当量(毫克数,单位 mg/C)。库仑效率高,沉积一定质量涂膜所消耗的电能就少。库仑效率是一个表征电泳涂装电(沉积)效率的物理量,与槽液成分、槽液固体分、槽液温度、电泳电压等电泳工艺参数密切相关,通过测定库仑效率的变化,可以了解槽液的电特性、槽液成分的变化和槽液被杂质沾污的程度。一般阴极电泳涂料的库仑效率在(20~35)mg/C 之间,采用库仑计测定。

阴极电泳涂装具有高效、安全、经济、低污染、涂层耐腐蚀性好等优点,涂料利用率可达 95% 以上,涂膜均匀、附着力强,通常用于客车车身底漆的涂装。与阳极电泳相比,阴极电泳具有以下特点:

①阴极电泳的泳透性好。阴极电泳的泳透力一般是阳极电泳的 1.3~1.5 倍,可以提高型材内腔、车身缝隙等不易涂装区域的耐腐蚀性。

②阴极电泳的库仑效率高。阴极电泳的库仑效率是阳极电泳的 2~3 倍,库仑效率高,有利于降低涂装电能消耗,阴极电泳能减少 30% 的用电量。

③阴极电泳的涂层耐腐蚀性能好。阳极电泳时,制件表面的磷化膜和基体金属在电沉积过程中容易析出,并且溶解产生的大量金属离子夹杂在电泳涂膜内,降低了涂层的耐腐蚀性能。因此,阴极电泳涂层具有更好的附着力和耐腐蚀性能,通常是阳极电泳 2~3 倍。

④阴极电泳槽液比较稳定,容易控制。阴极电泳槽液呈弱酸性,不易受杂质离子和微生物的影响而变质。而阳极电泳时,由于阳极区发生电解产生的氧气对槽液的稳定性影响很大,必要时需要添加抗氧剂稳定槽液。

⑤阴极电泳涂膜的耐候性较差,受日光暴晒容易出现粉化。

⑥阴极电泳涂料和设备成本较高。一般阴极电泳涂料的成本为阳极电泳的 1.3~1.5 倍,并且由于阴极电泳槽液呈弱酸性,输送泵、热交换器等设备关键部件采用不锈钢材料制造,设备成本较高。

⑦阴极电泳后的水洗比较困难。阴极电泳后若不及时清洗,涂膜容易固化,水洗比较困难。并且涂膜在烘干过程中,产生的废物较多,容易产生臭味并粘附在管道上。

典型的客车车身底漆的阴极电泳工艺参数见表 8-6,其中颜基比是指电泳涂料的颜料和基料(树脂)之比,MEQ 值为固体分为 100g 的阴极电泳涂料消耗中和剂的摩尔数。阴极电泳涂装时,槽液固体分、电泳电压、槽液 pH 值、槽液电导率等槽液成分、电泳条件、槽液特性和电泳特性是影响阴极涂装质量的主要因素。

(1)槽液固体分的影响

槽液固体分是指槽液中成膜物质(树脂、颜料、添加剂等)的含量。槽液固体分是电泳涂装的主要工艺参数之一,对涂料电沉积量的影响较大,对槽液稳定性也有一定的影响,阴极电泳槽液的固体分一般为 18%~25%(质量分数)。固体分较高,槽液导电性好,泳透力高,电沉积量增加,涂膜厚度增加,涂膜表面质量好;但固体分 >30%(过高),电沉积量增加过快,电渗性不良,涂膜粗糙、疏松,涂膜烘干时因流平性不佳,涂膜平滑性下降,容易形成橘皮等缺陷,并且制件附着槽液多,损耗大。涂料的固体分 <10%(过低)时,泳透力低,导致涂膜薄、遮盖力

差,同时因槽液电阻增加,导致电压加大,槽液的水解、电解加速,涂膜易产生针孔,表面粗糙,涂膜防护性能低,槽液稳定性变差,颜料沉降严重。

阴极电泳工艺参数　　　　　　表8-6

序号	槽液名称	参数名称	工艺范围
1	电泳槽液	电泳电压	220~320(V)
2		电泳时间	3.5(min)
3		槽液温度	28~35(℃)
4		固体分	18~23(%)
5		pH值	5.5~6.1
6		电导率	1200~1800(μs/cm)
7		颜基比	10~16(%)
8		MEQ值	0.2~0.3
1	超滤液	pH值	5.0~6.0
2		电导率	600~1500(μs/cm)
1	阳极液	pH值	2.0~3.5
2		电导率	2500~5500(μs/cm)

槽液固体分决定着电泳涂装时的成膜速度和涂膜质量,但随着电泳涂装过程的进行,槽液的固体分必将不断地下降,需要添加电泳涂料,控制槽液的固体分在一定的范围内。

(2)槽液pH值的影响

槽液的pH值是控制槽液稳定性的重要参数,由酸性树脂与碱性中和剂在水溶液中的离解程度所决定。阴极电泳需要适量的酸度才能保持槽液的稳定,通常pH值控制在5.8~6.1之间。槽液的pH值过高时,槽液的游离酸量少,树脂亲水性下降,涂料水溶性变差,甚至产生不溶性颗粒,槽液出现分层、沉淀现象,槽液的稳定性和电沉积性能均变差,涂膜附着力和表面质量不好。槽液的pH值降低时,涂料的水溶性增强,电泳电流增大,电沉积量增加,有利于涂膜形成,但pH值过低时,槽液的固体离子过多,电化学反应过于激烈,大量气泡的产生造成涂膜粗糙、不均匀,同时槽液对湿涂膜的再溶解也随之加剧,库仑效率降低,并且对设备的腐蚀性增加。

槽液的pH值与电泳槽液的稳定性和电泳特性密切相关。连续电泳时,由于涂料树脂的不断沉积、中和剂的不断积累,导致槽液的pH值渐渐降低,使电导率增大,泳透力下降。一般通过极罩法、补加低中和度涂料和更换超滤液的方法来调整槽液的pH值,使之稳定在规定的范围之内。

(3)电泳电压的影响

电泳电压是决定涂膜厚度和表面质量的主要因素,一般通过提高或降低电泳电压来调节涂膜厚度。在电泳电压合理的范围内,随着电泳电压升高,电场强度增强,槽液中带电粒子移动速度加快,泳透力提高,电沉积量随之增加,有利于增加涂膜的厚度和提高表面质量。但电压过高,涂膜沉积速度过快,涂膜表面粗糙、多孔,涂膜外观和性能差。但电泳电压过低,涂料泳透力差,沉积速度慢,电沉积量少,涂膜薄。

电泳电压是由电泳树脂的结构性能决定的,同时综合考虑槽液固体含量、槽液温度、电导率、极间距以及制件材料特性和形状复杂程度等因素,确定一个适用的电压范围。对于客车车身阴极电泳涂装而言,适宜的电泳电压为220~320V,并且在保证涂膜表面质量的条件下,应尽量采用较高的电泳电压。为了避免起始电流过大,一般采取由低电泳电压向高电泳电压过渡的通电方式进行电泳涂装。较低的起始电压可以减轻电极反应,防止涂膜弊病的产生。升高电泳电压可以提高涂料的泳透力,保证制件内表面、缝隙等部位的涂装质量。客车车身电泳涂装采取间歇式生产方式(车身浸入后通电),一般车身浸入后的前20~30s施加低电泳电压(100V),随后升至电泳电压正常值(220~320V)。

(4)电导率的影响

电导率表示电泳槽液的导电能力,取决于槽液的固体分、pH值、温度和杂离子浓度,阴极电泳槽液的电导率通常在1200~1600μs/cm范围内。电导率的增加有利于涂膜厚度的增加,较低的电导率将导致电极反应缓慢,电沉积量少,涂膜形成困难;但电导率过高,电解反应加剧,泳透力下降,槽液升温过快,颜料分散性差,涂膜光泽度降低,耐腐蚀性能下降。造成电导率增大的原因是由于杂离子的混入,以及游离出的中和剂浓度的增加。在电泳过程中,前处理工序带来的杂离子(主要指Na^+、Fe^{2+}、Zn^{2+}等杂离子)会污染电泳槽液,并在槽液中积聚,导致电导率会逐渐增大。为了减少杂质离子进入电泳槽液,必须控制水洗和槽液配制用水的电导率。由槽液杂质离子引起的电导偏高通过排放超滤液、添加去离子水的方法来调整;由槽液pH值引起的电导偏高通过排放阳极液的方法来降低;电导率过低通过加入中和剂(如乙酸)的方法来提高。

(5)槽液温度的影响

槽液温度对阴极电泳涂装和涂膜性能有着非常显著的影响。在其他工艺条件不变的情况下,槽液温度升高,有利于降低槽液粘度,加快电极反应,增加电沉积量和涂膜厚度。但槽液温度>35℃(过高),涂膜粗糙,附着力下降,同时槽液中的助溶剂易挥发,导致槽液变质。一般阴极电泳槽液温度控制在28~35℃范围内,并设置热交换系统(恒温装置),将槽液温度的变化控制在±1℃的范围内。

(6)电泳时间的影响

一般情况下,涂膜的厚度随着电泳时间的延长而增加,但当涂膜达到一定厚度时,继续延长电泳时间,由于涂膜绝缘性增强,膜厚几乎不再增加。如果电泳时间过长,将导致涂膜产生缺陷,表面质量变差。因此,适宜的电泳时间为2~3min。适当的增加电泳时间,有利于提高涂料的泳透力,保证客车车身骨架和底架型材内腔表面和缝隙表面的电泳涂膜质量,所以客车车身电泳时间都在3min左右。

影响涂装质量的阴极电泳工艺参数还包括槽液的灰分、MEQ和有机溶剂含量,以及极间距(阳极与阴极之间的距离)和极比(阳极与阴极的面积比值)等。阴极电泳涂装现场控制和管理的主要参数是槽液固体分、槽液温度、槽液pH值、电导率、电泳电压和电泳时间。

5. 粉末涂装

粉末涂装是以固体树脂粉末(粉末涂料)为成膜物质的一种涂覆工艺。粉末涂料是一种无溶剂的、粉末状态的涂料,其涂装方法有火焰喷涂法(融射法)、流化床法、粉末静电喷涂法、静电流化床法、静电粉末振荡法、粉末电泳涂装法等,其中静电粉末喷涂法是粉末涂料涂装应用最多的一种工艺方法。

粉末静电喷涂是利用电晕放电原理使雾化的粉末涂料在高压电场的作用下荷负电并吸附于荷正电涂装表面放电的涂装方法。在粉末静电喷涂中,影响喷涂质量因素有粉末粒度、粉末电阻率、喷涂电压、喷粉量、喷涂距离、喷涂时间、供粉气压、雾化压力、粉末空气混合物速度梯度、喷枪的形式以及涂装表面的前处理质量等。

1）粉末粒度

粉末粒度和粉末电阻率、介电常数、粉末吸湿性、粉末稳定性等参数直接影响粉末的带电效率、吸附力和涂膜质量。粉末微粒的大小在很大程度上影响涂膜的极限值，粉末微粒尺寸增大，涂层膜厚的极限值随之增大，同时粉末所带电荷数增大，受重力和电场力的影响也增大。适合静电喷涂的粉末涂料粒度应在 $10 \sim 90\mu m$ 之间（ >170目），并且分布范围越窄越好。粒度小于 $10\mu m$ 的粉末称为超细粉末，很容易随气流带走而造成涂料损失。

2）粉末电阻率

粉末的电阻率决定着在一定的静电电场强度下粉末的带电状态，是影响粉末电性能的重要因素，一般为 $10^{10} \sim 10^{16}\Omega \cdot cm$。粉末的电阻率低，容易捕获电荷，但吸附到涂装表面的粉末也越容易失去电荷，造成粉末散落。而电阻率高，粉末较难捕获电荷，吸附到涂装表面的粉末也较难失去电荷，但由于粉末静电同性相斥作用，会影响涂层涂装厚度。

3）喷涂电压

喷涂电压影响粉末涂覆效率。电压低，电场强度弱，粉末带电量小，涂覆效率低；电压增大，粉末附着量增加，涂覆效率提高；但电压过高，涂装表面粉末静电斥力增大，容易造成粉末反弹，粉末涂覆效率反而降低，甚至会使粉末涂层击穿，影响涂层质量。静电高压一般为 $60 \sim 90kV$。

4）喷粉量

在粉末喷涂开始阶段，喷粉量的大小对膜厚有一定的影响，喷粉量的大小与涂膜厚度的增长率成正比，但随着涂膜厚度的增加，喷粉量的大小对涂膜厚度增长率的影响显著减小，并且增大喷粉量，粉末涂覆效率反而降低，使回收粉增多。一般粉末静电喷涂喷粉量控制在 $70 \sim 150g/min$ 范围内，目测供粉状况以喷出的粉末呈均匀的雾状为合适。

5）喷涂距离

喷涂距离是控制涂膜厚度的一个主要参数，对涂膜厚度的极限值有很大影响。在其他工艺条件不变情况下，喷涂距离增大，涂膜厚度减少，粉末涂覆效率降低。喷涂距离一般为 $150 \sim 250mm$。

6）喷涂时间

喷涂时间与喷涂电压、喷涂距离、喷粉量等工艺参数是相互影响的。增加喷涂时间和喷涂距离，喷涂电压对涂膜厚度极限值的影响降低。随着喷涂时间的增加，喷粉量对膜厚的增长率的影响会显著减小。

7）供粉气压

供粉空气压力对粉末涂装效率有很大影响，一般为 $0.04 \sim 0.15MPa$。一般情况下，随着供粉气压的增大，粉末涂装效率降低，所以供粉压力不宜过大，但过低的供粉压力容易造成供粉不足或粉末结团缺陷。喷涂一些形状复杂的工件及涂装边角时，供粉压力可以适当大一些（$0.2 \sim 0.3MPa$），以增加喷粉量，要求喷粉量越大，供粉气压也应越大。

8）雾化压力

雾化压力一般为 $0.30 \sim 0.45MPa$。适当增大雾化压力能够保持粉末涂层的厚度均匀，有利于加快粉末的沉积速度，快速获得涂膜厚度，但过高的雾化压力会增加粉末用量和喷枪的磨损速度。而适当降低雾化压力能够提高粉末的覆盖能力，雾化压力过低又容易使送粉部件堵塞。

9）粉末空气混合物速度梯度

速度梯度是喷枪出口处的粉末空气混合物的速度与喷涂距离之比,对涂膜厚度有一定影响。在一定喷涂时间和喷粉量等工艺条件下,随着速度梯度的增大,涂膜厚度将减小。

粉末静电喷涂涂膜固化温度一般为180℃,固化时间为20~30min,并考虑涂装制件的热容量大小适当地调整固化时间。

二、车身涂料涂装设备

涂装设备是指涂装生产过程中使用的设备及工具,是整个涂装过程中至关重要的一部分。涂装主要设备分为涂装前表面预处理设备、涂料喷涂设备、涂膜干燥和固化设备、机械化输送设备、无尘恒温恒湿供风设备等及其他附属设备。以下主要介绍空气喷涂设备、自动静电喷涂设备、阴极电泳涂装设备、粉末静电喷涂设备以及压缩空气供给装置、涂料供给装置和喷漆室。

1. 空气喷涂设备

空气喷涂设备一般由喷枪、压缩空气供给装置、涂料供给装置等组成的。

喷枪是空气喷涂的关键部件,主要由喷头、调节部件和枪体三部分组成,手动喷枪结构如图8-3所示。

喷头由空气帽、喷嘴、针阀等组成,是决定喷枪性能的关键部件,需要对喷嘴套装进行手工调校,实操测试后组合成套使用。空气帽的主要作用是产生空气射流雾化涂料,并使雾化涂料有足够行进速度,涂覆于涂装表面上。空气帽上设有喷出压缩空气的中心孔、侧面孔和辅助空气孔。喷嘴的作用是将涂料输送至雾化气流中,并与阀针构成控制涂料通路的针阀,控制涂料流量。喷嘴孔径的选择主要取决于涂料的粘度、性能、最大流量和喷涂量,一般直径为0.8~2.5mm。

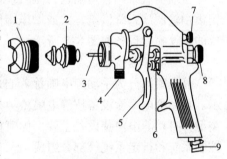

图8-3 手动空气喷枪结构
1-空气帽;2-喷嘴;3-针阀;4-涂料管接头;5-扳机;6-雾化空气阀;7-喷雾图形调节旋钮;8-流量调节旋钮;9-空气管接头

空气喷枪按涂料与压缩空气的混合方式,可分为内部混合型和外部混合型。目前,空气雾化喷枪多采用外部混合式雾化方式。通过位于空气帽的中心雾化孔完成涂料的主要雾化(一级雾化)。侧面喷气孔喷出的空气可在空气帽的表面形成一个气垫,有助于保护空气帽表面的清洁。辅助空气孔位于风帽的端面,主要的作用是调节喷雾图形的大小、促进涂料雾化(二级雾化)和保持空气帽端面清洁。

调节部件是组成调节涂料喷涂量、压缩空气流量和喷雾图形的装置。空气量调节装置由空气量调节阀芯、调节弹簧、调节导杆与调节旋钮等组成。涂料喷涂量由枪头的阀针与针阀导杆、针阀弹簧、调节旋钮等组成,旋动调节旋钮可调节涂料喷嘴开通大小,控制涂料的喷出量。喷雾图形调节装置由喷雾图形调节阀、调节弹簧、调节导杆、调节旋钮等组成,旋动调节旋钮可以控制侧面空气孔的启闭与空气流量,关闭侧面空气孔,喷雾图形呈现圆形,开通侧面空气孔并逐渐增加空气流量时,喷雾图形逐渐从图形变为椭圆形。

枪体上装有开启针阀的枪机和各种防止涂料和空气泄漏的密封件,并制成便于作业和手握的形状。

空气喷枪按涂料供给方式可分为虹吸式、重力式和压送式(图8-4)。虹吸式喷枪的下端部带有涂料杯,压缩空气在喷枪喷嘴高速流过,周围产生局部真空,将涂料杯内涂料吸入喷嘴并雾化成漆雾滴。重力式喷枪的上部附带涂料杯,靠涂料的自重输送至喷枪。压送式喷枪是通过压力将涂料输送至喷枪,喷枪自身不附带涂料杯,适用于任意位置和角度的喷涂操作,喷涂效率高,涂膜质量好。涂料杯的容积有600mL和1000mL两种规格。

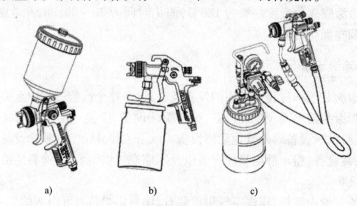

图8-4 空气喷枪形式
a)重力式喷枪;b)虹吸式喷枪;c)压送式喷枪

压缩空气采用管道输送,并通过压力调节器调整输入喷枪的空气压力。涂料供给装置采用集中输调漆系统供给方式或增压罐供给方式。由喷枪、涂料增压罐和压缩空气输送管道组成的空气喷涂设备如图8-5所示。

2. 自动静电喷涂设备

静电喷涂分为手动静电喷涂和自动静电喷涂两种方式。手动静电喷涂系统如图8-6所示。自动静电喷涂设备按静电喷枪类型的不同,可分为普通雾化型和高转速旋杯雾化型两种类型。自动静电涂装设备主要由侧喷机、顶喷机、高压电发生装置、涂料供给系统、供气系统、控制系统和行走系统等部分组成。

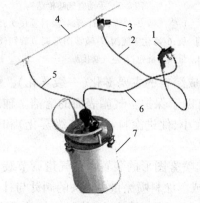

图8-5 空气喷涂设备　　　　　　　　　　　　图8-6 手动静电喷涂系统
1-空气喷枪;2-喷枪空气软管;3-气压调节器;4-压缩空气管道;5-涂料罐空气软管;6-涂料软管;7-涂料增压罐

龙门移动静电喷涂机是一种适用于间歇式生产的客车车身自动涂装设备。在车身喷涂过程中,车身固定,侧喷枪和顶喷枪按设定的速度移动,实现车身顶部和侧围的自动喷涂,车身前、后围和内部的喷涂由人工完成。按行走系统的承载方式,龙门移动静电喷涂机可分为地轨式(图8-7)和悬臂式(图8-8)。

地轨式龙门自动喷涂机的纵向行走机构和导轨设置在喷漆室的底板上,而悬臂式龙门自动喷涂机的纵向行走机构和导轨设置在喷漆室顶部的导轨支架上。由于喷漆室一般采用上送风、下抽风的空气循环形式,在一定程度上避免了上部导轨的漆雾污染,有利于保证自动喷涂设备运行的平稳性。

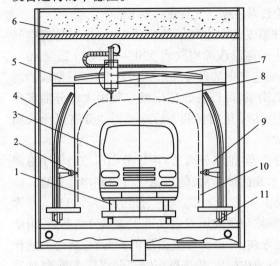

图 8-7　地轨式仿形自动静电喷涂示意图
1-台车;2-侧喷枪;3-车身;4-喷漆室内壁;5-顶喷机;6-静压室;7-顶喷枪;8-顶喷枪运动轨迹;9-侧机;10-侧喷枪运动轨迹;11-隔栅板

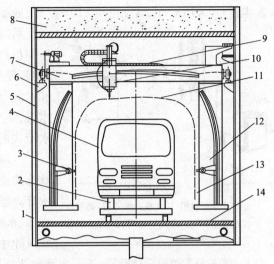

图 8-8　悬臂式仿形自动静电喷涂示意图
1-矩形钢管;2-台车;3-侧喷枪;4-车身;5-喷漆室内壁;6-导轨支架;7-顶喷机;8-静压室;9-拖链;10-顶喷枪;11-顶喷枪运动轨迹;12-侧喷机;13-侧喷枪运动轨迹;14-隔栅板

侧喷枪在垂直方向上的升降运动和基于车身横截面轮廓曲线的水平伸缩运动轨迹,由C形仿形导轨确定;顶喷枪在垂直方向上的升降运动轨迹由顶喷枪仿形导轨确定。由此可见,龙门移动静电喷涂机采用机械硬仿形技术,通过安装在喷涂机内部的仿形导轨来引导喷枪运动,使顶、侧喷机喷枪的运动轨迹分别与车身顶面和侧面截面的曲线相似,使喷涂过程中喷枪始终垂直于车身表面并保持最佳距离,以保证涂层均匀。

顶、侧喷机和龙门式行走结构采用变频调速电机驱动,其速度可调,通过调整喷枪架位置,可调整喷枪的运动轨迹。枪架调整的距离一般控制在500mm 以内,悬臂式静电喷涂机的顶喷机上下移动距离可达1600mm,以适应不同宽度、高度车身的喷涂。在静电喷涂过程中,往复架在仿形导轨做往复运动,龙门在纵向移动导轨上做纵向移动,形成对静止车身表面的喷涂运动。

控制系统控制顶喷、侧喷、龙门行走运动及喷枪的开关状态。通过编程输入顶喷、侧喷、龙门行走速度及喷枪开关(遇窗口或缺口时,自动闭枪)状态,通过选择车型程序控制按钮,喷涂机按照设定的程序自动对车身表面进行喷涂作业。

高压发生器和供电系统由高压发生器、高电压分电器和电源变压器组成。涂料供给系统采用集中供给方式或增压罐供给方式,喷枪可按要求实现自动清洗。采用手动快速换色,换色时间在5min 以内。喷枪的配置一般是左、右侧和顶部各设置两支静电自动喷枪,并配置两支手动静电喷枪,用于车身内部、前围、后围的喷涂和局部的补涂。

3. 压缩空气供给装置

压缩空气的质量是影响空气喷涂质量的关键因素。客车制造企业采用管道输送压缩空气至涂装线,满足空气喷涂所需空气流量、压力和洁净度要求。压缩空气供给装置由空气压缩机、后冷却器、空气过滤器、气液分离器、空气干燥器、储气罐、调压器和输送管道等组成。常见的压缩空气供给装置组成如图8-9所示。

由空气压缩机排出的压缩空气是含有油、水、灰尘的高温(120~170℃)气体,空气的清洁度不能满足涂装要求,必须采用冷冻式干燥器、气液分离器、空气过滤器等装置对压缩空气进行净化处理。面漆涂装要求压缩空气的压力>0.5MPa,露点温度≤-40℃,含尘颗粒尺寸≤0.01μm,含尘量≤0.01mg/m³,含油量≤0.01mg/m³,底漆涂装对压缩空气品质的要求低于面漆。

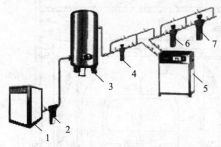

图8-9 压缩空气供给装置组成
1-螺杆式空压机组;2-气液分离器;3-储气罐;
4-预过滤器;5-冷冻式干燥器;6-精过滤器;
7-超精过滤器

后冷却器安装在空气压缩机的出口,作用是将空气压缩机产生的高温压缩空气由120~170℃降低到40~50℃,使压缩空气中的油雾和水气达到饱和,凝结成油滴和水滴分离出来,可以去除掉压缩空气中大部分油雾和水气,达到初步净化的目的。后冷却器主要有风冷式和水冷式两种。

气液分离器(油水分离器)用于分离压缩空气中液滴状态的油、水和固体杂质,使压缩空气得到净化处理。油水分离器是由外壳、分离器、滤芯、排污部件等组成。当含有油、水和颗粒杂质的压缩空气进入旋风分离器后,由于旋风叶片的导向,在内部产生强烈的旋转,在离心力的作用下,空气中大颗粒固体杂质、液态水滴和油滴从气流中析出,沿内壁沉降至分离器底部,气体通过黄铜粉末烧结成的多微孔滤芯得到进一步净化,过滤掉压缩空气中5μm以上的固体颗粒。

空气供给装置设置多级空气过滤器,按过滤精度的不同,分为预过滤器、精过滤器和超精过滤器。预过滤器(气液分离器)主要用于除去压缩空气中的液态油、水和固体颗粒;精过滤器(分水排水器)可以过滤掉粒子尺寸<2~3μm的微滴油雾,过滤精度≤1μm;超精过滤器采用多层超细玻璃纤维滤芯,过滤精度≤0.01μm,可以过滤掉气态的油气,含尘量≤0.01mg/m³,含油量≤0.01mg/m³;采用活性炭过滤器可以进一步吸附气态的油气,含油量≤0.003mg/m³,并过滤掉空气中的异味。压缩空气中的水蒸气则采用冷冻式干燥器或吸附式干燥器去除掉。

冷冻式干燥器是利用制冷设备将空气冷却到一定的露点温度,空气中水蒸气饱和析出,凝结成水滴并清除掉。冷冻式干燥器由于受水的冰点温度的限制,其冷冻温度不可能很低,一般在0.7MPa时的压力露点温度约2~10℃。

4. 涂料供给装置

涂料增压罐、气动隔膜泵和集中输调漆装置是三种压力式喷涂涂料供给装置,为压送式喷枪供给连续、稳定的涂料。

1) 涂料增压罐桶

涂料增压罐桶(图8-10)为圆柱形压力容器,一般用不锈钢或碳钢制作,桶盖上设置调压阀、压力表、安全阀和涂料加入孔等附件。涂料储存在压力容器中,依靠输入的压缩空气压力将涂料压送至喷枪,调节输入的压缩空气压力可以改变涂料的输出压力。为防止涂料沉积,增压罐配置手动和气动搅拌器,常用增压罐的容量为10L、20L、40L、60L等。增压罐结构简单,维护方便,涂料输出压力较稳定,适用于颜色单一、不易沉降的涂料输送,一般设置在喷漆室外。不足之处是清洗换色不便,现场添加涂料易混入异物,涂料输送量仅能满足1~2个喷涂点的消耗量。

2) 气动隔膜泵

气动隔膜泵(图8-11)是一种采用压缩空气为动力源的小型涂料输送装置,与涂料桶、过滤器等部件组成为一种小型涂料供给装置。气动隔膜泵有两个对称的工作腔,隔膜连杆连接两个工作腔的隔膜,空气压力作用在隔膜的内侧,隔膜的外侧与泵体共同组成一个容积可以变化的涂料腔。当压缩空气经配气阀进入 A 工作腔推动隔膜移动，该腔进口球阀关闭，出口球阀打开，排出液体涂料。与此同时，B 工作腔的隔膜由连杆驱动，隔膜内侧的压缩空气排入大气，涂料腔出口球阀关闭，进口球阀打开，吸入液体涂料（如图 8-11 所示）。当隔膜行程到达终点后，配气阀将压缩空气导入 B 工作腔隔膜的内侧，B 腔排出液体涂料，A 腔吸入液体涂料。周而复始，气动隔膜泵向压送式喷枪连续供给涂料。气动隔膜泵每次往复都有两次涂料吸入和排出，涂料输出压力相对比较平稳，输出效率较高，调节压缩空气的输入压力可以改变涂料的输出压力。涂料的输送量取决于涂料腔容积的变化量，有多种流量规格，最大流量在 500L/min 以上，适用于小型涂装线和移动场合的涂装作业。

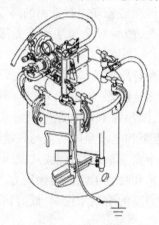

图 8-10　涂料增压罐

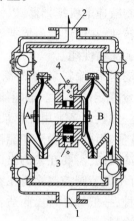

图 8-11　气动隔膜泵工作原理图
1-涂料进口；2-涂料出口；3-压缩空气进气口；4-压缩空气排气口

3）集中输调漆系统

集中输调漆系统是将涂料以一定的压力和流量输送到喷涂工位的一种涂料管道供给循环系统。输料罐内的涂料由输料泵通过输送管道为各喷涂工位供给涂料，剩余涂料经回流管路返回输料罐。集中输调漆系统适用于同一色漆单班消耗量在 200L 以上的涂装作业。

集中输调漆系统由涂料供给系统、涂料循环管道和枪站三大部分组成，系统主要部件如图 8-12 所示。按照各子系统的主要功用，集中输调漆系统一般包括加料系统、液位控制系统、搅拌系统、循环系统、过滤系统、温控系统和电控系统等。

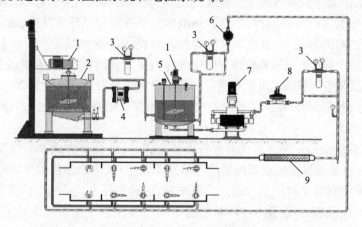

图 8-12　集中输调漆系统示意图
1-搅拌器；2-调料罐；3-过滤器；4-气动隔膜泵；5-输料罐；6-背压调节阀；7-立式柱塞泵；8-膜式稳压器；9-管中管温控系统

加料系统的主要作用是向输料罐补充涂料,通常由调料罐、气动隔膜泵、虹吸管和加料过滤器等组成。气动隔膜泵通常为补充涂料输送和原漆涂料输送的共用泵,主要作用是将调料罐的涂料输送至输料罐和将原漆桶的涂料输送至调料罐。调料罐和输料罐统称为涂料罐,罐盖有平顶式和圆顶式两种,调料罐的容积一般为 $0.2 \sim 0.5 m^3$。

液位控制系统的作用是控制调料罐和输料罐中涂料的液位,有浮球式液位控制器和超声波液位控制器两种。超声波液位控制器通常与调料罐和输料罐的液位压力控制系统连锁,具有控制调料罐和输料罐的补充涂料、搅拌速度和液位报警等功能。

调料罐和输料罐的搅拌器是搅拌系统的主要装置,有气动搅拌和电动搅拌两种。输调料系统采用变频控制减速电机搅拌器,以便通过液位传感器感知涂料液面的高度,由电控系统自动调节搅拌器的转速,在保证涂料搅拌效果的基础上,减少对金属漆和珠光漆的剪切力,避免因过度剪切而损害涂料性能。

循环系统由输料罐、输料泵、循环管路、稳压器和背压调节阀等组成,主要作用是为喷涂工位提供压力和流量稳定的涂料。输料罐的容积一般为 $0.2 \sim 0.5 m^3$,可以与调料罐公用,称为涂料罐或加料罐。输料泵多采用柱塞泵,有气动泵、液压泵和电动泵三种形式,其中气动泵投资少、气源供应方便,但脉动、噪声和能耗大,而液压泵和电动泵的特点与气动泵正相反。柱塞泵输出涂料是脉冲式的,需要在泵的出口处串联一个安装稳压器,隔膜式稳压器输出压力脉动 $<0.5 kg/cm^2$。背压调节阀控制涂料在管道内的流速和喷装工位的喷涂压力,有标准背压阀和低剪切背压阀两种,一般标准背压阀适合于抗剪切力高的溶剂型涂料,低剪切背压阀适合于抗剪切力低的水性涂料。

循环过滤系统分为涂料输送过滤系统和涂料回流过滤系统,过滤器安装在调料罐入口、输料罐出口和涂料回流管路处,分为滤芯式和滤袋式过滤器两种。过滤器的选择根据涂料性质确定,金属漆输送过滤系统采用滤芯式振荡过滤器,本色漆、清漆和中间漆输送过滤系统采用滤袋式过滤器,涂料回流过滤系统均采用滤袋式过滤器。滤袋式过滤器过滤精度根据涂料技术参数确定,一般情况下金属漆过滤等级为 $125\mu m$,中间漆为 $80\mu m$,本色漆与清漆为 $50\mu m$。

集中输调漆系统一般多采用水套式和管中管保温方式,来保持涂料的黏度和温度在一定范围内。水套式温控系统是在涂料罐外部设有夹套,在涂料输送管路中可安装热交换器控温的保温方式,主要通过比较安装涂料输送和回流管路上的两个热电偶测量值,控制供水电磁阀的打开和关闭,来调节涂料罐内的涂料温度,以稳定施工涂料的温度。管中管温控系统是在涂料输送管采用管中管方式换热的保温方式,热电偶安装在涂料循环管路中,通过热电偶控制温控系统的电磁阀的打开和关闭,直接调节涂料循环管路中的涂料温度。管中管保温方式的各温控模组可以单独控制每一条涂料输送管路中的涂料温度,并且设定温度可以通过人机界面根据各系统在不同温度条件下的工作要求确定。温控系统的设定温度一般为 $20 \sim 25℃$,冷源采用 $7 \sim 10℃$ 的冷冻水,热源采用 $40 \sim 50℃$ 的温水,温控精度一般在 $\pm 2℃$ 范围内,管中管温控系统温控精度更高一些。

集中输调漆系统采用的循环方式有主管循环方式、两线循环方式和三线循环方式。主管循环方式(图 8-13)是通过主输送管路输送涂料至涂装工位,剩余涂料由主管路直接回到输料罐内,涂装工位采用盲端涂料供给方式。一般来说,这种循环方式适用于清漆和清洗溶剂等不易沉淀的涂料;两线循环方式(图 8-14)是通过主输送管路输送涂料至涂装工位,剩余涂料通过工位的回流管汇集至回流管路后,返回输料罐内。中间漆和本色漆等一般采用两线循环方式;三线循环方式(图 8-15)是通过主输送管路输送涂料至涂装工位,剩余涂料通过工位的回流管汇集至回流管路后返回输料罐内,循环涂料也通过主输送管路返回至输料罐内。金属漆和珠光漆等一般采用三线循环方式。

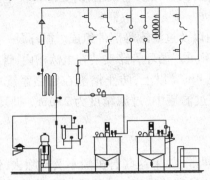

图 8-13 主管循环方式示意图

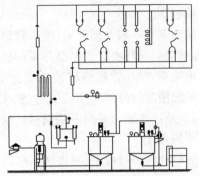

图 8-14 两线循环方式示意图

每个涂装工位的涂料供给点称为枪站,每个枪站可提供多种涂料,每种涂料采用独立的输送系统。主管循环方式每个枪站都设有一个涂料压力调节器,用于调节供给喷枪的压力和流量。两线循环方式通过改变管道的尺寸调节每个枪站的涂料压力和流量,管路内溶剂型涂料流速≥0.3m/s,整个系统中设有一个背压调节器以调整系统的压力,采用枪下压力调节器或节流阀控制喷枪的压力和流量。三线循环方式中的枪站涂料压力调节器与主输送管路和回流管路末端的背压调节器相配合,控制每个枪站的支流回流量,采用枪下压力调节器或节流阀控制喷枪的压力和流量。

5. 阴极电泳涂装设备

客车车身底漆采用间歇通过式浸渍阴极电泳涂装,其工艺过程是在完成脱脂、磷化、水洗等前处理工序后,进行去离子水洗、阴极电泳、超滤(UF)液水洗、去离子水洗、下件和烘干工序。间歇通过式浸渍阴极电泳涂装设备由升降装置、电泳槽体、槽液循环系统、阳极液系统、直流配电系统、超滤(UF)系统、槽液温度控制系统、加料系统、去离子水制备系统、电泳后水洗系统和烘干系统等组成。

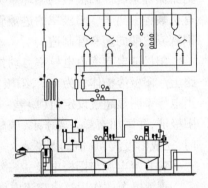

图 8-15 三线循环方式示意图

1) 电泳槽体

电泳槽体是电泳装置的主体部分,包括阴极电泳槽、UF 液清洗槽、去离子水水洗槽。由于阴极电泳槽液呈酸性,所以槽体内表面必须进行绝缘防腐处理,槽内衬一般采用玻璃钢材料制造。阴极电泳槽绝缘层耐击穿电压在 20kV 以上,玻璃钢厚度要达到 6mm。UF 液清洗槽、去离子水水洗槽玻璃钢厚度为 3mm。各槽体应具有足够的刚度,防止装满槽液时槽体变形,槽体一般采用 6mm 厚的低碳钢板焊接而成,外壁采用槽钢加强。

电泳槽体容积根据客车车身外形尺寸确定,槽体宽度取决于车身宽度与极板之间的距离(一般为 200~300mm),槽体高度取决于车身高度与槽液液面的距离和车身底部与至槽底的距离(一般为 300~400mm),单槽有效容积约为 300m³。

2) 槽液循环系统

槽液循环系统的作用是保证整个电泳槽液的成分和温度均匀,防止颜料产生沉淀而破坏颜基比,除去槽液中的颗粒状的尘埃和油污,消除电沉积过程中所产生的气泡。电泳槽液必须

24h 循环,循环次数为 5~6 次/h,槽液液面流速应在 0.2m/s 以上,底部槽液流速应在 0.4m/s 以上,避免槽液产生沉淀,槽液更新期≤6 个月。设置备用发电机组,防止意外停电造成槽液停止循环超过 3h。

槽液循环系统一般由循环泵、循环管路、阀门以及过滤罐等部件组成。循环泵一般使用离心泵,根据槽液的循环次数选择循环泵的流量和数量。循环管路安装在电泳槽内,管路上交错安装文丘里喷嘴,循环管路内槽液的流速应在 0.4m/s 以上,防止槽液在管路系统中产生沉淀。循环系统槽液的过滤采用袋式过滤,安装在过滤罐中,过滤精度为 25μm。循环泵、循环管路、阀门以及过滤罐均采用不锈钢材料制造。

3) 阳极液系统

在阴极电泳涂装过程中,阳极区不断产生有机酸,如果这些有机酸不及时除去,进入电泳槽液,使槽液的 pH 值下降,电导率升高,影响工艺参数的稳定。大型阴极电泳涂装一般采用阳极隔膜系统除去槽液中的游离酸。

阳极液系统是阳极系统的主要组成部分,主要由阳极液槽、阳极罩、电导率自动控制装置、阳极液循环泵、阳极液循环管路和去离子水供给管路等组成。阳极隔膜系统是将阳极封闭在半透膜(阴离子交换膜)的阳极罩中,阳极液通过阳极液循环泵在阳极管和阳极液槽之间构成闭路循环系统。阳极液的循环量为每平方米有效极面积(6~10)L/min,不断冲洗阳极,带走有机酸等阴离子。阳极罩的进液管安装流量计,检测阳极液流量。阳极液循环管路采用不锈钢管或耐酸的塑料管制造。

阳极液电导率由电导率自动控制装置进行检测,电导率传感器一般安装在阳极液进液管路上。阳极液槽体积为 $1m^3$,阳极液的 pH 值一般为 2.0~3.5,电导率为 2500~5500μS/cm。当电导率明显超过设定值(偏差一般为 70~100μS/cm)时,阳极液循环系统自动排放一部分阳极液,并添加新鲜去离子水,调整阳极液的 pH 值和电导率,电导率正常后系统自动关闭阀门,完成阳极液 pH 值的调整。

4) 直流电源与阳极电极

直流电源的作用是将交流电源转换为直流电,是电泳涂装设备中关键的配套设备,适当选择直流电源的容量可明显提高电泳涂装设备的性价比。直流电源由电泳整流器供给,车身阴极电泳的直流电源电压在 0~400V 之间可调,每平方米电泳面积的电流强度为 10~15A,平均电流根据平均电流强度、涂装面积及形状、电泳时间、槽液特性和通电方式等方面确定,厚膜阴极电泳底漆的耗电量大约为 0.24~0.28A·h/m^2。电源容量(电流容量)按最大电泳涂装能力计算,一般客车车身电泳涂装为 2000A,通电方式采用两段升压。直流电经滤波,电压脉动率(表示整流器的直流变换精度)不超过平均直流电压的 5%,在满负荷情况下电压脉动率 <5%。整流器采用微机控制,具有故障自动诊断功能,具有稳压、低纹波、软起动(慢慢升高电压的方式)、抗冲击能力强、输出波形平稳等优点,并设置备用整流器,保证电泳涂装不因整流器发生故障而中断。

客车阴极电泳采用车身浸入后通电、分段升压的方式,阴极电泳底漆涂料在冷轧钢板上的破坏电压一般为 350V,镀锌钢板一般为 270V,电泳电压不宜过高。

车身阴极电泳采用管式阳极电极,阳极面积根据车身电泳涂装面积确定,一般阳极面积与阴极面积(电泳涂装面积)之比为 1:4,客车车身阴极电泳的阳极面积 >100m^2。阳极电极分为隔膜电极和裸电极,隔膜电极具有调整槽液 pH 值的功能,增设裸电极的目的是提高泳透力。为了保持槽液 pH 值的稳定,一般裸电极面积与阳极面积之比 <30%,隔膜电极与裸电极之比

为(3~5):1。隔膜电极布置在电泳槽两侧,裸电极布置在电泳槽底部。阳极电极材料一般采用316L不锈钢(材料牌号022Cr17Ni12Mo2),管壁厚度>3mm。在电泳正常情况下,阳极溶解缓慢,其寿命取决于电泳涂装的生产效率。

5) 超滤系统

超滤(简称UF)系统主要由超滤泵、超滤膜、过滤器、循环管路、阀门、压力表、流量计、清洗装置以及管路连接件等组成。电泳槽液在较低的超滤泵(增压泵)压力作用下,经滤袋式过滤器预处理后,进入超滤器,一些低分子量的溶质和溶剂透过超滤膜形成超滤液,而高分子量物质(电泳涂料树脂和颜料)不能透过超滤膜形成浓缩电泳液,从而达到槽液净化、分离和浓缩的目的。超滤液的pH值一般为5~6,电导率为600~1500μs/cm,用于电泳后的车身喷淋、浸渍清洗和各循环泵的密封,浓缩电泳液返回电泳槽。阴极电泳超滤系统的主要作用:

(1) 维持槽液电导率的稳定。在电泳涂装过程中,电泳槽液不可避免地进入各种杂质离子,电泳过程也会相应产生一些杂质离子。杂质离子对槽液的电沉积性、稳定性和涂膜质量产生不良影响。通过超滤液的排放,可以去除杂质离子、有机溶剂和低分子树脂等物质,控制槽液的电导率,维持槽液稳定。

(2) 提高了涂料的利用率。采用超滤液清洗电泳车身,粘附在车身上的电泳涂料又进入电泳槽液中,电泳涂料的回收率可达95%以上,提高了涂料的利用率。

(3) 减少了去离子水用量和环境污染。超滤液为电泳车身冲洗提供了用水,形成闭路循环水冲洗系统,减少了去离子水的用量和涂装废水的产生,节约了废水处理成本,同时避免了由于带有涂料的废水排放而造成的环境污染。

超滤系统是阴极电泳涂装的关键设备,广泛采用卷式超滤器,利用具有低分子透过性的超滤膜(膜的孔径为$1 \times 10^{-3} \sim 1 \times 10^{-1} \mu m$)分离出组分直径约为$1 \times 10^{-2} \sim 1 \times 10^{-1} \mu m$的超滤液。超滤液的渗透量主要取决于有效膜面积的大小,一般为35~80L/min,为每平方米涂装面积提供1.2~1.5L的冲洗用超滤液。当渗透液量低于初始值的70%时,利用清洗装置进行在线清洗。电泳槽液不宜过量超滤,否则会损失电泳涂料的树脂和颜料,降低槽液溶剂的含量。只有新配电泳槽液时,才进行过超滤,除去过量溶剂和低分子物质。

6) 槽液温度控制系统

阴极电泳槽液的工作温度要求较严格,必须控制在一定范围内,必须设置槽液温度控制系统对槽液进行冷却或加热。槽液温度控制系统由制冷循环系统和自动控制系统两大系统组成。制冷循环系由冷冻机组、冷却水塔、冷媒水罐、热交换器和管路、泵、阀门等组成。电泳槽液采用槽外冷却方式,即热交换器并联在槽液循环管路中。当槽液温度过高时,冷媒水管路上的电磁阀自动打开,冷却水经热交换器对循环管路中的电泳槽液进行冷却,循环泵将冷却后电泳槽液送回电泳槽。槽液温度采用自动控制,一般采用7~10℃水冷却,40~45℃的温水加热。制冷机组制冷能力为$1 \times 10^7 kcal/h$,热交换器材质为不锈钢。

7) 加料系统

为保证维持槽液中的固体份在正常范围,必须不断给予添加,添加量决定于固体分的消耗量。同时,槽液中的溶剂、中和剂等其他组分也应及时得到补充,保持槽液的稳定。由于涂料的固体分较大,黏度高,如果直接将投入电泳槽内,很难分散均匀。因此,必须预先在配料罐中用槽液将其分散稀释,降其固体分至35%左右,同时配比加入其他组分,搅拌均匀后,然后通过加料泵和过滤器将稀释涂料输送到电泳槽内。

加料系统是由带机械搅拌的配料罐、高压供料泵、槽液及纯水的供给输入管线、配料输送泵、过滤器和管道等组成。

双组分阴极电泳涂料的添加可以不采用加料罐，采用高压供料泵将电泳涂料直接送入槽液主循环管中，加料入口布置在过滤器、换热器之后。色浆加入流量应小于主循环流量的1/200，并在加料前利用小型机械搅拌可能分层的颜料浆，搅拌均匀后，再送入槽液主循环管中。

8）去离子水制备系统

电泳槽液的配置以及车身在阴极电泳前、后的清洗对去离子水的使用量非常大，必须设置去离子水制备系统制备去离子水。阴极电泳采用反渗透（RO）技术制备去离子水。反渗透技术是利用压力差为动力的膜分离过滤技术。反渗透膜孔径小至纳米级（1纳米 = 10^{-9}米），在一定的压力下，H_2O分子可以通过反渗透膜，而源水中的无机盐、重金属离子、有机物、胶体、细菌、病毒等杂质无法透过反渗透膜，从而获得可以透过反渗透膜的去离子水。反渗透装置主要由高压泵、反渗透膜和控制部分组成。

在电泳涂装工艺中，反渗透技术主要用于自来水和电泳超滤液的纯化。反渗透技术和超滤技术的配合使用，可实现电泳槽液的闭路循环，电泳涂料的利用率可以达到99%以上。阴极电泳的反渗透膜应选择带正电或中性的抗污染膜，避免超滤液带有的正电荷吸附在反渗透膜上，造成反渗透膜污染。

电泳涂装对去离子水的电导率、杂质离子数、细菌数的要求较高。去离子水要求电导率在$10\mu m/cm$以下，细菌由去离子水管路上安装的紫外灯杀灭。去离子水的产水量一般为超滤液的1.5~2.0倍，为每平方米涂装面积提供2L的冲洗用水，设计产水量为15t/h左右（温度为20℃时）。

9）电泳后水洗系统

电泳后冲洗系统由喷浸槽、浸槽循环泵、喷淋泵、喷淋管、喷嘴、过滤器、循环管路和各类水槽等组成。超滤系统、去离子水制备系统和电泳后冲洗系统对电泳后的客车车身进行超滤液和去离子水浸喷结合的清洗，清洗掉电泳涂膜表面附着的槽液（浮漆），回收电泳涂料和保证涂膜外观质量。

电泳后的车身第一道采用超滤液清洗，浸渍冲洗采用循环超滤液（固体份比较高），喷淋冲洗采用新鲜超滤液（固体份在0.5%以下），超滤液通过溢流口排入电泳槽液，回收车身带出的电泳涂料。第二道采用去离子水清洗，槽上喷淋冲洗采用新鲜去离子水，浸渍冲洗采用循环离子水，多余的去离子水通过溢流口排入废水处理系统。

采用浸渍冲洗可以使车身清洗更充分，防止涂膜表面产生二次流痕。去离子水清洗可以去除掉杂质离子，防止湿电泳涂膜再溶解，涂膜产生污染斑迹。采用超滤液和去离子水替代纯水进行电泳后清洗，可以形成封闭的循环清洗系统，显著提高电泳涂料的利用率和大幅度降低电泳污水的排放量。

超滤液电导率在$1000\mu s/cm$左右，新鲜去离子水的电导率在$3 \sim 10\mu s/cm$之间。喷淋管设置在喷浸槽出口，喷淋泵的流量根据喷嘴流量确定，喷嘴流量为35~80L/min，喷淋压力一般为0.08~0.10MPa，喷浸槽液过滤次数为2~3次/h，过滤器过滤精度≤25μm。

10）烘干系统

车身电泳底漆烘干系统由烘干室主体、供热装置、热风循环装置、风机、风管和控制系统等组成。电泳涂膜的烘干采用热风循环间接加热的方式，烘干室内的空气由顶部的回风口进入加热循环装置中，经加热循环装置加热后，由循环风机加压送入布置于烘干室下部两侧的风管内,经出风口送入室内,空气的循环次数为3~4次/min。烘干室顶部的回风口设置风量调节阀门用于调节风量和风速,保证室内的温度的均匀性。当烘干室内的废气浓度达到一定程度后,风管向室外排出一部分废气,同时循环风机吸入等量的新鲜干净空气,以减低室内的废气浓度。

6. 粉末静电喷涂设备

粉末静电喷涂设备主要由包括喷粉室、静电喷枪、高压静电发生器、供气系统、供粉装置、粉末回收装置、输送系统和固化设备等组成。粉末静电喷涂设备示意图如图8-16所示。

粉末涂料在供粉装置内与空气流混合,进入喷枪,高压静电发生器产生高电压,并在喷枪的内部或前端(由喷枪的结构形式决定)产生一个高压静电场,粉末颗粒携带电荷在静电场的作用下,吸附在涂装表面上。当粉末涂膜厚度超过一定值后,由于粉末同性相斥作用,涂装表面不再吸附粉末,从而形成厚度均匀的涂膜,并在固化设备中熔融、流平、固化。

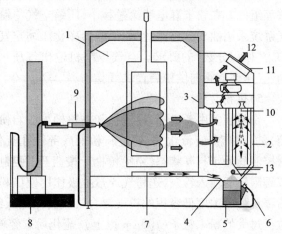

图8-16 粉末静电喷涂设备组成示意图
1-喷粉室;2-回收室;3-粉末回收器;4-振动筛;5-供粉桶;6-粉泵;7-刮板;8-升降机;9-静电喷枪;10-脉冲反冲装置;11-消音装置;12-净化气体排放口;13-新粉供给口

1)喷粉室

喷粉室是粉末静电涂装的场所,是粉末喷涂的主要设备。室体顶板和壁板采用透光聚丙烯塑料材质,以最大限度减少粉末粘附量,防止静电荷累积干扰静电场。底板和基座采用不锈钢材料,便于清洁和足够的机械强度。喷粉室内保持微负压,负压过大容易吸入喷粉室外的灰尘和杂质,负压过小或正压容易造成粉末外溢。喷粉室内应有平稳的空气流动,开口处风速为0.3~0.6m/s,气流运动方向从喷枪后方吹向涂装制件的四周,以利于提高粉末的沉积。保持喷粉室的清洁,为操作人员提供一个洁净的工作环境。室内温度在25℃左右,相对湿度为45%~70%,室内照明度>300lx,粉尘含量低于爆炸极限(一般设定为10g/m^3)。

2)静电喷枪

粉末静电涂装喷枪可以分为电晕枪和摩擦枪二大类。电晕式喷枪通常称为静电喷枪。

电晕式喷枪通过安装喷枪内部或外部的高压静电发生装置对放电针产生一个高电压,在放电针周围产生一个高压静电场,粉末雾化喷出后经过该电场时,粉末颗粒带上负的静电电荷。通常采用喷枪喷嘴控制粉末流形状,形状一般为扇形或圆形。电晕式喷枪的作用是产生良好的电晕放电,使喷出的粉末带尽可能多的电荷,均匀地吸附在涂装表面上。

电晕式喷枪按带电形式分为内带电喷枪和外带电喷枪;按充电方式分为电压充电、电流充电和总能量控制充电等喷枪。电压充电、电流充电方式的电晕式喷枪仅适用于金属类制件的涂装;总能量控制充电方式能根据喷涂距离变化,自动调整电流和电压以保持总充电能量,控制粉末的带电量,保证粉末沉积效率。

喷枪的带电机构和扩散机构的结构形式与粉末的沉积效率密切相关,外带电喷枪的静电场更加均匀,有利于涂装表面获得厚度更加均匀的涂膜,并且粉末沉积效率较高,合理选择喷粉扩散机构可以提高粉末粒子的雾化程度。

3）高压静电发生器

高压静电发生器主要作用是产生高压电荷,与零电位的制件产生电位差。通常静电发生器的输入电压为220V,输出电压为60~90kV,输出电流一般为10~20μA,具有高电压、低电流峰值的特性。静电发生器是粉末静电喷涂的高压电源,能产生稳定持久的高电压,电压波动范围小于10%。增大静电电压,粉末环抱作用增强,有利于提高沉积效率。

4）供气系统

供气系统由空气压缩机、油水分离器、空气干燥器、气压调节阀、电磁控制阀、压缩空气管道等组成。在粉末静电喷涂过程中,压缩空气与粉末涂料混合,起着流化、输送、雾化作用。供气系统采用油水分离器、空气干燥器净化压缩空气,满足水分含量<1.3g/m³、油含量<1.0×10^{-7}（体积分数）的要求。空气压缩机输出气压一般为0.4~0.6MPa,压缩空气经电磁控制阀、气压调节阀向供粉装置供气。

5）供粉装置

供粉装置由新粉桶、旋转筛和供粉桶组成。粉末涂料加入到新粉桶,来自供气系统（贮气筒）的压缩空气（流化气）通过新粉桶底部微孔流化板使桶内粉末流化,并从溢粉管排出。电磁控制阀处于打开状态（由喷枪柄上按钮开关控制）时,压缩空气（送粉气和稀释气）经气压调节阀限压后输入粉泵,送粉气通过虹吸作用使供粉桶内流化粉末被吸入泵内,形成粉气混合,稀释气使高浓度低容积的粉气混合气流转化为低密度高容积的粉气混合气流,旋转筛分离出粒径过大的粉末粒子（100μm以上）,流化粉末经输粉管连续均匀的输送至喷枪。

在粉末静电涂装中,供粉量的准确性和稳定性对涂装质量有很大的影响。送粉气直接控制供粉量的多少,通过调整粉末和空气的参数可以改变供粉量和粉末的雾化状态,实现不同厚度涂膜的涂装。

6）粉末回收装置

在粉末静电涂装的过程中,粉末涂料的一部分（一般为50%~70%）吸附在涂装表面上,而其余部分粉末在沉降过程中被喷粉室侧壁的旋风回收器收集,并在旋风分离器内形成旋转气流,较大的粉末颗粒（12μm以上）被离心甩向旋风分离器的壁上,分离出来并送回旋转筛重新使用,12μm以下粉末颗粒（超细粉）被送到滤袋回收器内,空气通过滤袋壁排出,返回喷粉室内,以维持喷粉室内的微负压。沉降到喷粉室底部的粉末收集后通过粉泵进入旋转筛重新使用。

7）输送系统

大型自动化喷涂生产线采用悬挂式输送链,直接将制件送到喷粉室,喷涂完成后直接送到固化炉内,人工负责挂货、卸货。输送链速度一般为4.5~5.5m/min,满足涂膜固化时间、喷涂时间和生产效率要求,输送速度的平稳性是保证有获得良好涂层的关键。小型生产线常采用人工操作,制件喷涂后挂于运货小车上推入固化炉。

8）固化设备

固化是粉末涂料成膜的关键工序,对涂膜的物理化学性能影响极大。固化设备有烘道通过式和适于间隙式生产的烘箱式。加热方式也有热风对流式、远红外辐射式等多种,固化设备可根据生产及工艺需要进行选置。固化设备主要包括供热燃烧器、循环风机及风管、炉体三部分。不论配置何种固化设备,都必须确保粉末涂料成膜所必需的温度与固化时间。

7. 喷漆室

喷漆室是提供涂装作业专用环境的设备,能满足涂装作业对环境温度、湿度、光照度和空气洁净度等方面的要求,并通过强制送排风装置、漆雾捕集装置,对涂装作业时产生的漆雾和挥发有机气体进行必要处理,减少污染物的排放,为喷涂作业人员提供一个符合卫生条件、安全规范的工作环境。

喷漆室一般由室体、供风系统、排风系统、漆雾处理系统、照明系统、控制系统等部分组成,采用上送风、下排风的方式。喷漆室的种类和形式较多,按对漆雾的处理方式分为干式和湿式两类,湿式又分为水帘式和水旋式两种类型。

1)干式喷漆室

干式喷漆室的排风装置是由排风机和风管组成。排风机的风量大小直接影响着漆雾室内气流的方向和速度,通过排风装置把经过处理得到的清洁空气排到环境中。漆雾处理装置是装在排风装置之前用以除去空气中漆雾的装置,通过减慢空气流速、增加漆雾粒与折流板或过滤材料的接触机会来收集漆雾,采用折流板和过滤网捕集漆雾的效率在90%以上。干式喷漆室具有投资小、风压低、风量小、运行费用低等特点,但漆雾捕集效率不高。客车车身底部阻尼涂料的喷涂、硬质聚氨酯发泡、中小批量车身图案色漆喷涂以及整车装配后的补漆可采用干式喷漆室。

2)水旋式喷漆室

水旋式喷漆室是利用进入室内的洁净空气气流,将涂装作业时室体内产生的漆雾压入水旋动力清洗管(水旋器),与雾化后的循环水雾充分混合,洗涤空气中的漆雾。含水分的空气经气水分离净化后,经排风系统排入大气中;而含漆雾的水流入循环水池,通过凝聚净化后,由循环水泵送入到喷漆室循环使用。水旋式喷漆室是客车车身喷涂广泛采用的一种喷漆室,其结构示意图如图8-17所示。

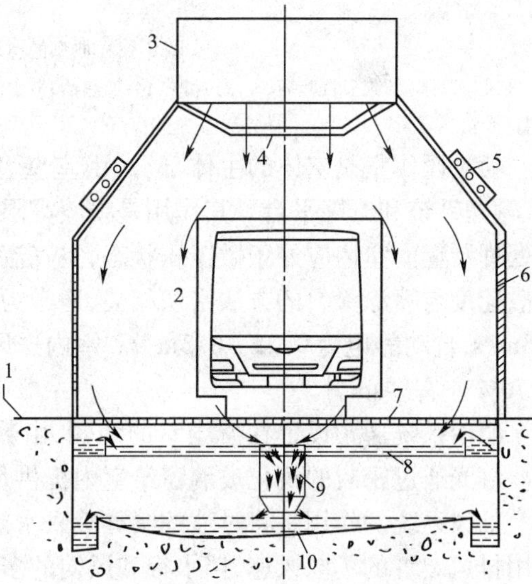

水旋式喷漆室主要由送风系统、动压室、静压室、喷涂操作室、照明系统、排风系统、水循环系统、水旋器、洗涤板和灭火系统等部分组成,其中排气系统、水循环系统、水旋器和洗涤板等构成了水旋式喷漆室的漆雾过滤处理系统。

送风系统是向喷漆室提供合乎工艺要求的温度、湿度和洁净度的新鲜空气的设备,主要设备是空调机,通常由进风段、加热段、过渡段、过滤段、淋水段、风机段和送风段等不同的功能段组成。典型的空调送风系统示意图如图8-18所示,安装在由双层镀锌钢板或彩板制成的室体内。

图8-17 水旋式喷漆室结构示意图
1-地面;2-端板;3-送风主风道;4-空气过滤分配层;5-照明装置;6-玻璃壁板;7-工作平面;8-溢水辅助洗涤板;9-动力清洗管;10-挡板

动压室位于喷漆室室体的最上层。室体的上部主风道与送风系统连接,来自空调送风装置的新鲜空气以一定的流速进入室体顶部的动压室。动压室与静压室相通,气流通过下部的多元调节阀和袋式过滤层均匀地进入静压室,为静压室均匀送风。

静压室位于喷漆室室体的中间层,作用是保持喷涂操作室的空气压力稳定,保证室体内空气流速均匀。静压室与喷涂操作室之间设有无纺布过滤层,静压室内的空气气流经过过滤层除尘后,被均匀送入喷涂操作室。无纺布过滤层用于过滤掉空气中颗粒较大的灰尘,对于颗粒尺寸≥3μm的灰尘,除尘效率>95%。无纺布过滤层的材质和铺设质量对气流的均匀性也有直接的影响,要求无纺布过滤层铺设厚度均匀,不得有缝隙。

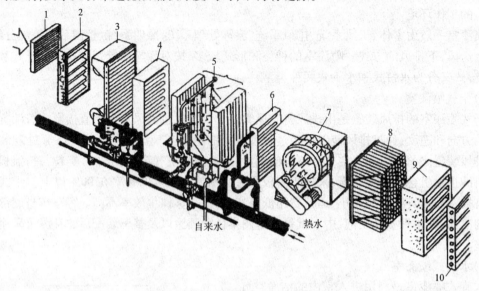

图 8-18 典型的空调送风系统组成示意图

1-进风口;2-暖风调节百叶窗;3-预过滤器;4-加热器;5-水洗段及加热板;6-加热器;7-风机;8-后过滤器;9-消声器;10-控制百叶窗

喷涂操作室是室体的主体部分,由室壁、室顶和地面格栅组成,并设有防爆照明系统、气源、输送系统和升降平台。其作用是将漆雾限制在操作室的范围内,使漆雾沿气流方向流至过滤处理装置。室内应处于微正压状态,空气流速要稍大于喷涂过程溶剂的扩散速度。溶剂的扩散速度与喷涂涂料的方法密切相关,通常为 0.2m/s。手工喷涂时室内的风速一般为 0.45~0.5m/s,自动静电为 0.25~0.3m/s。室内送风温度多控制在 15~22℃ 范围内,相对湿度控制在 70% 左右。

照明系统通常设置在喷漆室的两侧,由数只灯管并联组成一组照明灯箱,固定在灯箱板上。灯光通过密封的钢化玻璃窗给室内提供足够的照明,照度通常≥1000lx。

抽风系统的作用是将所喷的漆雾吸入水旋动力清洗管,使喷漆室的废气与水流充分混合,利用排风装置的不同风速、挡水板和风向的多次转换,将雾化的漆雾混和液与空气分离,净化后的空气经排风管排入厂房外大气中。抽风风机多采用 B4-79 系列防爆离心式风机,也可以采用防爆轴流风机。离心风机风压高,风量大,风机数量为 1~3 台,集中设置在排风平台上。通过调节阀门调节排风量,保证喷漆室处于微正压状态,防止不洁气体或灰尘进入喷漆室。为了减小噪声污染,风机安装在内部喷涂硬质聚氨酯发泡的防爆隔音室。

水循环系统包括循环水泵、循环水槽、格栅、循环水加药设备等。循环水通过水泵和管道送入循环水槽内,水沿槽边溢流,并顺着洗涤板均匀地流入设在中部的水旋器内。在抽风系统的作用下,带有漆雾的气流与雾化水混合,捕捉气流中的漆雾颗粒。从水旋器流入的冲洗水,经两侧或一侧的排水沟流入室外的分离水槽,分离水槽中的漆雾凝聚剂使漆雾颗粒凝聚成团状悬浮物及部分渣泥,漂浮在循环水液面上或沉淀在水槽底部。经过去渣处理后的净化循环水由水泵再送入喷漆室水槽循环使用。

水旋器以一定的间距安装在洗涤板的中心位置上。洗涤板用钢板整体制作,具有向中心逐渐倾斜的角度。在倾斜板的顶部设有喷水管,在洗涤板上形成均匀的水膜,并与含有漆雾的气流流向位于中心部位的水旋器（水旋动力清洗管）。水旋动力清洗管的作用是对含有漆雾颗粒的气流进行冲击清洗，实现漆雾颗粒与循环水充分混合并雾化，将漆雾颗粒收集于循环水中。所以水旋器与洗涤板、排风气流构成了水旋式漆雾捕捉装置。排风气流再经过主抽风道上的两道挡水板，实现气水分离。通过调整水旋动力清洗管上端溢流堰，使各水旋动力清洗管流入水量相等。

水旋式喷漆室的漆雾处理效率可达99%以上，改善了喷涂作业环境，减少了有害气体的排放量，而且用水量约为文式喷漆室的一半。但湿式喷漆室用水量大，并需要添加漆雾凝聚剂，排放含漆渣的污水，加重了环保负荷。

欧美国家已开始限用水洗式漆雾捕集装置，而采用干粉末吸滤漆雾捕集装置或静电漆雾捕集装置等分离技术净化喷漆室排风中的漆雾。与湿式喷漆室相比，新型干式喷漆室（采用干粉末吸滤漆雾捕集装置）和半干式喷漆室（采用静电漆雾捕集装置），在节能减排、节水省投资、废弃物处理和排风循环利用等方面有较大优势，是先进的绿色涂装设备。

参 考 文 献

[1] 中国公路学会客车分会,江苏省交通科学研究院.客车制造工艺技术[M].2版.北京:人民交通出版社,2008.
[2] 王震澈,郝廷玺.气体保护焊工艺和设备[M].北京:国防工业出版社,1982.
[3] 邓仕珍,范淼海.汽车车身制造工艺学[M].北京:北京理工大学出版社,1997.
[4] 李硕本.冲压工艺学[M].北京:机械工业出版社,1982.
[5] 国斌.汽车车身制造工艺[M].长春:吉林人民出版社,1984.
[6] 刘安森.汽车喷涂工艺[M].北京:人民交通出版社,1984.
[7] (日)吉田亨主编.现场焊接技术[M].石家庄:河北人民出版社,1982.
[8] (日)日本塑性加工学会编,江国屏等译.压力加工手册[M].北京:机械工业出版社,1984.
[9] 王敏,唐逸民,周萍.镀锌钢板点焊的工艺性能[J].上海交通大学学报,1999(2).
[10] 段维峰,王长昕,翟德梅.车架冲压工艺优化研究及模具设计[J].拖拉机与农用运输车,2006(1).
[11] 梁正保,马兰彪.水性软发泡在高档客车中的应用[J].客车技术与研究,2011(3).
[12] 吉学刚.客车涂装中的整车电泳技术[J].商用汽车,2009(10).
[13] 曹梅.客车涂装常用涂料的性能与施工工艺[J].汽车实用技术,2012(2).
[14] 李勇.现代客车制造中的隔热降噪措施[J].客车技术与研究,2001(4).
[15] 宋树森.汽车车底用抗石击涂料的分析[J].客车技术与研究,2012(1).
[16] 岳奎,袁长平.VHB强力双面胶带粘接豪华客车车身侧围蒙皮新技术[J].城市车辆,2005(2).